朱清时　主编

李传玺　执行主编

现代大学校长文丛

竺可桢

卷

余音编

时代出版传媒股份有限公司
安徽教育出版社

图书在版编目（CIP）数据

现代大学校长文丛. 竺可桢卷 / 余音编.
—合肥:安徽教育出版社,2015
ISBN 978 - 7 - 5336 - 8114 - 2

Ⅰ.①现…　Ⅱ.①余…　Ⅲ.①高等教育—中国—文集
Ⅳ.①G649.2—53
中国版本图书馆 CIP 数据核字（2015）第 210978 号

现代大学校长文丛・竺可桢卷

XIANDAI DAXUE XIAOZHANG WENCONG ZHU KEZHEN JUAN

出 版 人:郑　可
质量总监:张丹飞
策划统筹:王　骏　钱　江
责任编辑:马小玲
装帧设计:阮　娟
技术编辑:王　琳

出版发行:时代出版传媒股份有限公司　安徽教育出版社
地　　址:合肥市经开区繁华大道西路 398 号　邮编:230601
网　　址:http://www.ahep.com.cn
营销电话:(0551)63683011,63683013
排　　版:安徽创艺彩色制版有限责任公司
印　　刷:合肥中德印刷培训中心印刷厂

开　　本:720×960　1/16
印　　张:21.25
字　　数:310 千字
版　　次:2015 年 11 月第 1 版　2015 年 11 月第 1 次印刷
定　　价:38.00 元

（如发现印装质量问题,影响阅读,请与本社营销部联系调换）

总　序

一

我们似乎不应该忘记一个日子。清光绪二十四年(1898 年)八月初六，那是一个血雨腥风的日子，戊戌变法失败了。一边是慈禧再度"训政"，一边是废黜光绪，废除新政，对倡导变法维新人士进行大搜捕、大屠杀。其中独有一项"成果"经过一个老人的巧妙运作保留了下来，那人是时任管学大臣的孙家鼐，那"成果"便是京师大学堂。

也许是经过变法者心血与鲜血的滋润，这粒中国现代教育的种子开始了它的倔强生长。

至 1949 年，中国现代教育体系包括大学教育体系以及它的格局、架构已基本形成。

由此，人们常常发问：

那是一段什么样的历史时期，朝代更迭，袁氏复辟，走马灯式的北洋政府；军阀割据，连年混战，人民水深火热几不聊生；外敌入侵，十四年抗战，虽取得胜利，接踵的又是国共内战。如此时空背景，常常使课堂里放不下一张平静的书桌。可就是在这样的时代氛围中，中国现代大学教育却能够生长，且健全了各门类基础学科，诞生了一批名校，培养出了惠及后世的大量杰出人才，在教学相长过程中走出了大批大师级的教育家、科学家、思想家。为什么？

钱学森先生曾这样发问。

每个人一说到中国现代大学教育时，总会想到蔡元培先生，总会想到西南联大，更会这样发问。

二

2010年3月14日下午，首都机场。全国两会结束，各地的政协委员返程。全国政协委员，时任中国科技大学校长，现任南方科技大学校长的朱清时先生正坐在过道边的椅子上。那段时间，他是热门人物，一直被媒体包围着，此刻他好像很累很疲倦，但仍有记者不停地同他说着教育的热点话题。作为安徽政协委员向中央报送信息的联络员李传玺也站在旁边听，并不时对朱清时先生切中肯綮的评论报以由衷的赞美。

"你是哪家报社的？"朱校长问李传玺。

《江淮时报》副总编常河先生站在旁边，向朱校长介绍了李。

"噢，你研究胡适啊，我对30年代那批大师，尤其是那批大师级的教育家非常佩服。"

这句话也埋下了一粒种子。

2012年初，时在安徽教育出版社就职的王骏先生询问李传玺，今年有没有好的选题。

李传玺的脑子里突然闪现出了在首都机场与朱清时校长谈话的画面，以及朱先生最后的那句话。何不请朱清时先生担纲编选一套现代大学校长文丛？王骏向社领导做了汇报，很快得到了同意。可朱清时校长能同意么？初春的一个下午，李传玺拨通了朱清时校长的电话，虽然天气不热，却紧张得一手心汗。没想到朱校长听完了介绍后，欣然同意。

于是有了现在呈现在大家面前的这套书。

三

让我们倾听一下那些大师们的声音。声音都不是那种激昂慷慨式的，很平和，却更入灵魂。

蔡元培先生："对于各家学说，依各国大学通例，循思想自由原则，兼容并包。无论何种学派，苟其言之成理，持之有故，尚不达自然淘汰之运命，即使彼此相反，也听他们自由发展。"

张伯苓先生："允公允能，日新月异"，"允公是大公，而不是小公，小公只不过是本位主义而已，算不得什么公了。惟其允公，才能高瞻远瞩，正己教人，发扬集体的爱国思想，消灭自私的本位主义"，"允能者，是要做到最能，要建设现代化国家，要有现代化的科学才能……不仅要求具备现代化的理论才能，而且要具有实际工作的能力"。

蒋梦麟先生："大学者，为研究高等学科而设"，"学校之惟一生命在学术事业"，"研究学术而有所顾忌，则真理不明"，"畀以学术自由之权，所以求思想与学术自由之发展，不受外力阻挠也"。

梅贻琦先生："所谓大学者，非谓有大楼之谓也，有大师之谓也。""新民之大业，非旦夕可期也，既非旦夕可期，则与此种事业最有关系之大学教育，与从事于此种教育之人，其所以自处之地位，势不能不超越几分现实；其注意之所集中，势不能为一时一地之所限止；其所期望之成就，势不能为若干可以计日而待之近功。"

胡适先生："学术的发达，人才是第一要件。我们必须集中第一流的人才，替他们造成最适宜的工作条件，使他们可以自己做研究，使他们可以替全国训练将来的师资和工作人员"，"只有在自由独立原则之下，才能有高价值的创造"，"'自由'是学校给予师生的，'独立'则为创造的"。

竺可桢先生："科学精神就是求真，要'只问是非，不计利害'。这就是说，只求真理，不管个人的利害"，"求是的路径，《中庸》说得最好，就是'博学之，审问之，慎思之，明辨之，笃行之'。单是博学、审问还不够，必须审思熟虑，自出心裁，独著只眼，来研辨是非得失"。

……

不需要再引了，读着这些话，如果你是一个教育工作者，也许自会得出本文开篇所提疑问的答案。即使不是，你也会强烈感受到一个真正教育家的教育胸怀。此书还选收了大量大师们其他方面的论文甚至美文，任何一个读者都可以从中充分领略到大师们多面的风采。

李传玺

2015 年 3 月

目 录

导读

1　　　只问是非,不计利害

第一辑　教育思想(1928—1935 年)

15　　中央大学地学系之前途

19　　地理教学法

23　　利害与是非

第二辑　教育思想(1936—1945 年)

29　　初临浙江大学时对学生的训话要点

30　　大学教育之主要方针

40　　旅行是最好的教育

45　　浙大办学方针要点

46　　宣誓典礼上的誓词、答词

49　　升旗典礼之意义

52　　美国哈佛大学三百周年纪念感言

55　　毕业后要做什么样的人

59　　论女子教育

64　　服务和享受

68　　大学生之责任

70　　题赠张哲民

71　　大学毕业生应有的认识与努力

76　　王阳明先生与大学生的典范

83　　《国立浙江大学校刊》复刊弁言

85　　求是精神与牺牲精神

90	遭轰炸而反更能深省奋励
91	切实体行《国民公约》
94	卫生与纪律
95	努力参加抗建大业
96	在"六三"百周年纪念演讲比赛会上的致词
98	出校后须有正确之人生观
102	"国民精神总动员"月会演讲词
105	国立浙江大学宜山学舍记
106	在浙大实验学校补行始业式上的训辞
108	当以服务为主旨
109	奋励自勉　自强不息
110	浙江大学之使命
111	《国立浙江大学师范学院院刊》发刊辞
112	体念时艰　安心求学
114	新年致辞
115	大学应为一地方的楷模
116	要重视礼节
117	歌咏与戏剧
118	大学生与抗战建国
121	报国立身之良机
122	校歌为一校精神之所附丽
123	不应有所负于国家
125	大学之使命
126	战后之中国
128	抗战及战后的大学
130	反攻时期之大学教育
134	毕业生对国家应尽之义务
136	大学毕业生之责任

第三辑　教育思想(1945—1956 年)

143　战后国家与学校诸问题

144　我国大学教育之前途

150　中学教育之使命

152　大学教育与民主

156　对 1948 年应届新生的训话

159　避寿启事

160　浙大成立二十二周年纪念会讲演词

162　"五四"以来我国大学教育内在的矛盾

166　科学研究和大学教育

171　实践是最好的大学

第四辑　科学之精神

179　取消学术上的不平等

183　希望科学也能说中国话

184　科学研究的精神

188　常识之重要

190　中国实验科学不发达的原因

196　论不科学之害

201　《科学的民族复兴》序

203　《科学的民族复兴》结论

207　科学与革命

211　科学之方法与精神

219　为什么中国古代没有产生自然科学

228　科学与世界和平

234　科学工作者之立场

235　中国古代在天文学上的伟大贡献

245 纪念尼古劳斯·哥白尼
——在北京纪念四位世界文化名人大会上
的演讲
249 谈阳历与阴历的合理化
254 中国近五千年来气候变迁的初步研究

第五辑　人生之洞察
285 地理对于人生之影响
297 天气和人生
301 气候与人生及其他生物之关系
310 论欧战给于吾人之教训
313 宇宙与人生
320 致苏步青等函

第六辑　赤子之情怀
325 钓鱼岛是中国领土
——致郭沫若
327 附郭沫若复函
328 钓鱼岛地区开发应归我所有
——致周恩来

导　读

只问是非，不计利害

余　音

在中国教育史，乃至在中国近现代教育史上，竺可桢算不上一位数一数二的风云人物，他的权势和知名度，比不上蔡元培、胡适、蒋梦麟，甚至也不如司徒雷登、梅贻琦、张伯苓，但人微未必言轻，当我们再次翻开民国大学史册，拂去厚厚的尘埃，却惊诧地发现，他的教育思想余温犹在，不失为医治当今中国大学各种顽疾的一剂"猛药"。

十年磨一"剑"

千百年来，中国老师大都是用"对对子"的方法，训练弟子们的表达、思维、反应能力。到了近代，科举关门，八股歇菜，造句取代了"对对子"，后来而居上。

这一天，浙西绍兴东关镇（今属上虞市）天华寺里，毓菁学堂正在上课。国文老师章镜尘走进教室，给学生们布置了一道作业：用"苦、甜"造句。

苦与甜，是孩子们最熟悉的生命体验。

很快，作业收上来了。

章镜尘一边看卷子，一边摇头。"黄连最苦，蜂蜜最甜。"话说的不错，却没啥意思；"母亲的微笑最甜，没娘的孩子心里最苦。"有点意思，却没啥新意……

看完卷子，章镜尘下了讲台，手拿一张纸，来到第一排，对一个身材矮小、脸色蜡黄的男生说："竺可桢，这是你的作业吗？"

竺可桢站起身来，双手接过卷子，用眼睛瞟了一下老师，神情有些不安但语气坚定地答道："是我的。"

"你给大家念一念，声音大点。"

全体同学的目光一齐聚焦到竺可桢的身上。

教室里寂静无声。窗外，几只秋蝉叫得格外响亮。

竺可桢咽了一口吐沫，然后，仰起脖子，放声念道："丧权辱国最苦，国家富强最甜！"

教室里寂静无声。窗外的秋蝉，也停止了鸣叫……

"说得好！"章镜尘用手轻轻地擦掉竺可桢额头上的汗珠，示意他坐下，转过脸对弟子们说："读书不忘爱国，爱国更需读书。竺可桢今天造的句子最好，你们要向他学习，从小立志，长大报国！"

这一年，是1900年，竺可桢10岁，刚上小学二年级。

毓菁学堂创办于1899年秋天，也是戊戌变法倡导的"废私塾、兴学堂"的首批成果之一。当时，在绍兴地区，毓菁学堂是开办较早的新式小学之一。"毓菁"的寓意，就是希望为社会培育出更多的精英人才。当时，毓菁学堂初小四年、高小两年，共读六年，招收学生100余名。竺可桢是首届毕业生。高小毕业时，只有不到10人拿到毕业证，竺可桢的学习成绩名列第一。

1890年3月7日，竺可桢出生于贫寒之家，又名绍荣，字藕舫。父亲竺嘉祥，先务农，后经商，在东关镇开了家"承茂米行"养家糊口。竺可桢上有两个哥哥、三个姐姐，排行老么。虽然父母疼爱有加，无奈身体羸弱，三天两头生病，一副病恹恹的样子，同学们跑步、打球、做游戏、玩器械，他总是呆在一旁，不愿参与。1908年，竺可桢考入上海复旦公学,与胡适同学。胡适生性活泼,"宁鸣而死,不默而生"。一次,同学们闲谈,胡适对竺可桢说:"藕舫,你再不好好锻炼身体,我敢打赌,你寿不过20岁。你再怎么胸怀报国之志,又有何用?"竺可桢深受刺激,从此下定决心锻炼身体,夏练三伏,冬练三九,风雨无阻,气色一天好过一天。

19岁时,竺可桢考入唐山路矿学堂,远离故土,开始了漫长的求学生涯;两年后,第二批庚子赔款赴美留学开考,全国400多人应考,70个名额,竺可桢以第28名的成绩被录取。同批留学生中,还有胡适、赵元任等。到了美国,竺可桢先到伊利诺大学学习农业,后来,兴趣发生变化,又转往哈佛大学地质系,攻读气象。1915年,竺可桢获得硕士学位;1917年,成为美国地理学会会员;1918年,一拿到博士学位,他便返回祖国,先后在武昌高等师范学校、南京高等师范学校、中央大学等高校任教;1928年,出任中央研究院气象研究所所长……

正当他埋首教学、科研,不愿为琐事分心的时候,蒋介石亲自点将,让竺可桢返回家乡,接任浙江大学校长一职。让蒋委员长没有想到的是,竺可桢书生意气太浓,谈完话,竟回了一句:"让我考虑考虑再说。"

浙江大学的前身,是创办于1897年5月的杭州求是书院。求是书院的名字,源自明末清初著名的浙籍思想家王阳明提出的"君子之学,惟求其是"。次年9月,也就是在戊戌变法的高潮期,求是书院选送了何燏时等四人留学日本,"为各省派往日本游学之首倡"。1927年,国民政府在南京成立,下令进行学制改革,浙江大学在求是书院的原址上宣告成立,下设工、农、文理三个学院,师生统共500多人。浙大成为浙江第一所也是唯一一所国立大学。但是,与北京大学、南京大学、武汉大学等国立大学相比,无论是规模、实力,还是名气,浙大都是排名靠后的"小弟弟"。

1935年12月9日,北京爆发了声势浩大的抗日救国运动。两天后,杭州各校学生冒雪走上街头,予以声援。浙江大学校长郭任远非但不支持学生的爱国之举,而且在校内大搞镇压活动,并同意军警抓走12名学生。浙大师生忍无可忍,掀起了"驱郭运动"。蒋介石亲赴浙大训话,为郭任远撑腰,无奈郭某众叛亲离,师生坚决不答应。一个多月后,蒋介石见郭任远已是扶不起的阿斗,为稳定局势,不得不同意撤换校长。

竺可桢认为校长一职百事缠身,工作量"十倍于研究所所长",而且自己"不善伺候部长、委员长等"。他拜访了绍兴乡贤、教育大师、中央研究院院长蔡元培,征求意见。蔡元培却支持他接下浙大这个烂摊子,"欲栽大木柱长天"。不久,竺可桢答应出任浙江大学校长,但提出了三个条件:一,财源须源源接济;二,用人校长有全权,不受党政之干涉;三,时间以半年为限。

1935年4月25日,竺可桢走马上任。作为中国近代气象学奠基人,竺可桢观云知天,能掐会算。可是,他没有料到,上轿容易下轿难,在浙大校长的位置上,他一干就是十三载;他更没有料到,到任不久,浙江大学四次迁校:一迁浙江天目山、建德;再迁江西泰和;三迁广西宜山;四迁贵州遵义、湄潭。十三年中,竟有九个春秋处于颠簸流离的办学状态。

彩虹出在风雨后,奇迹生于磨难中。经过战火的洗礼,到了1948年,浙大已发展成文、理、工、农、师、法、医7所学院,25个学系,10个研究所(室),223名教授,624名教职员,2171名在校生,学校规模翻了几番,而且,教学、科研水平都有了较大幅度的提高。以1940年一学期为例,数学系在中国权威的《数学》杂志上,发表论文5篇,寄往国外20多篇;生物系在国内外权威刊物上发表论文6篇。"过去中央研究院《科学纪录》中所发表的文字,浙大教授独多;近来研究院第一次选举院士,浙大教授有四人膺选,仅次于北大、清华;浙大的毕业生在各界服务素来以负责著称,本届中央建设人员高等考试,与考者一千零八十四人,取了八十八人,浙大占十一人;考取公费及奖学金赴欧美者亦日多;英国牛津大学近来并承认了我国七个大学,其毕业生中之优秀者可以直接升入牛津的研究院,浙大即为七个大学中之一。"(竺可桢:《大学教育与民主》)1944年10月,英国驻华大使馆文化参赞李约瑟博士系统考察了中国的高等教育,认为浙大是"中国最好的四所大学之一",并称其为"东方剑桥"。

"谋食"更"谋道"

浙江大学一举成名,与竺可桢的辛勤耕耘不无关系,是竺可桢教育思想结出的丰硕成果。

概括地讲,竺可桢教育思想主要包括以下内容:

一是"领袖"教育思想:大学不是任何个人、财团、党派开设的私塾,而是社会公器,是国家民族培养领袖人才的摇篮。1935年9月,未做大学校长之前,竺可桢就在《常识之重要》中提出:"大学教育之目的,在于养成一国之领导人才。一方提倡人格教育,一方研讨专门知识,而尤重于锻炼人之思想,使之正大精确,独立不阿,遇事不为习俗所囿,不崇拜偶像,不盲从潮流,惟其能运用一己之思想,此所以曾受真正大学教育者之富于常识也。"到任之初,他就开宗明义:"力诚学生勿受浮动盲从之恶习,须从学业、思想、道德、体育各方面努力,方可养成将来健全的社会领袖,为国家民族效劳。""大学是养成一国领袖人才的地方。"竺可桢倡导的"领袖"教育理论,与散发腐朽气味的"学而优则仕"思想具有本质区别,也是纠正高等教育普及化、低俗化倾向的锐利武器。为什么高等教育的重点是培养未来领袖人才?竺可桢对此做了深入思考。1937年10月,他在天目山校区,对一年级新生发表演讲,具体分析道:"诸位在大学一年所花的不过二三百元,而国家为诸位所花的,每年却要到一千五六百元,所以国家所花的钱,比诸位自己所花的要多到七八倍。国家为什么要花费这么多钱来培植大学生?为的是希望诸位将来能做社会上各业的领袖。在这困难严重的时候,我们更希望有百折不挠、坚强刚果的大学生,来领导民众,做社会的砥柱。"1939年2月,他还豪情万丈,对弟子们提出了四大努力方向:"你们要做将来的领袖,不仅求得了一点专门的知识就足够,必须具有清醒而富有理智的头脑,明辨是非而不徇利害的气概,深思远虑,不肯盲从的习惯,而同时还要有健全的体格,肯吃苦耐劳,牺牲自己,努力为公的精神。"1948年4月,在浙大成立21周年纪念大会上,竺可桢再次重申:"大学是培养未来各界领袖人才的地方。"可见,"领袖"教育是他一以贯之的教育思想。

二是智慧教育思想:大学是专科教育,还是通科教育?一直是人们争论不休的问题。所谓的专科教育,就是学生在学校学的,到社会马上就可以用得着,学工的当工程师,学法的做律师、法官,学医的一上班就能坐堂开药方……所谓的通科教育,就是一科为主,天文、地理、人文、社会等学科都涉猎一点。专科教育的优点是学以致用,便于就业;缺点是眼界太窄,后劲不足。通科教育的优点是广闻博览,见多识广;缺点是样样通、样样松,不能马上上岗。专科、通科,各有利弊,犹如鱼和熊掌,令人难以取舍。其实,这种非此即彼的思维模式,也是一种画地为牢的思维模式。像任何事物一样,知识本身也是分层次的,低级形态叫学问,中级形态叫智慧,而高级形态则叫思想。学问只是知与不知、知早知晚的问题;能够将学问举一反三、灵活运用、变成能力的,就是智慧;而智慧的创新化、理论化、体系化,则可以称之为思想。大学之前的教育,基本上是解决学问问题,而大学教育,则是要重点解决智慧问题,也就是运用所学知识,提高自己的思维水平,增强分析问题、解决问题的能力。专科教育和通科教育,都是"船"和"桥",教育的最终目的,是为了"过河"。竺可桢坚决反对授人以鱼,而提倡授人以渔。所以,他在不同场合都说过这样的话:"即以智育一端,现行制度亦有重大缺点,即是专重知识的传授,而不注重训练智慧。过重于用授课方法来灌输各国学者已发明的事实,而对于思想的训练方面全未顾及;""科学上将来的发明在哪个方向,既不能预料于事先,我们就单从功利主义着想,也得各项科目统加以研究,不能偏废。若侧重应用的科学,而置纯粹科学、人文科学于不顾,这是谋食而不谋道的办法;""许多人常以学校培植学生和工厂制造物品相比,毕业生没有出路好像是工厂出品无处可销。这比喻有很重要一点根本不合。工厂出货,无论是一部汽车、一只表或是一个铁钉,总是出厂的时候最适用。等到旧了，表会停，汽车会抛锚，铁钉会生锈；毕业学生，可不能一离开学校，就天天腐化下去。他必得在学校的时候，已经有一种内在力，使其出校门后，能利用其思想以增加知识经验，锻炼身体品性，使学问道德又日新日日新；""要能即事而穷其理，最要紧的是一个清醒的头脑。清醒的头脑，是事业成功的基础。二三十年以后，诸位出去，在社会上做一番事业，无论工、农、商、学，都须有清醒的头脑。专精一门技术的人，头脑未必清楚；反之，头脑清楚，做学问办事业统行。"在大学里读书再多，不会把学问转化为智慧，也不过是个书橱子；书橱子"学问"再多，也不过是个书呆子。试看孙中山在大学学医，却成为大政治家；毛泽东学师范，却成为大军事家……成功的奥秘就在于，他们在大学里不仅读书，更注意通过读书来训练自己的思维能力，因此，走向社会以后，他们能够开动自己的"清醒的头脑"，将遇到的所有问题迎刃而解。

三是求是教育思想："只问是非，不计利害。"1938 年 11 月，经竺可桢提议，浙江大学将"求是"作为自己的校训。1939 年 2 月，在《求是精神与牺牲精神》一文中，竺可桢以孙中山先生的革命实践，对"求是"做了深入的解读。他说："满清以数百万文化低落游牧部队，灭亡明朝，奴使汉族，以少数制多数，以低文化的民族，来压迫文化高的民族，这是不得其平。但一般人都不敢讲，若有人敢提到兴汉灭满，就是极大的危险。雍正、乾隆两代文字狱是一个明证，至于实行革命，更是难能。唯有中山先生不但鼓吹革命，而且实行革命，这革命精神，正是源于求是的精神。"进而指出："所谓求是，不仅限为埋头读书或是实验室做实验。求是的路径，《中庸》说得最好，就是'博学之，审问之，慎思之，明辨之，笃行之'。"1941 年 5 月，他将求是精神提高到科学精神的高度，做了全面的论述："(1)不盲从，不附和，一以理智为依归。如遇横逆之境遇，但不屈不挠，不畏强御，只问是非，不计利害。(2)虚怀若谷，不武断，不蛮横。(3)专心一致，实事求是，不作无病之呻吟，严谨整饬，毫不苟且。"古今中外，对于"求是"的解析举不胜举，唯有竺可桢的"只问是非，不计利害"这八个字，最简洁，最鲜明，也最深刻。后来，竺可桢对于"求是"认识得更加清醒,行动也更加自觉。1948年10月,他大声疾呼:"校训为'求是',实事求是,自易了然,然而言易行难,一旦利益冲突,甚难实行'求是精神'。近世科学始祖首推哥白尼、伽利略以及布鲁诺三氏。除前一人著书外,后二人一秉求是精神,历险如夷,视死如归,以身殉科学。先哲王阳明氏有言:'我心以为是,虽千万人非之而不改;我心以为非,即孔孟是之而不易!'壮哉求是精神!此固非有血气毅力大勇者不足与言。"

四是知行合一教育思想:身体力行,身教重于言教。社会中常有这种现象:台上高调反腐败、台下大肆捞好处,公开宣传的与实际做的截然相反,说假话脸不红、心不跳,做坏事手不软、心不怕,"唱红"者不红,"打黑"者最黑,腐败官员的人格分裂已经广为人知,而作为"清水衙门"的大学、莘莘学子人生导师的教授,又是如何呢?近年来,某市大学里时常发生"爆炸性新闻":某大学校长,与一社会女子风流之后,企图一刀两断,此女子却不甘示弱,抱着孩子上门认父;某大学党委副书记与部下通奸,一天夜里,被她的丈夫堵在屋内,情急之下,慌不择路,扒在窗外的空调外机上,不敢叫,也不敢跳,最后却因体力不支,坠下四楼,造成残疾;某党校一明星教授,经常应邀到各单位宣讲"三个代表",却引诱幼女到家里进行性侵害……真、善、美,真是根本,善、美不过是"真"树上绽开的花朵。没有真行动,所有的理论都是花言巧语,令人恶心。"'克制私欲'是'致良知'的前提,也是'知行合一'的第一步。其吃重处尤在一'致'字。良知即天理,致即行,知此理即行此理,故曰知行合一。若使私欲梗住,使不能致良知,更何能知行合一。至若行之不力,便是知之不彻,此尤先生吃紧为人处。先生又常说到'立诚'、'诚意',视为格物致知之本,其极则即以内心之'诚',为一切学行事业之始基。现在大学教育,注重各种专门知识之传授,而忽略品性德行之陶冶,积重难返,流弊甚深。社会道德与政治风气之败坏,此为要因。"竺可桢之所以成为竺可桢,不仅是因为他在理论上"求是",更在于他把"求是"融化在血液里,落实在行动中,使知行合而为一。作为著名学者,竺可桢既懂天文,又懂地理,经常受人邀请做学术演讲。一次,中国地理研究所所长黄国璋教授请他去地理所演讲,请了多次,都被竺可桢婉言推迟。黄国璋十分困惑,就请本所职员、竺可桢的弟子谢觉民代为问明缘由。竺可桢听了谢觉民的来意,正言厉色道:"你们是研究所,不能随便讲的。你回去告诉黄所长,给我三个月时间,讲一次好了。"抗战期间,浙大搬迁到西南边陲,经济上非常困难,到了冬天,为了节省费用,规定各办公室不准烤火,竺可桢带头执行,以至于耳朵、手脚年年生冻疮。1942年1月,全国掀起反对腐败官员、行政院院长孔祥熙运动。浙大学生群起激愤,组织了声势浩大的游行示威。作为一校之长,竺可桢不得不出面进行劝阻,在劝阻无效的情况下,他又担心学生游行遭到军警的镇压,酿成流血冲突,学生们吃大亏。于是,他义无返顾地走在了游行队伍前面。沿途军警见到竺可桢,无不开绿灯放行。1949年3月7日,是竺可桢60岁生日。花甲祝寿,是中国人的传统,也是一些官员借机敛财的好时机。竺可桢桃李满天下,弟子、同事、部下,都想为他办一个隆重的寿诞。但是,为政清廉、为人坦荡的竺可桢却不愿给大家添麻烦、增负担,提前一个月,他就在《国立浙江大学日刊》上刊登《避寿启事》,公开申明"尚有同事、同学不谅桢之苦衷,而有送礼或开会者,桢概不接受、参加"。3月6日,浙大学生自治会出于感激之情,举行了盛大的祝寿晚会,他说到做到,不去参加;学生们登门,向他献上一面"浙大保姆"锦旗,他坚辞不受;学生代表提出,在浙大兴建"可桢图书馆"作为纪念,他反问道:"人尚健在,何必?"3月7日,为了规避师生祝寿,他一大早就带着家人走出家门,中午在一家小饭店吃面条、馄饨,聊作庆贺;3月8日,因为学生为他的生日大做广告,贺电、贺信不断,他将贺礼一一退还。浙大教授夏承焘深为敬佩,在日记中写道:"学生贴出祝竺校长六十寿文字,记校长小节数事,可见其人格,颇为感奋。"

又通又专之楷模

竺可桢很注重德育、智育、美育并重。他说:"每个著名大学里,统有道德学问并茂的教授,可以潜移默化学生的品格;""教授是大学的灵魂,一个大学学风的优劣,全视教授人选为转移。假使大学里有许多教授,以研究学问为毕生事业,以教育后进为无上职责,自然会养成良好的学风,不断地培植出来博学敦行的学者。"

培养博学敦行的学者,需要有道德学问并茂的教授。而有道德学问并茂的教授的汇集和优良学风的形成,则首先取决于大学校长的品行。兵熊熊一个,将熊熊一窝。竺可桢生前受人尊敬,死后受人崇敬,这与他"说到做到,知行合一"的"真人"品格是分不开的。

作为著名的教育家,竺可桢在理论上有创见,在实践上有成果,在理论与实践的结合上有操守。因此,他的教育论文、演讲等,毫无疑义的,成为本书的选编重点。

但是,我们也应该看到,竺可桢也是一个又通又专、文史与科学兼备的"复合型"人才。

在科学研究和普及工作中,竺可桢作出了开创性的贡献,是中国近代气象学、地理学和科技史的奠基人,在 84 年的人生旅途中,他一分耕耘、一分收获,给后人留下了近 700 万字的具有科学史料价值的"日记"和近 300 万字的学术论文,地理、气象学成果《东南季风与中国之雨量》、《中国气候区域论》、《中国气流之运行》和《论我国气候的几个特点及其与粮食作物生产的关系》,天文历法成果《阳历与阴历》和《谈阳历与阴历的合理化》,科技史成果《二十八宿起源的时代与地点》、《中国近代科学论著丛刊:气象学·序》、《中国古代在天文学上的伟大贡献》和《纪念尼古劳斯·哥白尼》,科普成果《说飓风》、《说云》和《气象浅说》等,都在同代人中处于领先位置。相比较来说,科研是他一生的主旋律,而主政浙大 13 载,只是他一生交响的华彩乐章。1927年 3 月,在《取消学术上的不平等》一文中,他一针见血地指出:"中国科学,这样幼稚,若是我们还不发愤去研究,那真是自暴自弃了。一般人统晓得条约上的不平等,是一桩可耻的事。但是,学术上的不平等,尤其可耻。因为条约上的不平等,是人家以枪炮兵舰强迫我们结成的;学术上的不平等,是因为我们自己不努力去干,遂有这种现象的。"

1945 年 8 月，在《为什么中国古代没有产生自然科学》中，他引经据典、条分缕析，从世界科技史的高度得出了"中国农村社会的机构和封建思想，使中国古代不能产生自然科学"的论断。1973 年 2 月，他又发表"万言书"《中国近五千年来气候变迁的初步研究》，综合运用文学、历史、考古、物候和科学记录等史料，系统而令人信服地阐述了我国五千年来温度、气候变化概况，受到学术界的好评。吉野正敏（曾任世界地理学气候理事会主席、日本筑波大学教授等）评价说："在气候的历史中，竺可桢起了巨大的作用，经过半个世纪到今天，他发表的论文，仍然走在世界前面。"英国《自然周刊》认为："竺可桢的论点是特别有说服力的，着重说明了研究气候变迁的途径。西方气象学家无疑将对获得这篇研究文章感到很高兴。"

现在，有中国科学院院士，有中国工程院院士，唯独没有建立中国社会科学院士制度。上行下效，社会上养成了重理工、轻文史的偏见。其实，没有天就没有地，没有地就没有家，没有人文、社会科学的哺育，自然科学就开不出灿烂的鲜花。英国、法国等国家的科学院内，就有社会科学、文学艺术等杰出人才的席位。中央研究院和中国科学院首任院长，分别为文史学者蔡元培、郭沫若，爱因斯坦、李四光、钱学森、竺可桢，哪一个不具有扎实的文史基础和广博的文化素养？中国政府在自然科学中不惜重金的投入，而荣获诺贝尔奖的第一个大陆人，却是作家莫言。建立中国社会科学院士制度，提高人文、社会科学的社会地位已经刻不容缓。身为自然科学家，竺可桢十分重视对人生哲学的研究，《地理对于人生之影响》、《天气和人生》、《出校后须有正确之人生观》和《宇宙与人生》等一系列论述，都见解不俗，影响深远。

另外，竺可桢不是"两耳不闻窗外事，一心只读圣贤书"的书呆子，而是一个泛舟学海、心系天下的伟大爱国者。比如，在钓鱼岛的主权归宿问题上，他早在 1969 年 11 月，就上书国家，建言献策："钓鱼岛与冲绳之间却隔有 1 000～2 000 米深海，所以从深度和距离看来，钓鱼岛附近石油的开采权统应归在我国权力范围;""日本试图开发这一地区，屡登消息在窥视我动静。我们目前虽忙于开发大陆的石油，无暇顾海上资源,但不能不为长远着想……因个人昧于外交习惯和国际关系,只是从地理角度看这问题。似乎此时我们应作一消息,声明钓鱼岛地区石油开采权应属于我所有,以为日后有必要时作为外交部正式抗议地步,同时也可警告台湾蒋帮勾结日美出卖国家权利的企图。"他为捍卫民族尊严、保卫中国领土完整,作出了重要贡献。当下,钓鱼岛主权争端日趋尖锐,抚今追昔,更证明一介书生竺可桢的高瞻远瞩。

基于上述考虑,为了使读者全面而深刻地了解竺可桢,我在筛选文章时,也将有关可读性较强、分量较重的内容,按时间先后,择要收入下编。这里需要补充一句的是,所选文章,都出自公开出版物,在收录时,一是只将少数明显的错别字、过时概念和外国人译名,做了必要的校正,如把"智识"改成通行的"知识",将"希特拉"、"希脱拉"等改成通行的"希特勒"等;二是为了便于读者阅读,根据内容需要,把大块文章重新做了段落划分,把一些较难理解的概念、较为生疏的人名,做了一些简要的注释;三是把科研论文中过于专业的表格做了省略,如《中国近五千年来气候变迁的初步研究》中的长江流域河湖结冰的年代表、香港历年冬季平均温度和上海、天津冬季温度的十年滑动平均值表等表格。

编完这本书,我仿佛是与竺可桢进行了一次穿越时空的对话,收获良多,感慨也良多。我更希望读者朋友在读完此书之后,也有相同的感受。

2012 年 11 月 14 日

第一辑　赣南闽西(1928—1935 年)

中央大学地学系之前途[*]

地理学之性质,介于自然科学和社会科学之间,即以自然科学为立足点,以社会科学为观察点。汤姆生《科学大纲》,分科学为五大类,曰:抽象科学、普通科学、特别科学、综合科学、应用科学,而以地理学列入于综合科学。盖地理学所以研究人地相互之关系,对象繁复,取精用弘。论及自然环境时,则与地质学、生物学、人类学、农学等有连带之关系;论及人类生活时,又与经济学、政治学、社会学、史学等有连带之关系,故或以地理教育为教育上之中心枢轴,此言谅不为过。

然地理学固有其独立之方法,一贯之精神,故能以简驭繁,而收融会贯通之效。此独立之方法,即为地图之方法。地图者,地理学之速记也。凡地理学之事实,皆可用地图以表示其分布情形,此实最显明之旗帜也。地图之种类甚多,如孙中山先生《建国方略》之海港计划,即以精密之海道图为其根据;又如欲以科学方法举行大规模之移民实边政策,必须先有实测之水利图、植物图、人口密度图等,以为确切之背景;又如欲实行吴稚晖之摩托救国论,非先有完备之地形图、都市图、农业区域图、工商业区域图等,不能奏高瞻远瞩之功。中日之战,两国陆军激战于朝鲜之平壤,同是军用地图,人则真确异常,我则简陋不堪,遂致一败涂地。此外如气候图影响于农业与航业者,尤为重大。要之,内而国计民生,外而国际形势,知己知彼之法,莫不有赖于地图。地图之功用,贵有学理为其解释;学理

---

[*] 1928 年 7 月。

之研究，贵有地图为其表章。互为因果，日新又新，此则地理学家之责任也。欧洲自拿破仑时代，已用水平曲线之法，代表地形之高低，所谓地形图是也。我国坊间地图，至今尚未见有地形图，是以中国地图较西洋落伍一世纪。最近，北京地质调查所，着手测制全国一百万分之一之地质图，其北京、济南幅于民国十三年出版。盖我国新地学尚在草创时代，无可讳言。

近代欧洲地理学之发达，以英、法、德、意四国为最。德国有地学专家七十人（地质学家不计在内），因其学者之众，分工之精，故于地学各门，世界各区，均有专家研究，自然地理尤为发达；法国之人生地理最为进步，其国立大学十六所，均有规模宏大之地学系。巴黎大学有著名地理教授八人，地学图书馆藏书二万册。美国地学由地质学而发达，法国地学由史学而发达。故法国大学之地学系，隶属于文科；英国大学共十八所，设地理系者十六所，其中十校并设地理研究院。此外，小国如瑞典、瑞士，其大学地理教授之成绩，亦多为外国学者所向慕，人才辈出，彬彬称盛。惟西班牙之地学，尚不脱二元的观念。所谓二元的观念，即以自然地理等学程入于理科，区域地理学程入于文科，此足以限制地学之发展者也。又文科之地理学程，多附于史学系，学生因功课繁重，未克专精地学，故近来有地学系独立之运动焉。又荷兰、比利时亦尚属过渡时期，正在改革中。

吾校号称模范大学，网络众家，囊括大典，凡现代各种学术，殆无不应有尽有，自成一系。独于地理学仍未脱欧洲二元之遗风。社会科学院史地系中，设有人生地理、中国地理、世界地理诸学程；自然科学院地学系中，设有地文学、气候学、地图学诸学程。地理学本为一有机体，因此疆彼界之分，使学生有无所适从之苦，甚非国家培植人才、奖励学术之意也。故吾人本一年来之经验，主张改弦更张，合二者为一科，庶几地理学有独立之系统，整齐之组织，集中之精神，以遂其美满之发展。虽一时或因师资、设备以及经费关系，未必即能实现，然本校将来必有一完备之地理系，为中国研究地理之中心机关，此不特地理科师生之所希冀，想亦大学同人，所乐予赞助者也。

目前过渡之办法,拟将史地系之地理课程,归并于地学系,而分地学系为地质与地理两门。地质门包括地质学与矿物学,地理门包括地理学与气象学。吾人所以有此种倾向者,理由如下:

(一)本校因历史上之关系,所有地图、挂图、仪器、标本,以及历年海内外各机关交换报告,尽在地学系,设备较为完全;

(二)地学系与大学院气象台有合作之关系,经费较为宽裕。如下学期新聘巴黎大学胡君,即由本校与大学院合请,担任自然地理、气象学诸课程。又新聘耶鲁大学黄君,担任地理实察、人生地理诸课程;

(三)地理学研究之对象,虽兼涉自然科学与社会科学,然究以自然科学为其出发点。依美国地学家台维斯(Davis。今译为戴维斯,1850—1934。哈佛大学教授。编者注)之定义,"地学者,乃研究地之一种科学,惟当特别注重地与人之关系耳。"故地理学宁以属于自然科学院,基础较为稳固。

夫自然科学与社会科学之分,原为学者便利起见。只有相得而益彰,初无鸿沟之存在。故凡社会科学院所需要之学程,如世界地理、经济地理等学程,地学系皆当依次开设。不但如此,凡社会科学院各系之同学,皆可选定地学系之地理门,为其副系,以取同流并进之效益。

人生地理学之开山大师,在德国为雷次尔(Ratzel。今译为拉采尔,1844—1904。编者注),在法国为白兰士(Blache,1845—1918。巴黎大学教授。编者注),在英国为侯伯生(Herbertson。今译为赫伯森,1865—1915。牛津大学教授。编者注),在美国为台维斯。台维斯为当代地文学之泰斗,固无论矣。雷次尔早年为一博物学家,继李希霍芬为莱布齐(今译为莱比锡。编者注)大学地理学教授,历十八年之久,至一九〇四年逝世。临终前,曾语人曰:"吾旅行,吾笔记,吾论述。"白兰士早年为一史学家,一八七二年以后,始专攻地学,乃周游欧洲列国,观风问俗,以目证耳,故最有批评之精神。侯伯生自德国夫兰堡游学而归也,于全世界之雨量,曾发表重要之论文。先生尝谓:地学家惟一有效之训练,当于山海平野天空求之。美国亨丁顿博士(Huntington,1876—1947。代表作为《文明与气候》

和《人文地理学》。编者注)尚为后起之秀,于气候学有心得,昔年曾至新疆探险,近年屡来东方游历。前辈之根柢工夫,其坚实皆如此。中国青年,有志于人生地理学之研究者,知必有闻风兴起者矣。

原刊于《地理杂志》1卷1期

地理教学法[*]

(一)地理教学之目的　地理教学之主旨有二,而其目的,皆在于养成健全之国民。所谓教学地理之二主旨者为何?

(1)使学子能以世界眼光推论时事。在昔日专制时代,国家之盛衰兴亡,往往系于君主一个之政见与知识。是以项羽弃关中而都彭城,说者已知楚之必亡。在今日民权膨胀之时,军政工商之大政策,胥惟国民舆论之马首是瞻,则知己知彼,百战百胜。不特国内之实情固当洞悉,而环球列国之形势人情,亦为国民之所宜知也。

(2)陶冶学生,使能以科学眼光观察事物。向日地理教学,专重记忆,某国若干省,某省若干县。在今日文明各国,此等字典式之地理,已成陈迹。惟在我国,则尚有行之者耳。现时地理教学,注重于人地之关系,如温度之于物产,雨量之于人口,地形之于交通,在在皆有因果关系。在一定天然环境下,则其对于人生之影响,不难逆料。学者举一反三,即可类推。而欲明人地间因果之关系,尤贵于学子之实地考察,使人人得以身尝目睹,而养成精确观察之习惯也。

(二)地理学之定义与范围　地理学者,乃研究地面上各种事物之分配,及其对于人类影响之一种科学。在小学及初级中学,则尤宜注意于地面上各种事物对于人类之影响,即人生地理是也。凡专论地球上事物之分配,而不及其对于人生之关系者,不得谓之人生地理。如蒙古、西藏雨量稀少,潮汕、宁波地临海滨,此为地面上事物之分配。因雨量稀少,而蒙古、西藏之居民,乃成游牧之族;因潮汕、宁波地临海

---

[*]　1929 年 3 月。

滨,旁多岛屿,而海内外大商巨贾,遂多潮汕、宁波人,此则事物之分配,影响及于人生者也。我国中小学地理教师,向多专述地面上事物之分配,而其对于人生之影响,毫未顾及。取其糟粕,遗其精粹,地理学遂成为省县、山川、物产名称之字典,宜其干枯无味为学者所不喜也。

地理学之范围,至为广泛,举凡地球上之物质,如地形、气候、物产、人口、铁道航线之分布,莫不属于地理范围以内。故教授地理者,应慎择材料,限制地理之范围,组织各种地理上要素,成为系统,以人类为前提,而使之贯成一气。论其位置,则地理学实介于自然科学与社会科学之间,故在中小学,地理处于特殊之地位,因其与各科均有关系,而为联络各科之枢纽也。

地理学范围既广,故教授者易入迷津,徜徉于他科之范围而不自觉。教授地理者,宜常自询问,所授之教材是否属于地理范围以内。于此欲定一标准,殊非易事。然在小学与初级中学,要当以与人生有密切关系者为限,如丝为我国出品之大宗,丝业对于附近人口繁殖之影响,属于地理范围以内。至于桑业之栽培,蚕蛹之长成,则应于教生物时说明之;又如三角口如杭州湾,为极普通之一种地形,但在中小学,只能指明三角口对于交通之便利,渔业之发达,至于三角口之成因,宜在大学或高级中学教之。

在中小学,地理虽无分类之必要,但所教授之材料,大抵可分为二大类,即生活状况与环境是也。环境方面,指山脉、河流、温度、雨量、天然物产而言;生活状况,则包含交通、工业、商务、政治及各种人为之事业而言。二者不可偏废。单述环境与专叙人为之事迹,均不能称为良好之地理学。二者须融会贯通,明其因果,述其关系,斯为止矣。晚近我国坊间所出人文地理教科书,多汇集世界各国政治、经济、宗教、军事等之事实,不明各方人地间之关系,拉杂凑合,斯则大背近世地理教育之精神矣。

(三)初级中学与小学地理教学法原理大要 近来欧美出版关于中小学地理教学法之书籍论文,汗牛充栋,不可枚举。但各书所举之教学方法,未必尽能一致。诚以地理之范围既广,而各国各地之情形又不复同,故断不能拘泥于一种方法。但有若干原理,然论中外,凡属教学地理,皆为通用者,如下列数点,即其例也。

（1）凡教学地理,必须自已知至未知,自儿童日常所惯于见闻之物,而推广至于未睹未闻,自个人所受于环境之影响,而推论及于社会全体。是故教学地理,开始必须自本土地理着手。

（2）教授地理者,须洞悉儿童之能力,揣摩儿童之心理,而伸缩其所授之教材。地理范围既广,与历史、数学、博物各科关系极形密切,故教授地理者,应与他科教员,时通声息,以期互相印证。

（3）地理一科,向多注重记忆,中外如出一辙。但徒记州县、山川、物产之名称,不但无益于实用,且不足以引起儿童之兴趣,而运用其个人思想之能力。故近来地理教学,多注意于地理上环境对于人生之影响。

（4）凡各种教学,非实验不为功。地理既为研究地形、气候对于人生影响之一种科学,则断不能专为恃教科书与地图。必须观察地形,实测气候,使儿童亲尝目睹,则较之专恃教科书与地图者,必能收事半功倍之效。故野外旅行与气象测候所之设立,实为中小学地理所不可少者也。

除上述数点而外,尚有若干问题,至今迄无定论,兹择其要者叙述之如下。

地理教学方法,因教材之去取,与入手之先后,而限种种之不同。凡自因以及果者,为归纳法;自果以推因者为演绎法;以村落为起点,面逐渐推广至县省全国者,曰综合法;自全球入手,而逐渐分析,至于各洲各国省县城邑者,曰分析法。四者何去何从,若能并存,则何者应先,何者应后,均有研究之价值。教学地理之要旨,在能说明天然环境对于人类生活状况之影响。环境因也,生活果也,在如何天然环境之下,则得如何之生活状况。但教学地理,二者不能同时并重。儿童对于生活状况,较之对于天然环境,易于领悟,故教学地理,生活状况,宜先于天然环境。迨儿童对于寒温热三带之生活,已知其大概,然后进而用归纳法,教以天然环境上种种要素。换言之,在小学宜用演绎法,至初级中学时,则用归纳法。分析法与综合法,亦不能同时并用。教授儿童地理,当以本土地理为发轫点,取其切近,而易于了解。然后推而及于他省、他国、他洲。但至初级中学之末年,或在高级中学,儿童对于全世界山脉、河流、气候、物产、人民之分布,须有一概括的观念,然后更分析若干天然区域,或政治区域,而详细研究之。

在中小学教学地理,将以政治区域为单位乎,抑以天然区域为单位乎?用天然区域之利有二:政治区域更易不常,如欧战以后,疆域大改旧观,则教材即以不同;天然区域,则有永久性质。且天然物产,全视气候、地形而定,气候、地形相若之地,断不因两国疆界适经其地,而两方之天产遂分畛域。但天然区域,亦有不便之处。因其疆域既为理想的,故不能如政治区域之确定。且大多数书籍杂志所载之统计,所用之名称,均以政治区域为单位,故二者实不可偏废。大抵新辟之大陆如南美洲,可应用天然区域,至于历史悠远如欧亚各洲,则以用政治区域为便。

(四)高级中学之地理 我国新制高级中学,地理非为必修课,实为课程上之大缺点。高级中学之学生,少数预备升学,而大多数则毕业而后,即为社会服务。大学文理科既有地质系、地学系,则为升学计,高级中学自有习地理之必要。至为社会服务,无论在实业界、教育界,均须具有充分地理上之知识。其入军事、政治、外交界者,更不待言。往年东南大学入学考试,地理常识试验中有间岛在何处,片马在何省等简单问题,能为正确之答复者,十不得三四,则我国中学地理教学之应改良,岂容缓哉。

高级中学之教学地理,须用分析法,即自全球入手,使学生对于全球有一鸟瞰之观察。次及各洲各国,最后对于我国各省各区,及与我国关系较密之各国,如日本、英、俄,为详尽之研究。庶几高中毕业而后,不特对于世界时局有一明晰之背景,即列强所以谋我之主动力,与夫我国在世界应占之位置,亦可得一正确之了解也。

原刊于《地理》杂志2卷2期

利害与是非[*]

主席，各位先生：

今天，兄弟要讲的题目是《利害与是非》。为什么我要讲此题目呢？

三年前，国联派了几位教育专家到中国来考察，考察的结果，他们出了一本报告书。在这本报告书里面，有几句话很值得我们注意的，就是说："中国普通一般人以为欧美社会的文明，统是科学造成的，所以中国只要有了科学，就可一跻而达于欧美的文明了，但实际只有欧美的社会，才能造成今日的科学。"这几句话，我觉得很重要。在四十年前，曾国藩、李鸿章辈讲求新法，要造船制炮，以为这就可以与西洋文明争抗，所谓"中学为体，西学为用"，这见解是很错误的。近三十年来，一般人提倡科学救国，以为有物质科学，就有百废俱兴可以救国了。其实，这亦正同"中学为体，西学为用"一样的错误，因为科学是等于一朵花，这朵花从欧美移来种植，必先具备有相当的条件，譬如温度、土壤等等，都要合于这种花的气质才能够生长。故要以西洋科学移来中国，就要先问中国是否有培养这种移来的科学的空气。培养科学的空气是什么？就是"科学精神"。科学精神是什么？科学精神就是"只问是非，不计利害"。这就是说，只求真理，不管个人的利害，有了这种科学的精神，然后才能够有科学的存在。

我们试看西洋科学发达的历史，就可知科学精神的重要。西洋科学的发达，不过是近三百年来的事。十六世纪的时候，还是教皇神权

---

[*] 1935 年 8 月 12 日。本文是作者在"南宁六学术团体联合年会"上的演讲词。

的时代，那时一般人相信地球在宇宙之中心，太阳绕地而行。但是，后来天文学日渐发达，波兰的哥白尼(Copernicus)，丹麦的第谷·布拉赫(Tycho Brahe)从实地观察，断定地球并非在宇宙之中心，且系绕太阳而行。这种论调，在中世纪的教育看起来，是大逆不道的。因此，意大利的布鲁诺(Bruno)就焚死于十字架上，著名科学家伽利略(Galileo)因之下狱。但当时研究天文的学者，并不因教会的淫威而畏缩。第谷·布拉赫的子弟开普勒(Kepler，1571—1630。德国天文学家，他发现了行星运动的三大定律：轨道定律、面积定律和周期定律，为哥白尼的日心说提供了最可靠的证据。同时，他对光学、数学也有重要贡献，是现代实验光学的奠基人。编者注)费了二十年的工夫，将他老师毕生所观测的太阳系与各行星、月亮位置的观察，尽心研究，结果是将地球太阳的疑问解答了。开普勒的一生，本来很有机会致富的。但是，他一生潦倒，一直穷到死，死在偏僻的地方，而他发现的各行星运动三条重要定律，还没有人赏鉴。可是，他生前坚决地说，我可以等一百年、二百年，将来一定有人赏鉴的。后来，不到数十年，英国牛顿就从他的三条行星运动的规则发现了万有引力，造成近代科学的基础。吾们饮水思源，不能不归功于上述几人。像他们这样杀身成仁，安贫乐道，正是孟子所谓"富贵不能淫"、"贫贱不能移"、"威武不能屈"一样。这种就是科学的精神。到了十九世纪，欧洲思想界，又起了一重大变化，那时许多科学家如莱尔(Lyell)，拉马克(Larmack)，达尔文(Darwin)等，所受到威吓利诱，不亚于十七世纪的先进。但是，各科学家能不断的努力，求取真理，才有今日欧美灿烂的科学。所以，要发达科学，原要先看有无培养科学的空气，科学空气就是"只问是非，不计利害"。

知道了欧洲科学发达的历史，再看我国的情形。

中国思想从来最占有势力的是诗人与文豪，但诗人、文豪往往不顾事实而顾自己的便利的，譬如唐诗里有"二月黄莺飞上林"之句，在长安二月间决无黄莺。可见他们诗人是不顾事实，到现在诗人习惯，仍然如此。去年有位诗人，二月间在杭州探梅遇雪，回来便做一首诗，说如何在梅花盛开积雪之下，看见黄鹤来去。

我们要知道"真"、"善"、"美"三者,是无论哪一种大杰作必须兼顾的条件,单讲"美"而置"真"于不顾,无论如何必不能称为杰构。中国古代最有科学性的还是史学,因为中国的太史,一向是主张秉笔直书,所以春秋时代崔子弑齐君,齐国太史就直书不讳,结果接连被杀者三,各国太史统要跑到齐国去写崔抒弑齐君,崔子才没法,只可承认。这种精神却与科学精神相同。后世史学家如司马迁、司马温公,都是良好的史学家。所以,中国别的科学不行,历史学还有相当的贡献。如Gibbons《罗马之衰亡》一书,即脱胎于《资治通鉴》。可惜中国文豪、诗人的影响太大,历史家秉笔直书的这种精神,影响是极少的。所以,一般人每逢到"是非"与"利害"相冲突的时候,就是"利害"之心盛于"是非"之心。譬如说到调查,调查是许多科学的初步,但是许多调查的数目字,却很不可靠,大多是随意造的。就是我个人研究气象,各省对于气象中有若干记录,亦不甚确的。往往贪于个人的便利,不顾事实如何,这种习惯一日不改,中国的科学就一日无望。科学如此,政治亦然。若不以是非之心,而以好恶之心来治国家,也不行的。中国人最爱讲情面,情面就是与科学精神相反的。所以一讲情面,就什么事情最后非失败不可。故利害与是非的辨别,是很值得我们注意的一件事。

原刊于《科学》19 卷 11 期(1935 年 11 月)

第二辑 教育留植(1936—1945年)

初临浙江大学时对学生的训话要点 *

一、办一地的教育，必须知其过去之历史，并明其当前之环境。

二、浙江过去历史上充满学术发达的光辉，自来学者尤多重经世，尚气节，能为民族奋斗。至今日环境，则在外患侵侮深入之中，浙江复为国防重心所寄，故本大学所负时代使命甚巨。

三、民族自由，重于个人自由，故本大学纪律化、组织化之校风，必须继续前轨，更求推进。

四、关于教务方面，教授当网罗人才；图书设备当力求充实；建筑则以本大学校舍不敷，亦当就经费可能中渐谋扩充。

五、因大学费用负担较大，贫寒好学青年，往往失去上进机会。下年度起，拟设置公费生，全部免费；并与浙教厅联络，由中学免费办法，奖掖有为青年进受专门教育。

六、力诫学生勿受浮动盲从之恶习，须从学业、思想、道德、体育各方面努力，方可养成将来健全的社会领袖，为国家民族效劳。

原刊于《国立浙江大学校刊》第 247 期

（1936 年 5 月 2 日）

---

* 1936 年 4 月 25 日。

大学教育之主要方针*

（一）

诸位同学：这次中央任命本人来担任本校校长。我个人以前对大学教育虽也有相当渊源，但近年潜心研究事业，深恐对于这样重大的责任，不胜负荷，因当轴责以大义，才毅然来担任了。今天与诸位同学第一次见面，就来略谈本人办学的主要方针，和我对于本校与诸位同学的希望。

明了往史与现势二条件　大概办理教育事业，第一须明白过去的历史，第二应了解目前的环境。办中国的大学，当然须知道中国的历史，洞明中国的现状。我们应凭借本国的文化基础，吸收世界文化的精华，才能养成有用的专门人才，同时，也必根据本国的现势，审察世界的潮流，所养成人才才能合乎今日的需要。可是，我们讲过去的历史，一方面固然绝不能忘了本国民族的立场，也不能不措意于本地方的旧事和那地方文化的特色。本校诚然是国立的大学，可是办在浙江，所培植的学生又多数是浙江人，诸位将来又大致多在浙江服务，所以，我们也应得注意本省学术文化的背景。

（二）

浙江的开化与学术的发达　我们回溯浙江的往史，就容易联想到浙江省是越王勾践的故地，他那兴国的事业，雪耻自强的教训，深深地印入浙人的脑际。自东晋民族南迁，五代时吴越钱氏保浙，于是浙水东西开发日广，浙江文化与江南相并进。南宋定都杭州以后，浙江尤

---

* 1936 年 4 月 25 日。

成为衣冠人文荟萃之邦,学风盛极一时。这期间,既然发生许多极有贡献的学者,而如南宋浙人的匡业与捍卫,明代于谦的定边与浙海的抗倭,以及明季的匡复运动,常以一省的人文关系民族的安危存亡,尤足见本省的特殊精神。这些远的姑不具论,只就近三百年的浙江学术史中,我们就可举出两位杰出的人物。

黄梨洲和朱舜水 他们承晚明风气败坏之余,而能矫然不阿,以其宏伟的学问、光明的人格,不但影响浙江,且推及于全国,甚至播教于海外,并且影响不限一时,而且及于身后几百年,这就是我们共知的黄梨洲先生(宗羲)和朱舜水先生(之瑜)。黄梨洲因为图谋抗满复明,被清廷指名缉捕至十一次之多。匡复之谋不成,乃奋志著书讲学。他那部《明夷待访录》,包含了浓厚的革命思想;《原君》之作,早于卢梭(1712—1778。法国伟大的启蒙思想家、哲学家、教育家、文学家,是18世纪法国大革命的思想先驱,启蒙运动最卓越的代表人物之一。主要著作有《论人类不平等的起源和基础》、《社会契约论》、《爱弥儿》、《忏悔录》等。编者注)的《民约论》(译名又为《社会契约论》,1762年出版。他第一次提出了"天赋人权和主权在民的思想",是世界政治法律学说史上最重要的经典之一。《社会契约论》中主权在民的思想,是现代民主制度的基石,深刻地影响了逐步废除欧洲君主绝对权力的运动,和18世纪末北美殖民地摆脱英帝国统治、建立民主制度的斗争。美国的《独立宣言》和法国的《人权宣言》及两国的宪法,均体现了《社会契约论》的民主思想。编者注)一百年,实为近代民权思想的先觉。他所至讲学,著述极富,弟子光大其教,影响吾浙学风甚深。朱舜水与梨洲是余姚的同乡,并且同是复明运动的健将,曾到安南、日本运动起义。事既不成,就隐遁日本,立誓不复明就不回国,因此终其身于异国。那时,日本人已传入我们浙江大儒王阳明先生的学说,他的伟大人格也就引起他们的重视。日本宰相德川光国尊之为师,讲学论艺,启导极多。所以梁任公先生说,日本近二百年的文化,至少有一半是他造成的。

致力学问与以身许国 梨洲、舜水二位先生留给我们的教训,就是一方为学问而努力，一方为民族而奋斗。因为他们并不仅为忠于一姓，推其抗满的热忱，就是抵抗侵略的民族精神。我们不及详说浙江其他伟大的学者，单说这二位先贤，已足为今日民族屈辱中我们所以报国的模范。我们生在文化灿烂的中国，又是生在学术发达先型足式的浙江，应如何承先启后，以精研学术，而且不忘致用实行为国效劳的精神！

中国目前环境的艰危　其次讲到中国"目前的环境"，我们有知识有血气的青年，早已感到今日国家情势的危迫。近百年来列强侵略进行不息，中国不能发奋自强，以致近几年国家已到了最严重的危机。内乱的频仍，外患的迫切，一般人民风习之不振，较之明清间更有过之。现在国内诚已统一，兵患逐一肃清，可是野心国不愿见我们的统一进步。他们可说是抱着"两重标准"的观念来任意行动。所谓"两重标准"，从前是指中国社会里的男女道德问题，因为本着男女不平等的传统观念，所以法律容许男子纳妾，而风教强迫女子于夫死守节，这可说是两重标准。现在国际间关系也是如此，弱国要受公法的限制，不平等条约的束缚，而强国就可不必，矿产、铁路可以任意租借或敷筑，关税可以强人协定，以及进一步的任意私运，飞机、炮舰可以任意横行，甚至人家的土地也可任意借口而攘夺！这种国际形势的存在，就是隐存着的二重标准，显然是只有强权，没有公理。所以，国际联盟对中日问题终于束手旁观，最近对于意大利横行侵阿（指阿比尼西亚，即今天的埃塞俄比亚。编者注）也只空言制裁，我们至今完全可以明白，国际间还绝对谈不到公道与和平。中国民族虽说是重尚和平，可是我们尽可祝望将来世界的和平，而在今日则应确信，国际间只有武装才能讲和平，并且为了取得和平的保障不能不增厚国力。中国以往因为不明白这种国际关系，所以受了奇耻大辱；今后惩前毖后，必须急起直追。我们应知一国的强弱盛衰，并非偶然而致，而有积久的自取的理由。人和别的生物一样，一定要适应环境，才能生存，否则就趋于衰败或归淘汰。现在这世界是机械的世界，是科学的世界。中国人对于科学研究，虽有深远的渊源，可是不久中衰，清季兴学以来也继起不力。

今后精研科学，充实国力，大学生固然应负极重大的责任，而尤其重要的是养成一种组织和系统的精神。我们知道现今的世界一切事物最重组织，可是中国社会的旧习惯与此很难契合。中国人民积习最喜个人放任无拘的自由，家庭街市随意吐痰、小便，就是一个最简明的实证。试问我们以散沙一盘的许多个人，来和有组织、有纪律的现代国家对敌，真似螳螂挡车，必无胜理。近代中国外交、军事的着着失败，总因在此。

民族自由重于个人自由　今后我们的问题，就是"个人的自由要紧呢，还是全民族自由要紧？"我们大家对此应加以深切考虑。如果明白了"民族没有自由，个人合理的自由也失去保障"，我们就必须以实心实力共来完成民族的自由。现在中央决定，在学校里实施军事训练，就是要先使全国学生实现纪律化、组织化，以期进而推播于全民众，也就是要谋我们全民族适应现世界的环境，以恢复民族的自由，保障民族的生存。本校经历届校长、教授的努力，学风素称纯正而有规律，而前校长郭任远先生对于推行军训的毅力，就因深切认识其客观的重要，要使学生都能纪律化、组织化，我觉得很钦佩与同情的。可是本校学生未能完全接受，实是可惜，尤其是近数月来，听说学校里的纪律竟渐渐地松懈，如生活的严肃，衣冠的整齐，渐不及前，这决不是小节，而是一个极不幸的现象。

军训与组织化的重要　今后校内军事管理的组织，自应从详规划，以更谋其健全与安定，而组织化、纪律化的精神，必须求其贯彻的。要而言之，中华民族今后复兴的途径，须全国一致，遵守孙中山先生的遗教，在中央领导之下，共同努力，而大学生在这个大业上所负的责任甚大。浙江在中国政治经济文化的地位都极重要，浙江大学的学生就"目前的环境"一层上着想，尤应刻苦砥砺，才无负本省过去光荣的地位，与今后神圣的使命。

（三）

　　以上就过去历史和目前环境二方面，来讨论中国和浙江省的地位，来证明本校所负的历史的和时代的使命，而同时也已将我对于本校训育方面的宗旨和趋向说明了。现在,再从学校教科等各方面来略说我个人的意见,并且就此提及我们今后想走的途径。

教授人选的充实 一个学校实施教育的要素,最重要的不外乎教授的人选、图书仪器等设备和校舍建筑。这三者之中,教授人才的充实,最为重要。(一)教授是大学的灵魂,一个大学学风的优劣,全视教授人选为转移。假使大学里有许多教授,以研究学问为毕生事业,以作育后进为无上职责,自然会养成良好的学风,不断地培植出来博学敦行的学者。我们中国之有现代式的大学,虽还只是近四十年间事,但历史上的国子监,实际上近乎国立大学,而许多大书院也具有一时私立大学的规模。南宋国子监,就在杭州城西纪家桥,而万松岭的万松书院,到清代改敷文书院,源深流长,并可见浙省大学渊源之早。书院教育,最有"尊师重道"的精神,往往因一两位大师而造成那书院的光彩。例如讲到白鹿书院,就令人联想到朱晦庵,鹅湖书院就因陆象山讲学而出名。近代的大学也正是如此。例如英国剑桥大学卡文迪什实验室之所以出名,就因为 J·J·汤姆逊、卢瑟福几位教授。三十年前,美国哈佛大学之所以能吸引了许多国内外的学生去研究哲学,就因为有 J·罗伊斯、桑塔亚那、詹姆斯诸教授的主讲。俄国出了一位巴甫洛夫教授,使俄国的生理学闻名于世。所以,有了博学的教授,不但是学校的佳誉,并且也是国家的光荣,而作育人才以为国用,流泽更是被于无穷。现在中国的大学太缺乏标准,但几个著名的大学也多赖若干良教授而造就其宏。不过,要荟萃一群好教授,不是短时期内所能办到,而必须相当的岁月,尤须学校有安定的环境。因为教授在校有相当的年份,方能渐渐实现其研究计划,发挥其教育效能,而且对学术感情日增,甚至到终生不愿离开的程度,这才对学术教育能有较大的贡献。反之,若学校不幸而有学潮,不但使学者、大师裹足不前,就是原来的好教授也容易离去,学校就大伤元气。所以,无论学潮的原因如何复杂,为学校的前途计,不得不想法去消灭它。今后本校惩前毖后,必先谋学校安定,然后方可网罗人才。本人决将竭诚尽力,豁然大公,以礼增聘国内专门的学者,以充实本校的教授。尤希望学生对于教师，必须有敬意与信仰，接受教师的指导，方能发挥教师诲人不倦的精神。

图书仪器设备的重要 （二）其次讲到设备。人才诚然重要，可是图书仪器等设备，也是学校所不能忽视的，尤其是从事高深研究的大学。一个大学必有众多超卓的学者，才能感得图书设备的重要，而且会扩充合用的图书；也惟有丰富的图书，方能吸引专家学者，而且助成他们的研究与教导事业。简言之，人才与设备二者之间，必然辅车相依，相得益彰的。俗话说"工欲善其事，必先利其器"。所以，教授学生欲利其研究，必须充实其图书仪器各项的设备。现在中国许多大学有一共通的弊病，即在经常费中，教职员薪给之比例太高，而图书设备费的比率太低。在这种情形之下，就是有优良教授也无所施其技，且设科太繁，或职员人数太多，结果连一个院或系都不能健全发展。我们听到一部分大学，近年颇致力扩充其图书馆，固为可喜的现象，然而图书设备究是一般的贫薄。据我所闻知，除清华大学藏书二十八万余册，中山大学、燕京大学各约二十七万册，北京大学二十三万册，已算最多；次则中央大学、金陵、岭南、南开，也都在十五万册以上。此外，则图书在五万册以上的大学，已是寥寥，甚至还有图书不及万册的，也居然称学院或专校了。我们若就欧美举一二个例，柏林大学图书馆藏书达二百万册，且得普鲁士邦立图书馆（藏书二百五十万册）的协助；哈佛大学图书馆现有图书三百七十万册，去年一年增加新书五万余册。当意军初侵阿比西尼亚的时候，美人对阿的情形大都茫然，哈佛图书馆乃检取关于阿比西尼亚的书，就有五百册之多，以供给师生与外界的参考。这样的图书馆，才不愧为一国的学府。可惜中国大学多不知重视图书之充实，而犹诩然自负为"最高学府"。十九世纪英国文学家加莱尔说："一个好的图书馆就是大学。"公共图书馆尚且如此，大学图书馆自更有高尚的学术价值了。所以，我以为大学经常费，关于行政费应竭力节省，教职员薪金所占不能超过70%，而图书仪器设备费应占20%或至少15%。本校因扩充成立为时尚近，听说图书仅六万册之谱，虽说省立图书馆近在咫尺，可助应用，但那边究以旧书为多,所以专门的中西文新书以及基本名著,本校实大有充实之必要。本人已在考量扩充图书馆的地位,下年度起并将谋增加购书经费。就是各系仪器,也当陆续添补,以发挥增高研究实验的效率。至于如何酌减学生上课的时间,促进利用图书馆和自由研究的习惯,或增进教师对学生课外的指导,凡此种种,还得和各教授共同研究,力谋以图书馆、实验室来辅助大学教育的成功。

校舍的最低标准 (三)复次,是校舍问题。我们对于现今社会之过重屋宇的建筑,固然有些怀疑,如大学校舍已有相当基础,而竟不知充实设备,只求大规模的兴筑新宇,我曾谓为是缺乏办学的常识。可是,一个大学的环境原也重要,相当完整的校舍也是决不容忽视的。我今天视察了本校文理学院、工学院房子之后,才觉得浙大校舍需要改建和添建的迫切。大概要建筑校舍,第一须有具体的计划,计划既定,步步进行,这样建筑的形式,才能调和,而不致互相枘凿;第二,房屋要求其坚固合用,最好更能相对的顾及美观,但不必求其讲究奢华。目前全国各国立大学中,浙大的校舍恐怕要算最简陋,除一小部分外,大都是陈旧不整齐,而且不敷应用。郭校长在任的时期,在华家池新建了农学院新舍、文理学院里的新教室和其他几所小房子,终算立了相当的基础,但为适应目前的需要,修建的要求还很迫切。现在中央财政的艰绌,在此非常时期中,教育经费开源诚极不易,然而一个大学,如欲使其存在发展,最低限度的校舍建筑是不可少的。我来杭之前对当局接洽,虽还没有具体的结果,但我此刻却已感到校舍修理和增筑的必要,此后自当设法进行临时费,从事规划,以逐渐实现最低限度的本校校舍,改善诸君读书的环境。

(四)

贫寒子弟的求学机会 此外,为了奖励贫寒好学的子弟,我已订定了在本校设置公费生的办法。对此一事,我以为有极充分的理由。在从前科举取士及书院通行的时代,中国的教育可还说是机会均等的,所以,我们在历史上常听到由寒士登科而成名立业的,在清代书院养士制度下,也造就了不少的贫寒子弟。自从学校制兴,有学费的明白规定,情形就渐渐不同了。近来国民经济的低落,与学校收费及生活费的提高,恰恰成了反比例,因此,这问题就更见严重。中国读书已非每年五十元或一百元不办,等到一进大学,每年连个人日用有需四五百元以上者,至少也得要二三百元之则。我记得江苏当局曾有省民经济的调查,得知百分之六十六的人民,每年收入不到九十元,这就可见,百分之三十的人家不易进中学,没有机会进大学的,恐怕有百分之九十九以上。江苏平均富力大概高于浙江(尤其是江苏南部),那么,浙江贫寒而优秀的子弟,被剥夺了入中学、大学受教育的机会,其数必更可惊。在这样情形之下,大学变成有资产的子女所享受,聪颖好学但是资力不足的人家,完全没有同样机会。这样的教育制度,不但是对人民的不公允,并且因为埋没了许多优良青年,对于社会与国家更是莫可挽回的损失。我以为天才尽多生在贫寒人家,而贫困的环境又往往能孕育刻苦力学的精神。所以,如何选拔贫寒的优秀学生使能续学,实在是一国教育政策中之一种要图。浙大虽已有免费生的办法,但所免的只是局部的学费,每年所省只自二十五元至五十元之则,贫家还是不得实惠,根本上仍惟有裹足不前。上月间,教育部在院会提出通过奖学金的办法;前几天,在报上看到清华已有公费生办法的公布。

本校决定设置公费生 根据当局宏奖人才的意旨,体察本省实际情形的需要,我已决定自来学期起,即规划公费生的设置,尚须详定办法。大概公费生入学考试要比较严格,并须经审查家境情形合格。录取以后,只要学业达到预定的优良标准,就继续由学校供给他四年中的费用。为谋由根本选拔起见,并当与本省教育厅联络,促早实行中学酌设公费生的办法,俾贫苦的人才,也有入大学的机会,不致埋没无所表见。同时,现行的补助费、奖学金仍当酌定存在,庶几广育英才,更可推广大学教育的成效。

(五)

关于诸同学的学业指导和人格训练的各方面,个人虽还有许多意见,可是匆促之间,不能充分说明,并且必须多方观察现状的得失,方可逐步从事改善的设施,现在可暂不说。

运用自己思想的重要　不过,有一点在此刻不能不一提的,就是希望诸君能运用自己的思想。我们受高等教育的人,必须有明辨是非、静观得失、缜密思虑、不肯盲从的习惯,然后,在学时方不致害己累人,出而立身处世方能不负所学。大学所施的教育,本来不是供给传授现成的知识,而重在开辟基本的途径,提示获得知识的方法,并且培养学生研究批判和反省的精神,以期学者有自动求智和不断研究的能力。大学生不应仍如中学生时代之头脑比较简单,或者常赖被动的指示,而必须注意其精神的修养,俾能对于一切事物有精细的观察、慎重的考虑、自动的取舍之能力。我们固不肯为传统的不合理的习惯所拘束,尤不应被一时感情所冲动,被社会不健全潮流所转移,或者受少数人的利用。今后赖许多教授的指导和人格感化,希望诸位更能善于运用自己的思想,不肯作轻率浮动的行为。中国今日的国难,其严重性与复杂远过于五四或革命北伐的时期,解救之道,非短时间可以为力,也非一部分人所应独负,最重要的却是统一全国的团结,齐一全国的步趋,共同树起对民族的自信力,对政府领袖的信仰,重视本身的责任,从事基本准备的努力。当然,我们要严密注意时事,并且发扬抵抗强暴、捍卫国家的热忱,但我决不愿学生作浮夸无效的行动,而应作沉着应变的准备。

以沉着的准备代盲从　半年来的学生运动,固然热情可佩(少数另有作用者是另一问题),但其方式之无当,实为可怜。诸君既受高深知识,决不应再有贸然的盲从,而宜深切考量一切的行动,惟有能思想才不至于盲从,亦惟有能思想才能作有效的行动,应付我们艰危的环境。十年廿年以后的诸君,都可成为社会的中坚分子,而中国今后正是最需要头脑清楚、善用思想的人物。

总之,我希望诸位同学要深切体念在今日中国受高等教育者的稀少,因此益自觉其所负使命的重大,努力于学业、道德、体格各方面的修养,而尤须有缜密深沉的思考习惯。一个学校的健全发展,自然有赖教授、校长之领导有方,同时,尤需要全体学生有深切的自觉与实际的努力。

全校合作以谋本校的进展 本人愿以最大的诚意与专注的精神，来力谋浙江大学的进展，而要达到相当的成功，必然期待诸位的合作和努力。

原刊于《国风》月刊(1936 年)8 卷 5 期;1936 年5 月9 日，

曾发表于《国立浙江大学校刊》第 248 期

旅行是最好的教育[*]

俗语有句话叫"秀才不出门，能知天下事"，这是欺人之谈。足不出户的人们，虽读尽万卷的死书，仍然不辨菽麦，至于人生疾苦、世界经济更谈不到了。英国哲学家法兰士·培根说得好："旅行对于青年人是一种教育，对于壮年人是一种经验，游历异域，胜于进学校。"我们只要看古今中外凡是有作为的人们，很少是偏居斗室，足迹不到异方的。孔孟周游列国，入国问禁，入境问俗，所以能成其博大，苏子由称太史公"行天下，周览四海名山大川，与燕赵间豪俊交游，故其文疏荡有奇气。"顾炎武载书二车，周游南北，凡所到的地方，必广搜博访，以考订古书中的错误，卒成有清一代朴学的开山大师。称为西洋历史鼻祖的希腊人 Herodotus(希罗多德，公元前 5 世纪古希腊作家，他把旅行中的所闻所见，以及第一波斯帝国的历史纪录下来，著成《历史》一书，成为西方文学史上第一部完整流传下来的散文作品。古罗马时代，他就被誉为"历史之父"。编者注)自幼年即好游历，据估计他行踪所至，东西南北各一千七百英里，每到一处名胜，必长期停留来做种种的考察访问和度量。亚里士多德的足迹曾历欧、亚、非三洲，他的博学多能，不是偶然的。达尔文的进化论，在他少年时代乘 Beagle(贝格尔)轮游历重洋的时候，已奠定了基础。达尔文的朋友赫胥黎一生最有力的经验是在 Rattlesnake(响尾蛇)轮上得到的。到于今交通便利，旅行更成为人们教育的利器。凡是英美有志的青年，没有不想到欧洲大陆游历的，有钱的坐汽车、火车，没有钱的步行也有。德法两国中等

---

[*] 1936 年 5 月 1 日。

人家的父母，寻常的时候，节衣缩食省了几个钱，一候夏天学校放暑假，便带他们的子女去游山玩水，毫不吝惜地施用，这是因为他们能明了旅行对于自身，对于子女的身心两方统有极大利益的缘故。

　　四十年前，英国有一位中等学校的地理教师，在他地理课上讲到冰河的时候，问他的学生有没有看见过冰河，结果全班六十人，竟没有一个学生能回答说他曾经见过冰河的，而且教师本人亦没有过这眼福。这位教师就发起每个儿童每星期各捐一先令，到了年终带领六十个学生，结伴去瑞士旅行了一个月。从此开端，英国中小学校旅行风气大开，起初旅行还只限于假期内，到后来英国教育局明了旅行对于儿童的益处，连授课期内，亦许学生作长期的旅行了。不久英国学校教师就联合起来，成立了"学校旅行协会"（School Journey Association），目的在于减轻学生们旅行的费用，和指导他们旅行的方法和路程。到了民国二年，这个协会得着英国各铁路公司的许可，使旅行团的学生买来回票的价目，减到单程票价的一半。民国二十一年，协会又得着欧洲和北美洲各铁路公司减票价的权利，近来协会的学校成员已增至四千所，每年由协会领导而游历的学生，为数达六万人，旅行最远的直至非洲。去年，英国就有八百多学生、两百八十位教师坐了协会所租的轮船，周游波罗的海诸国，来回十二天功夫，每个学生只费了二十三金元。英国学生到了挪威和丹麦的时候，统由协会预先约定挪威、丹麦诸国的学生做招待，这样又经济，又有当地人领导，并且可以联络异国学生间的情感。协会最近的计划，是预备筹款来买一只游艇，以后英国的苦学生们，就能得机会来周游列国了。

　　此外英国尚有一个"公共学校探险会"（Public School Exploring Society），去年派了四十七个男生到纽芬兰岛上去测量，结果发现了从前地图上没有见过的河流。德国自从希特勒上台后，锐意提倡学生的流动。从去年起，德国各大城邑的中等学校学生须到乡村实习一年，费用由国家担负，目的在要使学生知稼穑之艰难。去年一年中，就有二万二千城邑学生调到乡村去工作。法国政府也奖励学生的旅行，每逢星期四，巴黎就开一次专车载学生到矿区、渔村和工厂去调查。瑞典每年流动的学生达六万人之多。芬兰为了学生的旅行,国家专立一司以督察其事。美国班得莱高中三四年级的学生,最近完成一万四千英里长期的旅行。日本学生不但周游国内,每逢春秋佳日,我国南京的名胜如鸡鸣寺之类,常有他们的踪迹。《支那省别大全》是同文书院学生调查而得的总成绩,虽是省别大全中所载各省的调查不尽精确,但同文书院学生用力之勤,旅行之广,值得我国学生佩服的。

以我国幅员之广,青年学生们正不必出国门一步,可以看到世界最伟大的古迹,如万里长城;庄严的艺术,如云冈石佛;桂林山水之美,素称甲于天下;川边雪山的奇雄,超越瑞士的阿尔卑斯山。长江上下游可以通行船只,三千里无阻,有泱泱大国之风。看到祖国山河之锦绣,使爱国之心油然而生。近而言之,我国各省亦统有名山大川,可以广我们的眼界,历史上陈迹足以引起景仰古代豪杰哲人的感想。旅行可以锻炼身体,获得经验,了解人民的疾苦及养成独立的精神。可惜我们政府、社会素来对于旅行提倡不力,青年们就抱着"出门一里,不如家里"的主义,所以,历来江南的大学毕业生出来谋事,多以在沪宁、沪杭铁路沿线为条件,以"父母在,不远游"为借口,到两湖、两广已大违素愿;若到吉林、黑龙江,就当做充军看待。"上有天堂,下有苏杭",这两句话真害人不浅。其实,苏杭一带早已人满为患,再加丝、茶业一落千丈,农村经济破产,苏杭快要变成地狱了。环顾全国,惟有东三省的松花江和辽河流域,地广人稀,土地膏腴,有森林,有矿产,真是我国的宝藏仓库,凡是有为的青年,早应向东北找出路,寻一个用武之地。但是,因为国内交通的不便,治安的无保障,学生、商贾往往以旅行为畏途。既未身履其境,便不知东北之如何空旷富庶,而视同瓯脱了。

庄子引《齐谐》之言曰:"鹏之徙于南冥也,水击三千里,抟扶摇而上者九万里,去以六月息者也。""蜩与学鸠笑之曰:我决起而飞,抢榆枋而止,时则不至,而控于地而已矣,奚以之九万里而南为?"我国青年之多甘与学鸠为伍者,则以从来未曾有击水三千里之经验也。青年们之颓废与浪漫,实为现今普遍之现象,而旅行足以纠正之。昔马伏波深愿身后以马革裹尸,而以死于妇人女子之手为耻。班定远本一书吏,投笔从戎,以三十六骑横行西域,汉代之有光荣历史,全赖此辈耳。丁在君(即丁文江,1887—1936,字在君。江苏泰兴人。民国时期著名地质学家、社会活动家。编者注)从日本留学返国,曾书古诗赠人曰:"男儿壮志出乡关,学业不成誓不还,埋骨何须桑梓地,人间到处有青山。"足见在君少年的胸襟已是不凡。瑞典人斯文·海丁(今译为斯文·赫定。编者注)曾三入西藏,四入新疆、蒙古,近以古稀之年,犹深入不毛,为我国政府勘定入新疆之公路,溯孔雀河而下,测量罗布泊之干流,证明坊间新疆地图之谬误。前次入新疆,适逢马盛之战,几经困难,始告成功。这种勇往直前,不屈不挠的精神,我国人对之,能不愧死?

　　两年前,有几个热心教育的人,以救国为号召,主张学校缩短假期,增加授课钟点,四年的课程可作三年读完。这种主张与近代教育趋势背道而驰的。要晓得学校教育,尤其是书本教育,不是惟一的教育。譬如在外旅行所得的训练和知识,是学校中所得不到的。欧美各国的教育趋势,统渐渐地倾向于减少授课钟点,而注意到运动、自修、实习、调查、旅行等等的课外活动了。在十八九世纪之交,美国波士顿城中公共学校,每年要授二千点钟的课,到现在每年只授一千点钟,而成绩反比以前来得好。波士顿城内公共学校学生在一八四五年大考的题目,到了一九〇六年又来试验,结果没有一门功课其成绩不超越以前的。现在我国中等学校,每年上课的钟点尚在一千五六百小时之间,若减去这数目的四分之一,亦不为多。空出来的时间,就可作为课外活动。至于暑假有两个多月,更可利用来做长假旅行。

　　中国夏季天气炎热,好像不适于旅行。但要晓得,我国全面积的三分之二是海拔一千公尺以上,如东北、西北和云、贵、四川海拔高的地方,夏天是很凉爽。就是沿海各省,夏季的朝晚,并不是不适宜于旅行的。旅行最好是步行或是骑自行车。行动虽慢,但是看得很清切。不但考察地质、地理、动植物的人应该步行,就是要晓得各处的人情、风俗、经济状况,甚至于瞻仰古迹,也以步行最为相宜。从前公路未开的时候,步行和用自行车来旅行,尚有困难,现在政府已开了十万多公里的公路,这网线是青年、中年和老年旅行家统应该利用的。政府和社会为提倡起见,应该与旅行家以种种的便利。公路上每隔四五十里,设立整洁而简陋的客栈,旅行者以极廉的代价,可以得到舒适的睡眠。各公路均应出版详明的地图,载明各地的名胜古迹,道路山川,而于各名胜地点应有标志,庶几旅行者,循道而行,不致有迷途之患。现在公路虽多,而公路上用自行车的人还极少。自行车既不费舶来的汽油,又是一种极好的运动,它的速度和公共汽车相差不多。若能大规模地制造价廉物美的自行车,使乡村小康之家,各能备一座,则销路必广,人民的受益必多。昔人有道"流水不腐,户枢不蠹",人和流水、户枢一样,一人能常运用其四肢,则血脉循环畅达,而人乃健康。一国能使其境内人民川流不息,则虽相去秦越,意见不至于参商,而言语、习惯、好尚、思想等等乃易于统一。所以旅行是最好的教育,不但为一人着想,而亦为全民族着想也。

原刊于《教与学》1936 年 1 卷 11 期

浙大办学方针要点 *

(一)本大学过去由专校合并而成,今后当顾名思义,各方平均发展,使学生既得基本训练,又能各具专长,俾成全才。

(二)联络省政府建、教各厅及中央机关,参照社会之需求,造就致用之人才。

(三)节省行政费,扩充仪器设备,以有限之经费,为最经济之支配,俾臻完善。

(四)实施经济公开,借收集思广益之效。

原刊于《国立浙江大学校刊》第 250 期

(1936 年 5 月 23 日)

---

* 1936 年 5 月 9 日。

宣誓典礼上的誓词、答词*

誓词

余敬谨宣誓:余恪遵总理遗嘱,服从党义,奉行法令,忠心及努力于本职,余决不枉费一钱,妄用一人,并决不营私舞弊,及接受贿赂。如违背誓言,愿受最严厉之处罚。此誓。

国立浙江大学校长　竺可桢

答词

监誓员,各位来宾,各位同事,各位同学:

这次中央派兄弟到杭州来主持浙大,当此国难严重的时期,兄弟觉得责任非常重大。以个人能力的薄弱,深恐有负中央的付托。承监誓员蒋先生和诸位来宾的指教,非常感激!兄弟当尽力照监誓员蒋先生和方先生、黄先生、赵先生所指示的方向去做,兄弟并可以将将来办学方针大略讲一讲,以求诸位的指正。

生聚教训立国之本　在历史上,我们晓得越王勾践如何应付当时的国难。他应付国难的方法,是十年生聚,十年教训。目前国难的严重,甚于越王勾践时代,而大学对于教训,是直接的有关系;对于生聚,是间接的有关系。所以生聚、教训,虽是老生常谈,却是立国之本。

德育、知育并重　中国古代的高等教育,对于德育和知育并重。所以,古之学宫统称明伦堂,因为古代之教育目的在于明人伦。从科举兴以后,士子乃注意到记诵和辞章之学。但这种趋势,是为古代有识士子所诟病的。就是古代的私立大学,所谓书院,亦以熏陶人的品

---

* 1936年5月18日。

格为首要,师生之间,关系非常密切。我们只要看《朱子全书》、《王阳明语录》,就可以晓得宋、明两代的大师,谆谆勉人以做人之道。至于研究天然现象,只占教育中极小一部分。

现行教育制度的不健全　现在我们通行教育制度,是取法于欧美。欧美的学校与教堂并存,礼拜堂的牧师,专司人们的品行人格的陶养,而学校虽于知育和体育的训练稍加偏重,然于陶养品性人格方面,亦并不偏废。每个著名大学里,统有道德学问并茂的教授,可以潜移默化学生的品格。我们把欧美的学校制度,移到中国来,但取其糟粕,而遗其精神,组织上不甚健全,"教训"两个字只行到"教"一部分,而"训"这一部分,几乎完全放弃了。在大学里"教"的方面,亦有问题。

机械的学分制　三年前,国际联盟派了几位专家到中国来视察,当中有德国前任教育总长裴葛、法国著名物理家郎之万和英国农村经济教授陶乃。他们在中国考察的结果,出了一本报告,指谪中国教育的缺点颇多,最重要的一点,就是中国的教育制度过于模仿美国。在大学里行学分制,教员与学生平时很少接触,学生只要能读满一百二十个学分,就算毕业,这种制度实在过于机械。这类批评,是很有理由的。

导师的重要　英国大学,如同剑桥、牛津,均用导师制,师生之间,接触极多。就是德、法大学,虽是大学生极为自由,寻常连考试也极少,但是在实验室里,每个教师所收的学生,为数很少,学生很有机会能与教师接近。就在美国,最近七八年来,在几个有名大学里,如耶鲁、哈佛,也慢慢通行导师制了。从哈佛大学历年校长报告,我们可以晓得,该校行了导师制后,学生成绩比前优越。至于训育方面,行导师制更易见效。目前我国大学里有一种极坏的现象,就是教师在校上课,退了讲堂以后,就与学生分手不见面,这种教而不训的制度,急应改良。

教训合一　浙大的学风,向来是称优良的。有几部分研究空气已甚浓厚,教授除了授课以外,还给学生补习、讨论和共同实验。这种肯牺牲、肯吃苦的风气,应该要能使之普遍及于全校,庶几可以使教训合一。要晓得最好的训导是以身作则，这个理论，无论古代的庠序、书院，今日新式的大学，统可应用的。

大学是养成领袖人才的地方　其次，关于生聚方面，我们眼前最矛盾的现象，就是黄二明先生所讲的，一方面国家需要大批人才来做建设的事业，而同时大学学生毕了业后，就失业。因此，就有许多学生，重视他们毕业后的职业，而对于学业，反以为无足轻重。这种观念，完全是错误的。学校不是一个工厂，以推销它的货品为目的。工厂因为要推广它的货物销路，所以不得不假手于广告鼓吹等等，大学则不然，大学是养成一国领袖人才的地方。从前美国著名文学家和政治家罗威尔曾经说过，大学目的，不在乎使大学生能赚得面包，而在乎使他吃起面包来滋味能够特别好，这话很有道理。

大家有饭吃的生产教育　但在我们民穷财尽的中国，解决民生问题尤为首要。我国大学的目的，应该怎样呢？应该不单是学生能赚到他一个人的面包，而使许多人能赚到他们的面包。换言之，就是使大家有饭吃。中国有句俗话叫做"有饭大家吃"，诸位请注意，"有饭大家吃"和"大家有饭吃"是截然不同的。有饭大家吃，是一人赚到饭以后大家来分吃；大家有饭吃，是使人人有机会可以赚到饭吃。有饭大家吃，是分赃制度；大家有饭吃，是生产教育。

生产教育的效能　就是监誓员蒋梦麟先生所讲的"巧"字譬喻。本来只能长一石谷的田地，我们可以不加工本而使之生产两石；本来只能结苦而瘦的果子的果树，能使结甜而肥的果子。这就是生产教育。又如本来我们每年要向英美日诸国花数千万元进口的煤油，我们能够利用地质学、矿物学的方法来开采，或是用有机化学、生物学的知识，从植物来提炼；本来西北数百万方里的石田荒地，我们用灌溉水利变为膏腴之壤；长江上游不可控制的瀑布，变成数百万匹马力的电。这统要靠生产教育。要达到生产教育的目的，不但要有学农业的人，工程的人，而且要用物理学家、化学家、生物学家、地质学家。不但要理化等知识，而且也要数学、气象学、天文学、经济学、历史学等种种知识。所以，大学要办实科，而文理科也不能偏废。要达到技术的精良，要做到蒋先生所说"巧"之一字,必得大学的人才和设备两方统充实。

各方通力合作 大学毕业生之所以失业,尚有第二个重大原因,即由于大学之闭门造车,所授课目,不适实用,不能供应社会的需要。结果便有人找不到事,而有事找不到人的现象。今后大学应该和中央各部院、省政府、市政府通力合作,以免闭门造车之弊,而同时也可达到生产教育的目的。

今天承诸位冒雨参加,并承诸位勉励,非常感谢。以后当竭尽绵力,以期不负中央政府、浙省父老及诸君之厚望。

原刊于《国立浙江大学校刊》第 250 期

(1936 年 5 月 23 日)"校闻"栏

升旗典礼之意义 *

一个民族的盛衰兴亡绝不是偶然的,孟子说"人必自侮也而后人侮之",中国人目前所最缺乏就是自信力。我们大家到这儿来,举行升旗典礼,就是要养成大家相信中华民族是有出路的民族,是将兴未艾的民族,不是日暮穷途的民族。我们要一大早来举行升旗典礼,也是要表示我们是有朝气而不是暮气沉沉的民族。有人以为欧洲各国中,德意志、苏俄是有朝气的民族,英吉利、法兰西已经到了极盛时代,所谓盛极必衰,若西班牙、葡萄牙已经到了夕阳虽好已近黄昏了,而亚洲则日本是有朝气的民族,中国、印度是具暮气的民族。这话是不对的。我们只要看意大利十五年以前已经为人所视为衰老的民族,但经一两个领袖的奋斗,整个人民奋发有为,如今且与英国争霸于地中海了。照人类学家 Dixon(狄克逊,1875—1934。美国文化人类学家,哈佛大学教授,代表作为《人类种族史》。编者注)讲,中国是一个新起的民族,不是衰老的民族。我们大家应该奋发有为,抱定孟子所谓"彼人也,予人也,予何畏彼哉,有为者,亦若是",这种精神才行。

在目前竞争剧烈的世界,有了信仰心的民族和一个没有信仰心的民族竞争,没有信仰心的民族一定失败的。历史上不少这种的例子。东晋时代,苻坚的兵多过谢安的要好几倍,但是因为没有信仰心,所以弄得草木皆兵。中国有句话叫"二人同心,其利断金"。我们四亿几千万人各能同一信仰,则民族的复兴不是难的事。以后我们每天早上到

---

* 1936 年 9 月 14 日。

这儿来行升旗典礼，就是要坚定我们的自信力。

原刊于《国立浙江大学日刊》第13号
（1936年9月15日）"演讲"栏

美国哈佛大学三百周年纪念感言*

今年是美国哈佛大学三百周年纪念。大学方面经一年多的工夫，预备盛大典礼，从九月十六日到十八日，是举行典礼的日期。世界各国学者，亦不少前往参加。大学方面并赠给一百个名誉学位与世界学者，其中日本有两位，中国有一位，即胡适之先生。在今天这一天，世界各处哈佛大学同学，凡是不能到剑桥去的，统就地开会以做庆祝。杭州同学今天假镜湖厅聚会，来庆祝母校三百岁寿辰，承诸位来宾惠然肯来，是极愉快的一件事。我借此机会，可将哈佛大学三百年以来历史约略报告一下。

哈佛大学成立的时候，美国还是英国殖民地。当初发起的时候，规模极小，殖民地政府只拨了四百镑的费用。两年以后，当地有一个绅士，名叫哈佛，因肺病身故，遗嘱以七百八十镑的遗款和二百六十本的书籍，捐于大学，哈佛大学就以此得名。当时经费全靠地方人民的捐助，如某人捐助小麦两石，某人捐助母牛两头之类。而校长、教职员的薪金，亦常以货物为报酬。但是到如今，哈佛大学不但是美国最老的学校，而亦是美国最著名、最富而设备最完备的学校。上月，商务印书馆出版的《教育》杂志里，有一篇文章评美国各大学的优劣，以良好教授的数目多寡作根据，推定哈佛为第一；以设备论，譬如图书馆，哈佛大学藏书三百五十万本，在美国除国家图书馆外，要算第一，在全世界要算第六或是第七；以经费言，财产达一万万元，每年收入一千万美金。单是奖学金一项，一年就有四十六万美金。若是这一千万收入、

---

* 1936 年 9 月 17 日。

四十六万奖学金是政府给的，并无可赞美。我们要晓得，哈佛大学的收入，并不来自政府，统自毕业生和一般人民捐助的。美国人这种急公好义的精神，就可佩服了。

在世界大学中，哈佛不能算老。我们中国周朝就有大学，即以杭州而论，南宋的国立大学，设在钱塘门内纪家桥，在宁宗、光宗的时候，有学生一千七八百人之多。欧洲大学，法国巴黎大学和英国牛津大学，统是成立于南宋孝宗的时候。欧洲最早的大学是意大利巴拉摩大学，成立于北宋。今年，德国的海德堡大学举行成立五百五十周年纪念。哈佛大学成立三百年之可资纪念，在于发达的迅速。哈佛大学之有今日，实不过近七八十年的事。哈佛大学其初是一个教会学校，所以一切校长、董事非教会中人不可。最先一百五十年当中，受了教会的钳制，并无若何发展。

到十八世纪末叶，非教会中人，才可插足于哈佛大学董事会。十九世纪中叶，就出了不少的文学家、历史学家、哲学家，有如朗费罗、罗威尔、奥利弗·温德尔·霍姆斯、爱默森、梭罗、普雷斯科特、菲斯克等。但是，哈佛大学对于世界教育的贡献，是在爱理倭（今译为埃里奥特。编者注）做了校长以后。他做了四十年的校长，从一八六九至一九〇九年，他把哈佛大学学术地位提高，成为世界著名学府之一，功绩非小。在一八二〇年的时候，哈佛大学学生年龄尚不过十四岁，实际只不过中学生程度。我国宋儒朱晦庵的《大学章句·序》里面有这样的一段："人生八岁，则自王公以下至于庶人之子弟皆入小学，而教之以洒扫、应对、进退之节，礼乐、射御、书数之文。及其十有五年，则自天子之元子众子，以至公卿大夫元士之嫡子，与凡民之俊秀者，皆入大学，而教之以穷理、正心、修己、治人之道。"可见古代无论中外，大学初年级生，实不过如今之初中也。到了一八九〇年，哈佛大学入校新生的年龄，已经增至十九岁。即此一端，已可见在爱理倭做校长时代学生程度之升高。

哈佛本是教会学校，做礼拜是强迫的，爱理倭于一八八六年把这规则废除。爱理倭对于哈佛大学的改革，不但影响于美国全国，而且影响到中国教育。现在中国各大学所通行之选课制,就是爱理倭所首创,而最初实行选课,就是哈佛大学。爱理倭的继任人是罗威尔,罗威尔做了二十四年的校长,对于哈佛也有很大贡献。在一九一六年,罗威尔开美国各大学风气之先,在哈佛大学实行导师制,又令文科学生对于社会科学,须经过一种普通考试。照罗威尔的办法,哈佛有渐倾向于英国化之趋势,制度要和牛津、剑桥相仿。这种导师制和普通考试的办法,对于提高学生程度有不少功效,现在已慢慢适行于美国各校了。到民国廿二年,罗威尔告老,现任校长康诺德继任。康诺德是一个著名有机化学家,到任未久,办学之成绩尚不能十分表现。他办学的方针,可从他本年三月廿号所发表《哈佛大学之将来》之演讲词中看出来。主要的有两点:第一,主张学校思想之自由,即所谓 Academic Freedom。反对政党和教会干涉学校行政与教授个人的主张;第二,学校所研究的课目,不能全注重于实用,理论科学应给予充分发展之机会。这两点主张,与英国大学的方策一样,而与意大利、德意志、苏联各国之政策,则大相径庭。世界各国办大学教育之分野,在这两种主张上,是很清楚的。有一点哈佛大学亦可以昭示我们的,即为哈佛大学的校训 Veritas,拉丁字 Veritas 就是真理。我们对于教育应该采取自由主义或干涉主义,对于科学注重纯粹抑注重应用,尚有争论的余地,而我们大家应该一致研究真理,拥护真理,则是无疑义的。

原刊于《国立浙江大学日刊》第 17 号

(1936 年 9 月 19 日)

毕业后要做什么样的人*

诸位同学，学校开课已经一周，今天训育处召集这个会，能如家人似的在一起谈话，觉得非常愉快。

大学生，是人生最快活的时期，没有直接的经济负担，没有谋生的问题。诸位在中学时，同学大都是同县或同省，可是，来大学后，有从全国各方面来的同学，可以知道全国的情形。时间长了，各人都认识，这样，各人家庭的状况，故乡的风物，都能互相知道，这亦是一种教育。大学比之中学，在经费和设备方面，都来得充实，教师的经验和学识，也远胜于中学，这供给诸位切磋学问的极好机会。同时，国家花在诸位身上的钱，每年有一千五百元，而且，全中国大学生仅四万人，诸位都是这四万分之一的青年，这种机会，万万不能错过。

诸位到这里来，应该明了这里的校风。一校有一校的精神，英文称为 College Spirit。至于浙大的精神，可以把"诚""勤"两字来表示。浙大的前身是求是书院和高等学堂，一脉相传，都可以"诚""勤"两字代表它的学风。学生不浮夸，做事很勤恳，在社会上的声誉亦很好。有的学校校舍很好，可是毕业生做事，初出去就希望有物质的享受，待遇低一点便不愿做，房屋陋不愿住，浙大的毕业生便无此习惯。校外的人，碰见了，总是称赞浙大的校风朴实。这种风气，希望诸位把它保持。

诸位在校，有两个问题应该自己问问，第一，到浙大来做什么？第二，将来毕业后，要做什么样的人？我想诸位中间，一定没有人说为文

---

* 1936年9月18日。

凭而到浙大来的,或者有的同学,以为到这里来是为了求一种技术,以作谋生的工具。但是,谋生之道很多,不一定到大学来,就是讲技术,亦不一定在大学。美国大文豪罗威尔氏曾说:"大学的目的,不在使学生得到面包,而在使所得的面包味道更好。"教育不仅使学生求得谋生之道,单学一种技术,尚非教育最要的目的。

这里我可以讲一个故事。中国古时有一个人求神仙心切,遍走名山大川,吕纯阳(即吕洞宾,八仙之首。编者注)发慈悲,知道他诚心,想送给他一点金钱宝贝,向他说道:"我的指头能指石为金,或任何物件,你要什么我便给你什么。"可是那个人并不要金钱宝贝,而要他那只指头。这故事西洋也有的,英文所谓 Wishing Ring,便是这个意思,想要什么就可得什么。世界上万事万物统有它存在的理由,朱子所谓格物致知就是即事而穷其理。

要能即事而穷其理,最要紧的是一个清醒的头脑。清醒的头脑,是事业成功的基础。二三十年以后,诸位出去,在社会上做一番事业,无论工、农、商、学,都须有清醒的头脑。专精一门技术的人,头脑未必清楚;反之,头脑清楚,做学问办事业统行。我们国家到这步田地,完全靠头脑清醒的人才有救。凡是办一桩事或是研究一个问题,大致可分为以下三个步骤:

第一,以科学的方法来分析,使复杂的变成简单;

第二,以公正的态度来计划;

第三,以果断的决心来执行。

这三点,科学的方法,公正的态度,果断的决心,统应该在求学时代养成和学习的。中国历年来工商业的不振,科学的不进步,都是由于主持者没有清醒的头脑。瘟疫流行,水旱灾荒,连年叠见,仍旧还要靠拜忏求神扶乩种种迷信方法。兴办事业,毫无计划,都是吃了头脑不清楚的亏。风水扶乩算命求神之为迷信,不但为近世科学家所诟病,即我国古代明理之君子,亦早深悉而痛绝之。但到如今,大学毕业生和东西洋留学生中,受了环境的同化,而同流合污的很不少。大的企业如久大公司、永利公司和商务印书馆的成功,要算例外了。近年来，政府对社会所办的棉纱厂、面粉厂、硫酸厂、酒精厂和糖厂等，大多数是失败的。失败的原因，或是由于调查的时候不用科学方法。譬如办糖厂，应在事先调查在该厂附近地域产多少甘蔗，出产的糖销至何处，成本的多少，赢利的厚薄，与夫国外倾销竞争的状况。若事先不调查清楚，后来必致蚀本倒闭。这类事在中国司空见惯，如汉口的造纸厂，梧州的硫酸厂，真不胜枚举。还有失败的原因，是用人行政重情而不重理，这就是没有公正的态度。用人不完全以人才为标准，而喜欢滥用亲戚。每个机关、公司应多聘专家，计划决定以后，外界无论如何攻击，都得照着计划做去，这样才能成功。

盲从的习惯，我们应该竭力避免。我们不能因为口号叫得响一点，或是主义新一点，就一唱百和地盲从起来。我们大家要静心平气地来观察口号的目的，主义的背景，凭我们的裁判，扪良心来决定我们的主张。若是对的，我们应竭力奉行；若是不对的，我们应尽力排除。依违两可，明哲保身的态度，和盲从是一样的要避免。我们要做有主张有作为的人，这样就非有清醒之头脑不可。

现在，要问第二个问题，便是离开大学以后，将来要做什么样的人？我们的人生观应如何？有人认为，中国的人生观很受孔孟的影响，实际影响最大的还是老子。孔孟主张见义勇为，老子主张明哲保身；孔孟主张正是非，老子主张明祸福。孟子说"天将降大任于斯人也，必先苦其心志，劳其筋骨"，诸葛亮"鞠躬尽瘁，死而后已"，这才不是享福哲学。老子说"祸莫大于不知足"，又曰"祸兮福所倚，福兮祸所伏"。现在中国一般人的最后目的还是享福。我们羡慕人家说某人福气好。娶媳妇进门，即祝之曰"多福多寿多生子"。就是生子的最大目的，也就是想年老的时候可以享福。中国普通人意想中的天堂，是可以不劳而获的一个世界，茶来开口，饭来伸手，这样享福哲学影响于民生问题很大。一般人以享福为人生最大目的，中国民族必遭灭亡，历史上罗马之亡可为殷鉴。现在的世界是竞争的世界，如果一个民族还是一味以享受为目的，不肯以服务为目的，必归失败。我们应该以享福为可耻，只有老弱残废才配享福，而以自食其力为光荣。英国国王在幼年时，必在军舰充当小兵，惟其如此，方能知兵士的疾苦。全世界最富的人是煤油大王 Rockefeller（洛克菲勒。编者注），他的儿子做事从小伙计做起，所以，他们的事业能子孙相传不替。二十多年前，中日同时派学生留学欧美。中国的学生，一看见各类机械，便问从何处购买，何处最便宜，而日本的学生，只是问如何制造。中国人只知道买，以享受为目的，而日本人则重做，以服务为目的。中国从前学工学农的人，统是只叫工人、农夫去推动机器，耕耘田亩，而自己却在一边袖手旁观，这样讲究农工业是不会进步的。中国古代轻视劳力，现在已经完全改变，样样应该自己动手，这种人生观的改造，是极重要的。

以上所说的两点，第一，诸位求学，应不仅在科目本身，而且要训练如何能正确地训练自己的思想；第二，我们人生的目的是在能服务，而不在享受。

原刊于《国立浙江大学日刊》第 20 号
（1936 年 9 月 23 日）"演讲"栏

论女子教育*

我们今天到这儿来纪念振华女学成立的卅周岁。卅年是一代,在人生寿命上虽是一个很长的时期,在国家或民族历史上,不过一个短促的阶段。但是最近的卅年,无论在政治上、经济上、教育上,它的更变的剧烈,进步的迅速,远非从前任何卅年所能比拟的。

在这卅年中,如欧洲的大战,日本一跃而为世界强国,中国之推翻满清,共产党在俄国和法西斯蒂在德、意诸国的专政,这在数千年历史上,统是划时代的大事件。科学的发明,实业、交通的进步,尤远非卅年前世人所预料所及。汽车,飞机,无线电,统是在这卅年中新创的事。教育方面,我国的学校差不多统是近卅年内设立的,而女子教育在中国进步尤为迅速。卅年以前,一般士大夫尚是相信"女子无才便是德"的理论,但到如今,男女教育在我国几可称为平等,这在欧洲是经过二百年的奋斗,而迄今尚未能达到的。德国在福来特立大帝时代,即有人主张男女教育机会均等,但是福来特立大帝,不赞成用公款以设女子学校。法国卢梭是竭力反对当时古典式的女子教育的人。从福来特立大帝和卢梭,到如今已经二百年,男女教育在德法亦尚未平等。大多数德法两国的公立中学校并非男女同校,而女校之程度,远不及男子之高。在一九〇一年,德国的哥丁根、巴登诸大学开放了女禁以后,入大学的多数乃是外国女子,因为德国本国的女子中等学校程度太低的缘故。德法两国的大学女禁虽开,但人数是有限止的。英国的剑桥大学于一八八〇年虽开了女禁,但是女子不能得学位。美

---

* 1936 年 11 月 14 日。

国总算提倡女子教育最力的国家，可是最著名的大学，如哈佛、耶鲁、魄灵斯顿（今译为普林斯顿。编者注）只准男生入学。Johns Hopkins（即约翰·霍普金斯大学。编者注）大学的工学院，亦不准女生入学。惟有中国的大学无论国立私立，全是男女平等看待，毫无歧视。所以，中国近卅年女子教育开发之速，乃为欧美一百五十年到两百年经几许从事教育的人所奋斗而未能达到目的。中国能以卅年工夫一蹴而就，这不能不归功于卅年前的几位先知先觉，而贵校的创办人王谢长达女士，就是先知先觉中最有成绩的一个。

前几天，接到了贵校所出的卅周年纪念刊，读了以后，使我非常感动。纪念刊里边并没有什么宣传，里面完全是事实。但这种事实，就可以使读者对于贵校创办者和现在继续维持的诸先生，只有赞叹钦佩。

贵校卅年以前，发轫之初，是筚路蓝缕起头的，那时候不过千数百元的经费，数十个学生，但到如今，卅年以后的今日，经费和学生的数目，统数十倍于当初。卅年当中，没有闹过一次风潮。而最可使人钦佩的，莫如历来支持校务的人，统是尽义务的，从创办人王太夫人到现在王季玉先生，从来不支薪水、办公费。这种服务的精神，是最可宝贵，而亦是我们中国最所需要的。贵校到如今一切用途还是非常节省。一年当中用于学生的，每个人平均不过七十元。比较起来我们浙江大学，平均每个学生要费到一千五百元之多，可谓俭省之至。但国立大学中浙大费用尚不能算多。即使以中学校而论，像贵校这样俭省也很少。贵校费用虽俭，而对于设备方面，并不落后。每年所费统在全校经费百分之二十左右。这种经济的方法，可为各校之模范。

贵校中学部毕业生合共数目已达四百多，而其中百分之七十二统能升入大学，其余百分之二十八亦多在社会服务，如学校老师、银行、邮局职员。有人怀疑，以为高等教育，究竟有什么用处，这问题在中国办理教育年代尚浅，不能有多少统计可以指示吾人。在美国曾经有人算过，美国《名人录》三万人中，受过大学教育的要占百分之八十六，受过中等教育的占百分之八。美国人口有一亿二千万，以全体而论，四千人中只有一个能入《名人录》，可是以哈佛大学的毕业生而论，每十三人即有一人入《名人录》。一人之成功与否，入《名人录》可以作一标准。从此也可知大学教育和中等教育的力量了。

过去贵校毕业生升学，大多是到东吴和金陵女大，到浙大来的不过二人。兄弟可以代表浙大，欢迎贵校毕业生能多考浙大。因为浙大和贵校有相同一点，就是学风之淳朴。当然国立大学考试比较得难。去年，考浙大的有二千三百人，只录取了二百六十人。各校来考的人，却以苏州中学最为踊跃，共有九十一人，贵校方面只有六人。有人以为女学校和男学校同等参与一种考试，是吃亏的。这未免是一种错误的观念。据浙大去年考试的结果，最好的成绩还是一个女校，廿三人取了十一人。成绩比任何男子中学还好。上海有名的一个男子中学，四十七人来试，结果只录取了一人。全部最佳的成绩是一个女生。就是以浙大在校学生而论，数学一门是向来视为抽象的而为女子所仰之弥高的，去年毕业生数学最好而为文理学院第一的，是一个女生。现在全校数学最有成绩的，也是一个女生。这可见，说男生成绩一定优于女生，和女生不适于抽象的科目之说，无根据了。

我们再从外国的统计，也可以看出来。美国前几年出了一本《美国的科学家》，把美国的科学家统囊括在内，共有一万三千余人。再把各科分类，请各专门家自己推选他们一门中最有贡献的是哪几位。从互相推选的方法，得到美国顶有贡献的科学家一千人，其中就有女子四十九名，却占百分之五。虽是数目远不及男子，可是，我们要晓得在美国学校里，学科学的男女已不平等，兼之女子出嫁以后，要继续研究科学，就有相当困难。所以，这数目正可以表示女子对于科学的研究并非不适宜的。至于科目方面分配平均，动植物各六名，物理、化学、数学各五位，其余医药、天文等均有，惟无工程家耳。在文学方面，则著名女子作家人数更多。据《Living Authors》一书的记载，里面把一九〇〇年以后文学家、小说家之有声望而著有不朽之作的，由各作家及新闻记者之选择，公认为当世文豪者共有七百名。其中，女作家占了一百四十三名，即约五分之一也。近来在浙江杭州图书馆里，开了一个文献博览会，报纸上已把内容记载其大概。观览以后，我个人觉得最可注意的一点，就是到处统是男人的出品，女子的著作除了几幅图画以外，简直可说是绝无仅有，这并不是说浙江女子没有人物，我们晓得汉代的曹娥、近代的秋瑾，她们的事业统可以胜似须眉，但文献成绩这样少，完全因为中国向来无女子教育的缘故。

以上所讲，单是教育对个人的影响而言。但是教育的目的，不但是在改进个人，还要能影响于社会。英国 Cordivel Newman 在她的《大学教育之目的》里面说，教育的第一目标，是在移风易俗。诸位，移风易俗是一桩很难的事情，而且也是中国所最需要的一件事。中国现在有许多弊端陋俗，探其源，实在由于中国人一种错误的人生观。这人生观是什么？就是享福。正月初一家家户户贴的是"五福临门"，宾朋相见道个"托福，托福"，普通所崇拜的"福禄寿"，"福"字占第一位，可见福之重要，穷人生儿子预备老来享福。这种享福主义一天不打倒，中国人民有堕落至于无可救药的危险。无论什么生物，若使只知享受，不知服务，结果非灭绝种类不可。中国享福主义之普遍，实受了黄老的遗毒。老子《道德经》里面所说的，无非利害祸福之端，如"祸兮福所倚，福兮祸所伏"，"祸莫大于不知足"，"将欲取之，必固与之"，"知足不辱"，"圣人后其身而身先，外其身而身存，非以其无私邪，故能成其私"，凡此种种，皆世故太深，全以利害立论，不管是非，而其流弊则为极端享乐主义。

孔孟立教则不然。孔子说"见义不为，无勇也"，又说"君子喻于义，小人喻于利"。孟子则谓"天将降大任于斯人也，必先苦其心志，劳其筋骨，饿其体肤，空乏其身，行拂乱其所为……然后知生于忧患，而死于安乐也。"中国历史上几个伟大人物，如诸葛武侯"鞠躬尽瘁，死而后已"，范文正公"先天下之忧而忧，后天下之乐而乐"，凡此均喻于义不喻于利，讲服务而不讲享福的。

不久以前，扬州中学陆庄女士作了一篇《本校女子生活教育的新实验》，她指出了目前中国女子教育最大缺点，她说目前女子教育是在造成一般背弃家庭的女子。未受教育以前，能躬操家事；受教育以后，往往鄙弃家庭。因此，学校多一受教育的女子，家庭即少一位服务人才。学校教育，是在造成一般只知消费而不知生产的女子。未受教育以前，尚能刻苦耐劳；一经受教育以后，则生活费用提高，视劳作为可耻之事。此真可谓慨乎其言之矣。

实际上，这不但是女子教育的通病，而是中国整个教育的通病。中国的家庭、商店以及政府机关欢喜多用仆人，亦是贪逸恶劳的一种表示。每个家庭，事事若依赖于老妈子和仆役，结果我们子弟就受老妈子的熏陶。若我们要小孩得到良好的教育，万不能假手于女仆，因为从出世到五六岁，是人生最易受熏陶的时期，一切性情习惯都在此时期养成，若假手于老妈子，则难希望有良好的脾气和习惯。但是中国人之家中，女仆、男仆之多，为世界所少见。这也是我们中国欢喜享福的一种表征。而追溯原因，还是由于迷信黄老之邪说。

贵校创办人和现在校长季玉先生，事事尽义务，这种以身作则的精神，定能引起诸位同学之钦仰模仿。使服务的精神不但遍传于一校，而且影响到江浙，影响到全国。移风易俗是一桩难事，但曾文正公曾经说过，谓"移风易俗端赖一二人之诚心"。以贵校创办人这种服务的精神，以之办学校则学校兴，以之主政务则一省一国治。昔人谓修身齐家治国平天下，全在乎正心诚意，诸位受了振华这种服务刻苦精神，将来必能为社会造福。两个月前，美国的一个顶老的大学，哈佛大学，做三百周年成立纪念，各国派代表者有五百余人，毕业生到者一万人。其中，有的是七十年和七十五年以前毕业生，统是九十岁以上的老翁。可是，九月十八那一天，天虽下雨，统排队入礼堂静听了三个钟头。我希望七十年以后，那时候振华女学已是规模大为扩充，创办人服务的精神已充满全国，在座的同学，也已经近九十之年，到那时，再来此地庆祝母校百年上寿。

原刊于《国风》月刊 8 卷 12 期（1936 年 12 月）

服务和享受 *

诸位老师！诸位同学！今天兄弟应吴校长之约，到母校来，心中充满着十分的快乐和希望。兄弟离开母校，已有三十年了。母校经过各位校长如曹慕管先生等历年的措置，尤其是今日吴校长的努力，所以一切设备，都和以前不同。就是眼前这样大的澄厅，对于同学身心的增进，非常重要而密切。而我从前读书时，不过一简陋的雨操场而已。今日承吴校长引导，巡视校中，最使我感到快乐的，是我们的校主叶澄衷先生的铜像，巍然屹立，不禁起景仰之心。我前数年也曾到过母校几次，但总是十分匆促的，想不到三十年后的今日，又和诸君会面，这正是一个很好的机会。

兄弟在此读书，尚在清光绪的时候，所以今天可说，兄弟以光绪时的学生，对民国时的学生讲话；又因为兄弟是十九世纪所生的，所以也可说是以十九世纪的人，对二十世纪的人说话。并且我好像是一匹老马，负重致远，当然不及诸位的"后生可畏"，但是中国向来有句话，说"老马识途"，如果驾轻车，走熟路，终比后生之驹稳健一点，所以不妨来和诸位谈谈。

有许多人说："学校像一家工厂，学生是其制造品。"但兄弟以为，学校根本不能拿工厂来做譬喻的，虽然有一部分是相像的。因为工厂制造出来的东西，如钉子、汽车、打字机等在初出厂时是很好的，簇新的，而日子一久，就要渐渐破败。学校培植人才，决不是这样，因为学生的前途，是无限量的。可是，有许多像工厂的学校，其学生在毕业时

---

* 1937 年 3 月 13 日。

似乎还好，出校后，就像锈钉子一样，被空气逐渐腐蚀，历世愈久，腐化愈深，终成不可用之物，这样决不是好教育。所以，我们对于教育方针上，必须十分注意于学生的人生观，加以严格训练，我今天讲的题目，即侧重于这一点，就是刚才吴校长所提示的"服务和享受"。

享受就是享福。我们听到家乡父老常对子弟们说："养儿防老，积谷防饥，你们成家立业以后，我们可以享福。"差不多中国社会间，一切生儿育女、婚丧嫁娶，无不从这一点发展开来。由此可见，享福观念在中国社会已根深蒂固了。这种享福观念，细细研讨起来，实在是基于一种哲学的，但并不是发源于孔子，却是起于老子的《道德经》。《道德经》中所说"祸兮福所倚，福兮祸所伏"，"明哲保身"及"知足不辱"等话，结果养成中国人都是消极、退让、为己，只知享福，不肯劳动的一种普遍国民性。这种现象，在以前闭关时代，固可偷安一时，然处今日二十世纪竞争时代，却弊端立见了！

（一）不肯做事 我说中国读书人用手，只用在写字和吃饭的时候。譬如学农科的大学生，叫他脱了鞋袜，赤了脚，到田里去实地工作，他们就不能了。这样做事，是决不会好的。我曾入美国农科大学，当时挑牛粪、马粪，锄地，播种，都曾亲历的。在美国，全校学生莫不如是，如在中国，就要认为是可耻了。其实不如是，不能得耕种的经验，而我们耕种目的，无非要多生几粒米罢了。因此挑粪、锄地，实际是和做大总统、做国府主席一样荣耀，同以服务人群为目的，决无可耻的。所最可耻的，却是依赖父母或亲友生活而不能自己独立的人。这种依赖的观念，就是为享福。如果我们只知依赖享福，而不服务的话，我们的民族就很危险了。

从前外国人看轻我们，说我们中国的工业，一定不能像日本的发达。因为日本人到外国去考察工业的，总是问机器的构造、材料等，预备自己制造的，而中国人考察工业，却问机器的转运、价格等。由此可见，日本人讲劳动，而中国人却只讲享受的。

我们不要看轻日本人只会模仿。要知道世界上无论何事，最初都是模仿而来的。学生学帖、学画，工匠使锉、用锯，都是模仿。可是，学字却可超过字帖,工匠技艺竟可胜于其师,此所谓"青出于蓝而胜于蓝"。日本现在各方面的出品,都已超出英美之上,棉织品等已可输至印度及非洲,而中国生产速度,尚逗留在十七八世纪的阶段,而消耗程度,已成二十世纪最摩登的了,故入超年年增加,此为不服务的第一害!

(二)不管事 中国人不但不做事,而且不管事。昨天是植树节,中国人提倡植树以来,已有廿多年了。年年植树,到处无林。要知道,植树不一定种下树就算了,南京在北极山所植之树,约有三十万株,到现在活的,却只有二千多株。原因固然很多:天然的原因,像山石上不容易生根,野草没人薙除,夺树木的营养;人为的原因,如树未长成,被人偷拔,或被人摇撼,或被牛马践踏摧残。种种原因,结果,二十多年的植树,活的不到百分之一。假使人人能爱护树木,则人为剥削当然减少;天然原因亦可避免,森林自易长成。然而,中国人只知权利,不知义务,根本没有服务的观念,所以只管自己,不管他人,毫无责任心了。又如上海电车上卖票员的揩油,在表面不说工人生活攸关,即说损害不及国人。这句话,以为他揩外国电车公司的油,不揩我的油,我们不必过问;而且工人如因生活攸关,这揩油是名正言顺,堂堂皇皇的。结果卖票的揩油,影响到公司营业收入的减少而增涨票价,这还不是"羊毛出在羊身上"吗?这是中国人不负责、不管事的第二害!

(三)无进取心 老子说的"明哲保身"、"知足不辱",平常人说的"少年老成",以及我们享福的观念,都是使我们没有进取心的原因。欧战时的福熙、霞飞,都是七十开外的人,他们都有马伏波老当益壮的气概,努力服务,终身进取不怠,所以能至国家于隆盛,这不是偶然的,像我们这样老大,天天努力于享受,父诏其子,兄诫其弟,只配灭亡,不得生存!

再如江浙两省学校的毕业生,往往只想在京沪一带就近家乡谋事,不肯到稍远的广东、云南、黑龙江、新疆等处去开展,大多数以为路太远了,无异充军,视为畏途。这种没有进取精神,也就是所以失去东四省的原因。一般人以为"上有天堂,下有苏杭",因为苏杭的物质享受丰富,安土重迁,不甘进取了。殊不知,东四省的矿产、农产、林产,都是中国最好的,而苏杭人口繁密,谋事不易,他们宁可守株待兔,不愿鞍马长征,不是要享福是什么? 即如我们气象学校学生,大都是江浙人,成绩往往比西康、青海等内地学生好,但是江浙人的服务、才干,却不及西康、青海等内地学生的耐苦了。再看到历史上,如班超"投笔从戎",马援"马革裹尸"之精神,多么伟大,而今日学生,都只想毕业、做生意、娶妻、生子,最后享老福,老死床上。一人如是,人人如是,全国国民都如是,所以我说东四省之失,我们也应负一部分责任! 假使我们青年,今后能一改前非,奋勉其进取心,则此后疆隅失地,不难恢复了。这是我希望于诸位同学的一点微意!

原刊于《澄衷》1937 年第 26 期、27 期

大学生之责任*

诸位在天目山能安谧地天天上课,这更是不幸中之大幸。禅源寺是我国东南名省的有名大丛林,西天目参天夹道的柳杉,更是中国各地所少见。在这种心旷神怡的环境之下,我们应该能够树立一个优良的学术空气。中国向来的高等教育,除了太学或国子监以外,就要算书院。有宋一代,书院之制,更是盛行一时,如白鹿、岳麓、应天、石鼓、东林,其尤著者。书院制的特点,就在熏陶学生的品格。我们只要看朱晦庵、陆九渊或是王阳明的遗书,就可以知道当时师生中切磋砥砺的状况。自从我国创设学校以来,已逾三十年。这三十年当中,在设备和师资方面,不能不算有进步,但是有个最大缺点,就是学校并没有顾到学生品格的修养。其上焉者,教师传授他们的学问即算了事;下焉者,则以授课为营业。在这种制度下,决不能造成优良的教育。所以,近年来,教育部又有"训教合一"的主张。这话虽然说来已有两三年,但是能实行"训教合一"或导师制的还没有。它的原因,是学生与教员很难有接触的机会。天目山是个小地方,诸位教师和学生统在一处,导师制的实行,就没有十分的困难。以我个人所晓得实行导师制的,浙江大学要算第一个。至于导师制的结果如何,全看诸位教授的指导方面和学力的程度。依据目前的推想,应该可以得到很好的结果。即如在这很短的时期中,据各方的报告,都说天目山浙大的精神特别好,学生非常用功。师生融融一堂,通力合作,这是一桩可喜的事情。但是,有人可以问,为什么我们要行导师制?所谓熏陶人格,这句

---

* 1937 年 10 月 25 日。本文为作者在天目山对一年级新生的演讲。

话还是空的。对于这问题,我可以简单地回答,我们行导师制,是为了要每个大学生明了他的责任……诸位在大学一年所花的不过二三百元,而国家为诸位所花的,每年却要到一千五六百元,所以国家所花的钱,比诸位自己所花的要多到七八倍。国家为什么要花费这么多钱来培植大学生?为的是希望诸位将来能做社会上各业的领袖。在这困难严重的时候,我们更希望有百折不挠、坚强刚果的大学生,来领导民众,做社会的砥柱。所以,诸君到大学里来,万勿存心只要懂了一点专门技术,以为日后谋生的地步,就算满足。

题赠张哲民*

我国称受教育的人为"读书人",这名称误尽苍生。书本子的教育不过教育的一部,所以袁子才有诗道:"世事洞明皆学问,人情练达即文章。"信哉言乎。书赠哲民同学。

竺可桢　二七·二·十

---

*　1938年2月10日。张哲民于1935年入浙江大学,1938年2月离校参加抗战。临别前,作者在其纪念册上赠言勉励。

大学毕业生应有的认识与努力 *

诸位同学，今天是本校举行第十一届毕业典礼，正值倭寇猖獗、万方多难的时候。诸位毕业生初入社会，就遇到国难，因此诸位的责任，就格外的重大。我们晓得范文正公为秀才时，即以天下为己任。现在诸位离校以后，每个人也应该以使中华民族成为一个不能灭亡与不可灭亡之民族为职志。目前，虽然敌人火炮、飞机连续地天天轰炸，我们前方将士们仍能奋勇杀敌，前仆后继，这种精神，就是我们民族的新精神，这新精神是铁血铸成的。

从前战国的时候，秦国是有名强暴的国家，他把韩、赵、魏、齐、楚、燕一个一个地并吞。当时有句童谣，叫"楚虽三户，亡秦必楚"。据《史记》太史公的解释，以为楚灭六国，楚最无罪，怀王人关，为秦所杀，楚人哀之，故亡秦必楚。这话是不对的。国之兴亡，不能以其君主之如何被杀来断定的。楚之所以能复兴，乃是因为当时楚之民族奋发有为，自强不息以促成之。只要看当时，几个伟大人物，如汉高祖、楚霸王、韩信统是楚人，巨鹿之战，各国诸侯兵皆作壁上观，惟有抱破釜沉舟之楚兵，始能以一当十，击败秦人。这都是表示楚之民族是可有作为的民族，不是一个堕落的民族。最近德意志虽经欧战败迹，而不出二十年，一跃而又成为欧洲的盟主，乃是德意志民族刚毅不屈的精神。所以，中华民族只要能自强不息，奋发有为，日本虽如何强暴，如何诡计多端，亦徒见其心劳日绌，而不能成功。我希望诸位到社会做事，能够把这自强不息、奋发有为的精神，传播于各村乡、各城市、各机关去。

---

* 1938 年 6 月 26 日。

其次，诸位在校四年，所得于学校及诸位老师之益不少，但同时不可以不知中国现行学校制度之缺点与优点，而对于缺点尤其应该知道。惟知道缺点，方能谋补救之方。许多人常以学校培植学生和工厂制造物品相比，毕业生没有出路好像是工厂出品无处可销。这比喻有很重要一点根本不合。工厂出货，无论是一部汽车、一只表或是一个铁钉，总是出厂的时候最适用。等到旧了，表会停，汽车会抛锚，铁钉会生锈；毕业学生，可不能一离开学校，就天天腐化下去。他必得在学校的时候，已经有一种内在力，使其出校门后，能利用其思想以增加知识经验，锻炼身体品性，使学问道德又日新日日新。有若干教育家以为现代的学校，是教而不育，即是专重知识的传授，而缺乏道德的修养。因此，也就有许多人赞成恢复从前的书院制度。但即以智育一端，现行制度亦有重大缺点，即是专重知识的传授，而不注重训练智慧。过重于用授课方法来灌输各国学者已发明的事实，而对于思想的训练方面全未顾及。《中庸》有云："博学之，审问之，慎思之，明辨之，笃行之。"宋程伊川（即程颐，1033—1107，字正叔。北宋理学家、教育家。与其胞兄程颢共创"洛学"，人称"二程"，为理学奠定了基础。因其为北宋洛阳伊川人，所以世称他"伊川先生"。编者注）说道："为学之道，五者缺一不可。"但实际现在的大学能行到博学、审问已经算好的了。现在各大学统以读满多少学分即算毕业，这种制度的弊端到了极点，变了北京填鸭式的教育。孔子教人"不愤、不启、不悱、不发"。程子解说道："学者须是深思，思而不得，然后为他说便好。"伊川大弟子尹焞见伊川半年，方得《大学》和《西铭》看。这好像新生到校第一学期，不叫他上课，先看其人志趣如何，到第二学期方给他两本书看。有人问朱子此意如何？朱子答道：也是叫他自就切己处思量。在杜威所著的《How We Think》讲到如何能使学生接受各种知识不像囫囵吞枣地咽下去。他的第一个条件是教师所供给的材料，必是学生所期望而切实有需要的；第二是能有刺激性，而使学生觉得尚有改进之可能的。若是老师铺陈事实时，使学生得一印象，以为这个问题已经许多学者的研究，已如《吕氏春秋》一字不得增减时，其结果学生但可接受而无自动思想之能力。所以,程子说:"学者要先会疑";他又说"学原于思"。二十年前,有一次,哈佛大学校长 Lowell(洛厄尔,1909—1933年担任哈佛大学校长。上任后,他大胆改革了大学本科生课程计划;他所推行的导师制,至今仍被哈佛大学沿用。编者注)召集一年级学生讲话,他说:"你们不要过信老师所讲的话,以为金科玉律不能变动的。"这话初听很足惊异,但其实理由是很明显的。以物理学而论,四五十年前,当 Lord Kelvin(开尔文,1824—1907,英国著名物理学家、发明家。在热学、电磁学、流体力学、光学、地球物理、数学、工程应用等方面都作出了贡献。由于装设第一条大西洋海底电缆有功,1866年,英政府封他为爵士;1892 年,又晋升他为勋爵。编者注)最有权威的时候,那时物理学家以为所有物理学上重要的学理已经发挥无余,但不久,Curie 镭的发明,Roentgen X 光的发明,使物理学上思想大起变化。从前所谓 Law of Conservation of Energy(能量不灭),Immovability(物质不变)诸定例,到现在统须加以重新估计了。所以,现在我们教科书上有许多定例,安晓得二三十年以后,不被推翻吗?

中国古代虽无近世的实验科学,但是,南宋理学家的思想,却是很科学的。近世科学均推培根为鼻祖,培根距今不过三百年。他和明朝徐光启是同时,小徐光启一岁。世人之推他为科学鼻祖,是因为他是第一人提倡归纳法,同时注重实验。程子的"格物致知"实在也是归纳法。如他答,或问:"格物须物物格之,还是只格一物而万理皆知?"答曰:"怎得便为贯通,须是今日格一件,明日格一件,积习既多,然后恍然自有贯通处。"又道:"一草一木皆有理,须是察。"这所讲就是归纳法。察就是观测。

所谓归纳法也者,无非从许多观测的事物,寻求一个公共原则,是为定例。定例既立,然后,由定例以推同样事情的归宿,是为演绎法。如 Euclid(欧几里得)几何定例的推演即是。或问程子曰:"如何是近思?"他答道:"以类而推。"就是演绎法。

宋代程朱之学确有科学见地。朱子对于进化论、对于化石、对于雷雨的解释,与近代科学的解释甚相吻合,但是,所差有一点,就是并无所谓实验。据杜威说,实验者乃是依据一种理论而设计之观测,近世科学以实验为最要之工具。王阳明嘲笑朱子的致知格物,说他照朱子办法,坐在竹子旁边去格竹子的物,结果坐了十天,人几乎病倒了,而不能格得一个道理出来,这就是因为不知实验的缘故。广东岭南大学的植物教授 Prof. Miclure,他花了十几年工夫,把世界所有竹子五百几十种,统种在岭南植物园里,天天观测,数年以后,竹子的性质统被他弄明白了,这才配称格竹子的物。所以实验是近世科学的特长,为中国所无的。至于科学方法即是归纳法和演绎法,以及学者之须善疑,之须深思,则程朱即已倡之于千年以前矣。

七八年前,国际联盟派了几位教育家,法国的 Langevin、英国的 Jawney、德国的 Becker 和波兰的 Falski 等来华考察教育,回欧洲以后,出了一个报告:The Report of the League of Nation's Mission of Educational Experts of China. 其中,有一句话很值得我们注意的。他们说中国一般人士,以为欧美的文明,是受了近代科学发达之赐,所以,中国只要应用欧美的科学技术,就立刻会把中国跻于欧美文明的水平线上。这种观念是错误的。欧美的科学技术,并不能产生现代的欧美文明,倒是欧美人的头脑,才能产生近代科学。换而言之,若是一般国人无科学头脑,则虽满街引擎,遍地电气,科学还是不能发达。好像沙漠里虽移植新鲜苗壮的果树,其萎谢可立而待。我们用许多金钱去买飞机、无线电、电机引擎到一个没有科学头脑的国家,正好像移植果树到沙漠而希望其蕃生。

我们一般人的无头脑,可以从一般人的轻信和盲从看出来。民国二十年,山东乡人梁作友(山东黄县人,字仁明。"九一八"事变后,他上书省政府,声称外侮临头国家危难,自己愿捐资 3 000 万元以作救国赈民之用。事后证明,是个骗局。编者注)冒称富翁,欲捐巨款与政府,一时社会人士多以上侯相看待;"一·二八"事变,日本白川大将被击死的谣言,更轰动一时,甚至各地结队游行,放炮庆祝;到了去年卢沟桥事变发生,神圣抗战开始,各种无稽的谣言更是层出不穷。一般没有受过教育的人们的一味盲从,尚无足怪,所可痛恨者,就是许多受过高等教育,自命为知识阶级的人们,也毫无常识地一唱百和,这是中华民族最危险的一桩事。推究原因,大学里专重传授知识,而不训练智慧是最重要的一个。诸位毕业离校以后,若要发扬光大你们的学问道德,必得能深思,能善疑,利用实验方法来解决问题。要晓得,天下事不进则退,不能发扬光大就是腐化。

最后,诸位毕业以后,就得寻一个职业。在这国难严重的时候,许多工厂、学校已被毁于敌人的炮火之下,机会比平时尤难。望诸位就事,不求地位之高,不谋报酬之厚,不惮地方的辽远与困苦。凡是吾人分内所应该做的事,就得去做。新毕业的人,一进社会,就一跃而做一个机关的最高职员,不熟悉机关的内容,不能与下级职员同甘苦,则日后必致失败。俗语有句话说道:"吃得苦中苦,方为人上人。"孟子有曰:"故天将降大任于斯人也,必先苦其心志,劳其筋骨,饿其体肤,空乏其身,行拂乱其所为,所以动心忍性,增益其所不能。"(《告子》篇)现在救国的责任,已在诸君身上,希望大家能担当起来。

原刊于《浙江大学西迁纪实》(1939 年)

王阳明先生与大学生的典范 *

本校以时局之影响，奉令西迁，自赣来桂，今日得在宜山正式开课，旧学生皆已到齐，新生人数骤增。在此外侮严重、国步艰危之际，本校犹能如常进行，实为幸事。而迁校中备承广西省政府及宜山县军政当局协助，尤可感谢。当此抗战形势日紧、前方牺牲惨重的今日，国家犹费巨款而维持若干大学，一般社会已有责备非难之声。此虽由一般人不明高等教育作育培本之重，然我们反躬自省，正应借此种批评，以增进其责任的自觉，共作加倍的自策。必如何而后能培植真正之学问技术，将来贡献国家，无负国家作育之至意，与社会期望之深厚，正是每一个大学生所应深省力行者。而在今日艰苦流离之中，将欲增进自觉自奋，尤觉应回溯古来先哲志士之嘉言懿行、丰功伟绩，以资吾人之矜式。因地思人，我觉得王阳明先生正是今日国难中大学生最好的典范。

阳明先生生于余姚（生明宪宗成化八年，卒世宗嘉靖七年，即公元1472—1528），在浙江本省讲学之外，其一生事业在江西、广西两省为最大，又谪居贵州两年，也去广西不远。浙江大学原址在浙江，学生不少浙人，先生是我们乡贤；本校迁江西半载，今又来广西，这二省又正是与阳明先生关系最多之地。先生十七岁即来江西，贵州龙场谪居以后，三十九岁做一任庐陵（今吉安）知府，吉安青原山，尚有他讲学的遗迹。自四十六岁至五十岁凡四年余，继续在江西服官，剿匪平乱。他巡抚南赣及汀漳（在福建）等处，先后平漳寇和江西境之横水桶冈大帽浰头诸匪寇。其间，江西中部发生宁王宸濠之变，又全赖先生奏平乱之功。在用兵布

---

* 1938 年 11 月 1 日。

政之中，又兴学校，举讲会，四方从学最盛。因此论者称"姚江之学，惟江右为得其传"。至今吉安一带，民间独有流行所谓"阳明饭"者，其流风之久而广可见。自江西来桂之水路，可经由赣州入粤而行，其间必道出大庾。赣州是先生常到之地，而大庾（古南安）正是他病逝所在。

其次说到广西，嘉靖初年，先生以功蒙特召及退籍讲学数年以后，因朝臣妒功害能，以广西艰难的官缺与平乱之责任加到他的身上。先生受命不辞，高年跋涉，经江西、广东而到广西的梧州（那时奉命以都察使兼巡抚两广），又进驻南宁，亲自深入督战，不两月而平思恩（今武鸣县属之北部旧治，在郁江支流象江之源，非今柳江流域之思恩）与田州（今桂西百色、恩隆、恩阳三县地，府治在百色东，当时乱民与其东思恩相结）流贼之乱。值桂西之八寨（今上林县北）、断藤峡（今桂平县北），诸蛮贼亦叛，又用官兵与投降贼目卢苏王受之众以平定之。因其恩威并施，所至奏功。观其兴学于南宁，抚辑柳庆诸瑶（庆即庆远，宜山旧即庆远府治），则知宜山土民也曾沐先生德泽。所以，今日广西省的境域，多是先生遗惠所在之邦。今浙大以时局影响三迁而入广西，正是蹑着先生的遗踪而来，这并不是偶然的事，我们正不应随便放过，而宜景慕前型，接受他那艰危中立身报国的伟大精神。

通常学者往往有一种误解，以为理学是一种不可理解的东西，又或以为理学家是迂阔不切实际的。岂知学术本无畛界，以理学知名的学者，往往有他的应世的学识和彪炳的事功，他所讲的学问，又很多为无论科学专家或事业家所都应体验实行的。真正的理学不但不迂阔，并且有许多话是切合人生实用的。专家专其所学，果能再来诵习体会古人立身处世之微言大义，最是有益于为学与做人之道。而阳明先生才高学博，无论在学问、道德、事业，与其负责报国的精神，都有崇高的造就。在此国家蒙难、学府播迁之中，他那一段艰苦卓绝、穷而益奋的精神，更是我们最好的典范。我们在迁校以后，起居生活当然不能如平时的舒适，又因家人离散与经济的困难，心理上不免生一种不安的现象。然这次民族战争是一个艰苦的长征，来日也许更要艰苦，我们不能不作更耐苦的准备。孟子所谓"天将降大任于斯人也，必先苦其心志,劳其筋骨,饿其体肤,空乏其身,行拂乱其所为,所以动心忍性,增益其所不能"。阳明先生平桂乱与谪贵州,正是赖非常的艰苦来成全他,结果果然动心忍性,增长他的学问,造成他的伟大。现在又届孟子这话之严重的试验了!有志气的人,就可从此艰苦中锻炼出更伟大的前途;没出息的人,就不免因此没落。诸君都受高等教育,是国家优秀的分子,也是国民中幸运的人,当然都要抱定以艰苦的环境"增益其不能"为目标,而准备来担当国家许多"大任"。这就不能苟且因循,而应以阳明先生的精神为精神了。

现在想从阳明先生一生事迹和学说的精义,采其尤可为青年体验取法者,分为四层来说。先说他对于"致知"的见解,以次说他内省的工夫,艰苦卓绝和效忠国家的精神。这些都是为希望诸君深刻体验,随时随地切实力行,幸勿仅仅当一场话说才是。

(一)先从做学问方面来说,我们要注意他那致知力学的精神。阳明先生学说的精粹是"心即理"、"知行合一"和"致良知"三要点。在哲学上,他是宋儒传统的说法之修正者,所以有人称他集心学之大成,这层姑置不说。所谓知行合一,他的意思是"行之明觉精察处,便是知。知之真切笃实处,便是行。若行而不能明觉精察,便是冥行,便是学而不思则罔。所以必须说个知。知而不能真切笃实,便是妄想,便是思而不学则殆。所以必须说个行。原来只是一个工夫。"故"未有知而不行;知而不行,只是未知。"所以说:"知是行的主意,行是知的工夫;知是行之始,行是知之成。"把知、行打成一片,不容学者稍存苟且偷惰之心。其鞭辟近里,极有功于后学。先生五十岁在江西以后,始明白揭出"致良知"之教,正是前说之扩大。其所谓"致",要义是"致吾心良知于事事物物,则事事物物皆得其理"。这意义绝不玄虚,而很切实际。从近代科学的立场讲,这样的知,在一方面正是真知灼见的"知",另一方面又是可以验诸行事的"知"。我们做学问,理论上重在求真功夫,实用上则求在能行,正合先生之教。又有一事:后世程朱和陆王之辨,闹得纷纭不堪。实则阳明为真理之故,于朱子学说固曾多发异议,但仍然尊重朱子,而又非褊狭的曲从象山之教。他答学者之问,尝有一段很有意义的话说："君子之学,岂有心乎同异,惟其是而已。吾于象山之学,其同者非是苟同,其异者自不掩其为异;吾于晦庵之论,有异者非是求异,其同者自不害其为同也。"所谓无心同异,惟求其是,正是阳明的博大不立门户的精神,后之以攻朱为张陆王之学者,决非先生之所取。本校推原历史的渊承(本校前身是前清的求是书院),深维治学的精义,特定"求是"二字为校训。阳明先生这样的话,正是"求是"二字的最好注释,我们治学做人之最好指示。因为我们治学行己固要有宗旨,决不要立门户。目前一般知识分子往往只顾利害,不顾是非,这完全与阳明先生的"致知"和本校校训"求是"的精神相背谬的。

(二)次说内省力行的工夫。阳明"心即理"之说,本于陆象山之教而光大之。他尝说:"心外无理,心外无事",又以为不能"外吾心而求物理",亦不能"遗物理而求吾心"。这可看做他的知识论,也就可见他的重视反己内省的工夫。他以为知行所以有不能合一之时,就因为有私欲隔了,所以"克制私欲"是"致良知"的前提,也是"知行合一"的第一步。其吃重处尤在一"致"字。良知即天理,致即行,知此理即行此理,故曰知行合一。若使私欲梗住,使不能致良知,更何能知行合一?至若行之不力,便是知之不彻,此尤先生吃紧为人处。先生又常说到"立诚"、"诚意",视为格物致知之本,其极则即以内心之"诚",为一切学行事业之始基。现在大学教育,注重各种专门知识之传授,而忽略品性德行之陶冶,积重难返,流弊甚深。社会道德与政治风气之败坏,此为要因。教育部有鉴于此,决定于中学、大学尽力推行导师制,本校早已实行,本学期更要加以推进。惟导师只处于辅导启示的地位,而修养毕竟须用自己的工夫。大学生理性已很发达,不久出而应世,尤必须及时注意内心的修养。如多读记述先哲嘉言懿行的书,固为有助,而更要体会先儒的工夫,深思力行;祛私欲而发良知,励志节而慎行俭。而先生所示的教训,和其受害不愠、遇险不畏的精神(此种精神之根本全在修养工夫),都是我们最好的规范。

(三)复次,我们再来看先生的艰苦卓绝的精神。阳明先生一生的学说,是渐渐递嬗而光大的,故至晚年学问始底于大成。我们知道他在远谪与征蛮之中，所以能履险如夷，固赖其修养工夫之湛深，而其良知学说之醇化与大成，又莫非从艰苦生活中体验出来。他因直言被谪为龙场驿丞，实际可说是一个小小的公路站长。在这贵州西部(今贵阳北修文县境)万山丛棘的小镇之中，当时更是地荒人鲜，先生住在破庙中，生活之艰苦，非我们所能想象，而他竟能安之若素者二年，且从此创造出来此后的新学说和新生活。他尝自问："倘使圣人处此，更有何法?"沉思之余，忽然中夜大悟，呼跃而起，从此发明他的知行合一的学说。此后十年，他在江西先后奏平匪靖乱的功绩，但正因功高遭忌，朝臣张忠、许泰等多方诬陷，这可说是他一生第二次的挫折。论者以为自经此变，他益信"良知真足以忘患难、出生死"，而此后他的学说才自立宗旨，卓然成一家言。我们设想当时情形，宸濠交通内外，称兵犯上，先生竟能迅速加以平定，而朝臣忌功妒能，诬他谋反，武宗又是昏昧之主，几乎听信而加以不测，他又能处之夷然，卒以至诚感格而免祸。后来在广西平乱，又由于当时廷臣桂萼阻公起用，致以五十六岁之高年，深入当时蛮荒之域，而督战抚辑，具著功绩。初不畏难而退。他在那时，真是与叛乱匪盗斗，与瘴疠疾病斗，又对着权臣小人与种种不良环境之阻挠来奋斗。以一介文人而敢于蹈险至此，非具有修养过人之大无畏精神者，何克臻此!

当先生在龙场时，见有远方吏胥父子与仆三人同毙道旁，既加掩埋，特作"瘗旅文"以告之。此主仆三人，实即同时死于瘴气。当时尚不知瘴气为何物，即在西洋所谓"马拉里亚"的病，其原意亦为恶气。至近代之科学的医学研究，始证明瘴气即恶性疟疾，在桂、黔二省甚多，本校学生近亦有罹此病者。可见当时此病在西南甚流行。阳明先生畏暑热，其在桂之得病以至不起，亦因气候不宜以及过于劳顿而牺牲。今日许多大学先后迁地西南，虽没有以前校舍之宽适，但校舍经修建以后，都还有相当的设备，更有师生的相聚相助，同时，西南各省，比明代已大见开辟与进步。先生当年谪黔居桂，才是孤身深入荒僻之地，以我们今日比他的当年，已是十分舒服。而今日中国所临大难之严重，则远过当时之内叛与匪乱。我们溯往处今，如何可不加倍刻苦奋励? 假使偶有横逆拂意之事，便当设想先生当年之胸襟，焕发他那强矫无畏的精神,自然能处变若定。更进一层说:诸君将来出以应世,不知要遇到社会上多少教育不一、性情不一的人,当然免不了种种困难与磨折。若能体验先生的精神,在学生时代时,先有一番切实的精神准备,那么将来必然能克服困阻,成就我们的学问和事业。

(四)处现在外侮深入、国步艰危的时候,阳明先生的伟大处,更应为学者所取法者,尤在他那公忠报国的精神。先生当衰明,朝政废弛,武宗之时,内则阉宦窃柄,直士遇祸;外则官贪吏污,民怨思乱。他在三十五岁时,以御史戴锐斥权宦刘瑾遇祸,抗疏营救,武宗竟用阉言,罚他下诏狱,廷杖四十,绝而复苏,就因此被谪贵州。其后在江西与广西之平乱事业,慷慨赴难,不辞劳瘁,主要都由于忠君报国一念而来。有此信心,就能发挥他意外的力量。赣匪与广西之乱,多由以往驻兵官吏处置不当,他主张剿抚并施,临之至诚,故巨贼往往一遇兵威,旋即投诚,因此收事半功倍之效。宸濠之变,虽是宗室争君位的一种内乱,但在那时代是犯上大逆的行为。宸濠蓄谋已久,阴结内应,而且兵力颇强,故各方观望不敢动。先生正赴闽途中,此事本非其职责所在,独奋励勤王,先后之四十六天,便奏靖难之功,以此被权奸诬陷,亦所不顾。当时,有一位黎龙称此事不难于成功,而难于倡议,而尤难于处变。原他所以能如此,只是一腔忠诚,扶国济民之心。晚年受命赴桂,疏辞而中枢不许,竟以高年投荒而不惧,尤可见其鞠躬尽瘁、死而后已之精神。现在我们的国家,所遇不是内变,而是外侮,且是空前严酷、危急万状的外祸。要救此巨大的劫难,必须无数赤诚忠义之士之共奋共力。我们要自省:敌寇如此深入无已,将士与战区同胞如此捐躯牺牲,为什么我们还受国家优遇,有安定读书的余地?这决不是我们有较高的知识,就没有卫国的义务。只说明我们要本其所学,准备更大更多的卫国的义务。王阳明先生受出征广西之命,上疏有言:"君命之召,当不俟驾而行,矧兹军旅,何敢言辞?"学高望重、卓然成家的大儒,当国家需要他的时候,亦得冒险远征而不辞,甚至隔了一年而积劳丧身!我们今日虽认大学生自有其更大的任务,但亦不阻止知识分子之从戎杀敌,至于力学尽瘁甚至舍身为国的精神,更是国家所迫切期望于大学生的。须知在这样危急的时代求学,除去准备贡献国家为当前和将后抗敌兴国之一个大目标外,更有何理由可说？记得有人统计,世界上战争之年远过于和平,就是一百年中没有国与国的战事之年(内战不计),只有十五年。今后,国际组织不能即有根本改变,至少我辈身上看不到世界大同。只有富于实力准备足以御侮之国,才能免于被侵略,才有资格享受和平。

对日抗战,实在是极艰巨的工作,不但最后胜利有待于更大的努力,并且日本始终还是一个大敌,我们殊不能武断以为这次抗战结束,就可一劳永逸。诸君此时正在努力培植自己的学问和技术,尤其要打定主意将这种学问技术,出而对国家作最大的贡献。大学教育的目标,决不仅是造就多少专家如工程师、医生之类,而尤在乎养成公忠坚毅,能担当大任,主持风尚,转移国运的领导人才。阳明先生公忠体国、献身平乱的精神,正是我们今日所应继承发扬,而且扩之于对外抗战,与进一步的建国事业。必须在现在埋头刻苦为报国的准备,在将来奋发贡献于雪耻兴国的大业,方才对得起今日前方抗战牺牲的将士,方才对得起父兄家长与师长作育的期待,方才对得起国家社会对于大学生的优待和重视。

综观阳明先生治学、躬行、坚贞负责和公忠报国的精神,莫不足以见其伟大过人的造诣,而尤足为我们今日国难中大学生的典范。学者要自觉觉人,要成己成物,必须取法乎上,而后方能有所成就。当然我们所可取法所应取法的先哲很多,不过这里只举王阳明先生一人之居常处变立身报国的精神,已足够使我们感奋,而且受用不尽了。最后还有一句话:阳明先生在广西、贵州各约二年,其流风遗韵,至今脍炙人口久而不衰。现在浙大迁来广西,同时还有许多大学因战事而迁西南各省,将来当然都要回到原处。如果各大学师生皆能本先生之志,不以艰难而自懈,且更奋发于自淑淑人之道,协助地方,改良社会,开创风气,那么,每个大学将在曾到过的地方,同样地留遗了永久不磨的影响,对于内地之文化发展,定可造成伟大的贡献。

原刊于《浙江大学西迁纪实》(1939年)

《国立浙江大学校刊》复刊弁言*

《国立浙江大学校刊》，创始于民国十九年二月，原系周刊。二十五年五月，余来长本校，以周刊篇幅有限，于九月起改为日刊，凡皆以宣达校闻，通内外之声气也。去年十一月，本校迁建德，为灵通时事消息之需要，乃汇每日所得之要讯，印为《浙大日报》，而重要校闻，间或附丽其后，原有日刊遂告中辍。今岁在泰和学期，循行无改。惟日报性质迥异，学校行政与教学上进行消息，每苦无从充分公布。以致对内对外，俱有不能互通声气之缺憾。

今秋本校迁来宜山，校务继续推进。鉴于国内各界，多有欲明本校情形而无由，而对全校师生，亦不能无传达校务之刊物。爰决定十二月起，重复编行校刊，预定每周发刊一次，其体例大抵多仍前轨，主要为记载本校各部分之进行消息，间亦酌布重要文件与讲稿。榷言其旨：一则使学生于校情更多明了，且以增进师生间之沟通；二则俾教职员详悉各部分校务，借为观摩合作之一助；三则期散处之毕业校友得时闻母校消息，且还以其现状借本刊以告诸同学；四则国内各大校多有校刊，本校亦以此为与各大学学术机关互通消息之资；五则本校以时局关系而西迁，仍得因此刊传达校况于浙江；在桂为时不久，复需向广西各界以文字代口舌之宣导；而扩而言之，实亦向全国各界作忠实与继续之报告，而进求其匡导焉。

方今敌氛犹张，国步多棘，国家犹以巨费维持若干大学，凡大学之师生，安得不及时倍自奋励？吾人于此，尤愿假斯刊之恢复，益发挥全

---

* 1938 年 12 月 5 日。

校共力合作与爱校报国之精神,期使本校日见精进,对国家为多量之贡献。幸我同事同学,对此刊共予爱护,时惠材料,助其充实。则本刊所以惕励策进之效,固犹有过于对内联络、对外宣导之使命也。

本文是作者为《国立浙江大学校刊》
复刊而作,原刊于复刊第 1 期

求是精神与牺牲精神 *

诸位同学：

诸君进到本校，适值抗日战争方烈，因为统一招生发表较迟，又以交通不便，以致报到很是参差不齐，比旧同学迟到了一个月，才正式开课。诸君到浙大来，一方面要知道浙大的历史，一方面也要知道诸位到浙大来所负的使命。

浙江大学本在杭州，它的前身最早是求是书院，民国纪元前十五年（一八九七年即光绪二十三年）成立，中经学制更变，改名为浙江大学堂、浙江高等学堂。到民国十年，省议会建议设立杭州大学，但迄未能实现，到民国十六年，国民革命军抵定浙江，始能成立。合前浙江公立工业专门学校和公立农业专门学校而成。所以，浙大从求是书院时代起，到现在，可说已经有了四十三年的历史。到如今"求是"已定为我们的校训。何谓求是？英文是 Faith of Truth。美国最老的大学哈佛大学的校训，意亦是"求是"，可谓不约而同。

人生由野蛮时代以渐进于文明，所倚以能进步者全赖几个先觉，就是领袖，而所贵于领袖者，因其能知众人所未知，为众人所不敢为。欧美之所以有今日的物质文明，也全靠几个先知先觉，排万难、冒百死以求真知。在十六世纪时，欧美文明远不及中国，这不但从中世纪时代游历家如马哥孛罗（今译为马可波罗。编者注）到过中国的游记里可以看出，就是现代眼光远大的历史家如威尔斯，亦是这样说法。中世纪欧洲尚属神权时代，迷信一切事物为上帝所造，信地球为宇宙之

---

* 1939 年 2 月 4 日。本文为 1939 年 2 月 4 日竺可桢对一年级新生的讲话。

中心,日月星辰均绕之而行。当时意大利的布鲁诺(Bruno)倡议地球绕太阳而被烧死于十字架;物理学家伽利略(Galileo)以将近古稀之年亦下狱,被迫改正学说。但教会与国王淫威虽能生杀予夺,而不能减损先知先觉的求是之心。结果,开普勒(Kepler)、牛顿(Newton)辈先后研究,凭自己之良心,甘冒不韪,而真理卒以大明。十九世纪,进化论之所以能成立,亦是千辛万苦中奋斗出来。当时一般人尚信人类是上帝所造,而主张进化论的达尔文、赫胥黎等为举世所唾骂,但是他们有那不屈不挠的"求是"精神,卒能得最后胜利。

所谓求是,不仅限为埋头读书或是实验室做实验。求是的路径,《中庸》说得最好,就是"博学之,审问之,慎思之,明辨之,笃行之"。单是博学、审问还不够,必须审思熟虑,自出心裁,独著只眼,来研辨是非得失。既能把是非得失了然于心,然后尽吾力以行之,诸葛武侯所谓"鞠躬尽瘁,死而后已",成败利钝,非所逆睹。

我再可以用历史上事实来做几个笃行的引证。十六世纪时,一般人士均信地是平的,地中海是在地之中,所以叫地中海,意大利人哥伦布(C. Columbus)根据希腊哲学家的学说,再加上自己的研究,相信地是圆的;他不但相信,而且能根据他的信仰以达到新大陆。哥伦布的一生梦想就是想到新大陆。但意大利王和欧洲一般人都不热心,最后还是西班牙王给他钱,装了三船的囚犯,向大西洋冒险出发,卒达美洲,这才可称为"求是"。

中国的往史,不乏这样例子,最近的就是中山先生。满清以数百万文化低落游牧部队,灭亡明朝,奴使汉族,以少数制多数,以低文化的民族,来压迫文化高的民族,这是不得其平。但一般人都不敢讲,若有人敢提到兴汉灭满,就是极大的危险。雍正、乾隆两代文字狱是一个明证,至于实行革命,更是难能。惟有中山先生不但鼓吹革命,而且实行革命,这革命精神,正是源于求是的精神。

浙江大学原在杭州。诸位到过杭州的,晓得杭州苏堤南端有一古墓,是明末张苍水先生(名煌言)的墓。自李闯入京,崇祯缢死煤山,吴三桂请清兵入关。张苍水是宁波一举人。明亡屡起义兵,及鲁王亡,张名振亦殁,而郑成功居海上抗清,受桂王册封,公亦遥奉桂王。其时桂王已势衰走云南,清军方致力于西南。张公遂乘机和台湾郑成功联军攻长江,下芜湖等二十七州县,从镇江逼南京,以成功轻敌深入,败于南京。公知事不可为,乃潜居于南田小岛上,为汉奸所卖被逮,劝降不屈,从容就义于杭州。他给劝降的赵廷臣说道:"盖有舍生以取义,未闻求生以害仁。"又说到:"义所当死,死贤于生。"像张苍水这样杀身成仁,也是为了求是。

以上是讲到浙大校训"求是"的精神,这是我们所悬鹄的,应视为我们的共同目标。其次就要讲诸位到本校来的使命。

在和平时期,我国国立大学每个学生,政府须费一千五百元的费用。在战时虽是种种节省,但诸位因沦陷区域接济来源断绝的同学,还要靠贷款来周济,所以每个学生所用国家的钱,仍需一千元左右。现在国家财源已经到了极困难的时候,最大的国库收入,以往是关税,现在大为减色;其次盐税,因为两淮和芦盐区的陷落,以及两粤交通的不方便,亦已减收大半。在这国家经费困难的时候,还要费数百万一年的经费来培植大学的学生,这决不是仅仅为了想让你们得到一点专门学识,毕业以后可以自立谋生而已。而且,现在战场上要的是青年生力军,不叫你们到前线去在枪林弹雨之中过日子,而让你们在后方。虽则各大学校的设备不能和平时那样舒服,但是你们无论如何,总得有三餐白饭,八小时的睡眠,和前线的将士们不能比拟。就和我们同在一地的军官学校的学生相比,也要舒服多了。他们常要跑到野外练习战术,有时四十八小时没得睡眠,整个白天没得饭吃,行军的时候,一天要跑到一百二十里,背上还要负荷二三十斤的粮食军需。国家既如此优待诸君,诸君决不能妄自菲薄,忽视所以报国之道。国家给你们的使命,就是希望你们每个人学成,将来能在社会服务,做各界的领袖分子,使我国家能建设起来,成为世界第一等强国,日本或是旁的国家再也不敢侵略我们。诸位,你们不要自暴自弃说负不起这样重任。因为国家用这许多钱,不派你们上前线而在后方读书,若不把这种重大责任担负起来,你们怎能对得起国家,对得起前方拼命的将士?

你们要做将来的领袖,不仅求得了一点专门的知识就足够,必须具有清醒而富有理智的头脑,明辨是非而不徇利害的气概,深思远虑,不肯盲从的习惯,而同时还要有健全的体格,肯吃苦耐劳,牺牲自己,努力为公的精神。这几点是做领袖所不可缺乏的条件。去年,英国全国学生联合会,在诺亭亨(Nottingham,今译为诺丁汉。编者注)开会,他们报告已经出版,在新出的《民族》杂志上,就有一篇简单的节略。从这报告可看到英国的学生觉到,在现时欧洲群雄争长,有一触即发之势。他们所需要:第一是专门技术,使他们一毕业即在社会上成为有用的分子;第二是要养成清醒头脑,对于世界大事有相当认识。这固然是不错的,但我以为第三点要能吃苦耐劳和肯牺牲自己,是更不可少的要素。去年九月的明兴(今译为慕尼黑。编者注)会议,就可以作一个很好的例子。明兴会议的结果,无疑的是希特勒很大的成功,而是英法两国的可耻的失败,白白牺牲了英法的与国捷克斯拉夫。但是,为什么英法尤其是英国会甘心屈服的呢?一般人以为,英法俄捷四国合起来的军备不及德意两国。这是大大不然。据去年十二月份《十九世纪》(The Nineteenth Century)杂志上,沙卜德少校所发表的统计,就可知欧洲各大国陆军数如下:

国别	常备军(万人)	后备军(万人)
德国	100	200
意国	50	100
法国	66	500
捷克	75	200
英国		100
俄国	133	1400

海军则英国三倍于德意志,而意国海军尚不及法,俄国姑不论。空军则战争开始,德国可出三千架飞机,意大利二千五百架,后备者两国合计约三千架。而英法俄最初即可加入七千架,后备三千架。英法既在海陆空三方都占到绝对优势,何以张伯伦会忍耻受辱作明兴之

盟？果然如沙卜德所云，德国可以于三个月内征服捷克，而英法俄三国鞭长莫及。因为俄国须取通于罗马尼亚或波兰，而英法欲救捷克，则非征服德国北部不可，但如假以时日，英法终能取得最后之胜利。而为什么英法竟至屈服，甘弃捷克于不顾呢？这是很显明的，由于英国保守党和一般有资产阶级的人们，不肯牺牲自己的安全恬适的生活，来为国家保持威信。所以，当八月间，欧洲各国剑拔弩张、一触即发的时候，英法诸国统下了动员令。起初民气很激昂，但不久因为母别其子、妇别其夫，物价高涨，儿童防德国飞机来袭，统移乡下去。一般人民眼看到伦敦、利物浦纸醉金迷、笙歌太平的世界，一刹那间就要变成德国飞机轰炸的目的物，于是，不到两星期，民气就消沉下来。所以，等到张伯伦从明兴得到和平回来，英国人民如释重负，甚至感激流涕，而大英国的威信如何，在所不顾了！

法国威根将军说，德国这样狂妄自大，着实可恶，而其人民之能万众一心，公而忘私，却值得法国人之钦佩与模仿的。所以做领袖的人物，不但要有专门技术，清醒头脑，而且要肯吃苦，能牺牲一已，以卫护大众与国家的利益。中国现在的情形，很类似十九世纪初期的德意志。德意志自从大腓特烈（Frederick the Great）为国王以后，渐有国家的观念。不久法国拿破仑当国，自从 1799—1810 年十余年间侵略德意志，得寸进尺，不但尽割莱茵河以西之地，并且蚕食至于易北河以西沿海一带尽归法国之版图。爱国志士如费希德（Fichte。今译为费希特，德国哲学家。编者注）等大声疾呼，改良德国教育制度，废除奴籍，整顿考试制度，卒能于短期间造成富强统一之德意志。费希德在其告德意志民众的演说中有云："历史的教训告诉我们，没有他人，没有上帝，没有其他可能的种种力量，能够拯救我们。如果我们希望拯救，只有靠我们自己的力量。"诸位，现在我们若要拯救我们的中华民族，亦惟有靠我们自己的力量，培养我们的力量来拯救我们的祖国。这才是诸位到浙江大学来的共同使命。

原刊于《浙江大学西迁纪实》

遭轰炸而反更能深省奋励*

昨日之空袭,将使吾人永远不能忘怀,敌人灭绝之道,破坏文化之行为,今乃亲尝目睹。惟全国各大学,过去多有被炸,浙大之在此次,虽云首遭,而标营附近投弹竟达百十五枚之多,则日寇之欲蓄意破坏中国教育文化,其残酷之阴谋,尤可大暴于世。或疑寇机此次轰炸目标究何在,实则根据全国多数大学被炸,证明日寇以文化机关为目标而企图毁灭之,殆无足疑。惟日寇若以为用此种狂炸不人道之行为,可以摧毁我国高等教育,威胁中国之屈服,则徒见其心劳日拙,甚且适得相反之结果。时至今日,不仅受高等教育者,决不致稍遇挫折而颓丧,而反更能深省奋励;抑且全国军民,亦因日寇残暴之日加,而愈见勇敢,愈见坚定,并未在此破坏政策下表示气馁。至于衣物被毁各同学,校中已考虑救济办法,其方式或将一部分商请各教职员捐助。至于今后安全问题,为设法校舍与员生疏散及使防空更趋周密,增筑防空壕,或架设到达北岸之浮桥。课程方面,对于中午前后之各课,亦拟即另定适当之时间。一切务求增进安全之方,而维持校务之进行。

原刊于《国立浙江大学校刊》复刊第 11 期

(1939 年 2 月 13 日)

---

* 1939 年 2 月 6 日。

切实体行《国民公约》*

《国民公约》初由中央执行委员会拟定，计为九条，其后经国民参政会加以修订，增加三条，计为十二条。教育部颁发本校，原令本校应于三月底举行宣誓典礼，缘于邮寄间阻，到本校时，已是三月向尽，所以，移于今日举行。

余乘此宣誓之前，略为申述宣誓《国民公约》的重要和全面抗战的意义。

我国春秋之时，曾无"义战"，大抵互相斫杀，多缘私欲而无与于全体国民的福利。所以，当时孔子称曰："危邦不入，乱邦不居。"对彼时交战国家，曾无参加的意义。所以有学之士，要以不入不居为是。又如民国十三年，江浙间发生齐卢之战，全属私人利害冲突，无豫国计民生，吾人尽可不与闻问，设法避免。

欧西历史，过去亦于此相似。有如拿破仑时代，彼之征伐，大抵属于个人野心。其时各国人士，如法如英，如德如意，皆无民族思想，参与民族战争；英法战争期间，英化学家达维尔尚优游于巴黎，国家征战，曾无动于心。又如其时日耳曼民族，被蹂躏于拿破仑的铁蹄之下，歌德亦未尝自觉有丧邦之恫，且受款待于拿破仑，虽在老年，尤引拿氏当时批评其《少年维特之烦恼》为荣。

故论战争与全面战，实其意义不同。而全面战要以一九一四年至一九一八年间之欧洲大战为最具体之一次。彼时，余正就学美国。当

---

* 1939 年 4 月 17 日。

美国参战后，后方民众，捐资节食，不一而足，虽面包之微，亦且联合减食，可见一斑。

吾国此次抗战，亦实为第一次之全面战，吾人绝对不应抱"危邦不入，乱邦不居"之谬见，稍存临难幸免之心理。其有避走国外，托庇外人治下者，亦非所宜；又或抱我人研究学问，无涉抗战，此种心理，亦属错误。须知敌国日本，其残酷为古今中外最，读蒋百里先生所著《日本人》一书，可以概见。彼对于本国之元老重臣如犬养、高桥，以至星亨、大隈、大久保，尚且加以残杀屠戮，何况倭寇所轻视的我们中华民族？我们若一旦屈服，则倭寇所加于我们与我们子孙的侮辱杀害，必且十百倍于德国希特勒对于犹太民族所施种种的暴虐政策。吾人若不参加全民抗战于前，将何以自全于后？彼犹太人今日为世所唾弃之惨状，可知亡国之痛，匪人所堪！

至称集体宣誓，容有未惯。近世以来，集中主义已风靡于此大时代中，德之纳粹，意之法西，皆属集中主义之表现。其他如英、法、美各国，亦皆群出于兹途。而在战争之中，尤易培植此种趋向。俄当大战之后，国中革命未已，复遭十四国围攻，遂乃完成其国内集中之加速完成。德、意亦皆当于大战之后，有所刺激而后然。即美国之维新政策，亦实为集权之变相。盖自生产方法机械化以后，各种组织均趋复杂与庞大，终至于非由政府操纵不可而后止。

在战争时期，国家尤应集中全国力量，勠力同心，以御外侮，更不能不采取集中主义。至于人生之价值，端在生前遗人类以若干福利为断，使其不然，将为虚度其生。南宋浙江的爱国诗人陆放翁嫌恶其政府不能抗金，曾有诗道："白头不试平戎策，虚向江湖度此生。"又道："关河自古无穷事，谁料如今袖手看。"今吾人有此机会使不自励，以求献替于抗战建国之大业，将何以自存于此民族国家存亡绝续之交？兹者政府鉴于第二期抗战精神动员之重要，思所以振作集中全国民众之精神力量，坚强奋发，万众一心，借以担负艰巨，克服困阻，而完成抗战建国之使命，乃有此《国民公约》之订行。

凡此十二条,皆属我人报国最基本最起码之条件,吾人理应恪守不渝,切实体行。

原刊于《国立浙江大学校刊》复刊第 20 期

卫生与纪律*

（一）卫生方面。据近日医务课检查一部分学生结果，沙眼、脚气以及曾患疟疾者，分别占百分之九十九、二十五以及五十，末一项属于地方病。至患大项颈，已计购碘备治，惟患此者异地可痊。

（二）纪律方面。今后须为严加整顿，诸如散漫叫嚣，萎靡不振，皆在纠戒之列。诸生来校，志在己立立人，为民表率，设此再不力图上进，有害纪律，其为影响校、国者至大且巨，幸毋轻意将事，致贻伊戚。

原刊于《国立浙江大学校刊》复刊第 22 期

（1939 年 5 月 8 日）

---

* 1939 年 5 月 1 日。

努力参加抗建大业*

（一）自本周始，更订作息时间。盖鉴于已往三阅月来更变时间之结果，诸多弗便。且更变时间原在避免警报，然衡以三阅月来实际情况，反多荒废，故仍恢复惯例。

（二）早操即日恢复，亦自本周起实施，匪但发扬朝气，抑且增强体魄。

（三）努力参加抗建大业。吾人处兹大时代，绝不应袖手旁观。昔在泰和，固尝多所工作，以献替于地方、国家，今在敌忾兴奋、军政严肃之广西，更应勉事后方工作，以策前方军事胜利之早日获得，责无旁贷，不容一日荒隳天职也。

原刊于《国立浙江大学校刊》复刊第 23 期

(1939 年 5 月 15 日)

---

* 1939 年 5 月 8 日。

在"六三"百周年纪念演讲比赛会上的致词*

本人对于比赛,甚感兴味,而于参加比赛诸君之预备及讲演精神,亦表欣慰。今日本不准备讲话,今从诸君之意,惟就中国禁烟问题个人所见,而为诸君有所不及讲到者,略为申述。

鸦片战争为英国历来战争中之最可耻者。英人至今犹认为遗憾。英国当时与今日之正论,接认林文忠公(林则徐,谥号:文忠。编者注)禁烟为光明磊落,故林文忠公禁烟实为中国光荣之举,而英国以此兴兵,乃为耻辱。但百年以来,烟毒始终不能禁绝,则实为吾人更大之耻辱。

吾人一至欧美,即知凡国外大都市华侨寓居之处唐人街,每有出售鸦片与公开赌博情形,故人常讥唐人街为万恶渊薮,使一般在外留学者闻之,精神上非常痛苦。

以中国国内而论,云、贵各省国人落黑籍者甚多,而苗、瑶、彝,乃均不吸食鸦片。即日本在东三省施行毒化政策,中国人趋之若鹜,而日本人亦并不吸食。凡此种种,皆足证中国人之易于堕落。原因所在,颇使人难以答复。

多数人以为中国民族,日渐老大,但世界人类学家如狄克桑、何东均公认中国为世界最新民族。我国文化虽悠久,而民族尚在青年时代。个人以为,我国民族易受鸦片之毒,实缘知识阶层以及有权位者之太不争气。鸦片之毒,实由于上等社会而渐及于下等社会。如明之亡与有权位者之吸鸦片即有关系。明室虽亡于崇祯,而实际则亡于万

---

* 1939年6月3日。1839年6月3日,林则徐在广州主持焚烧鸦片。

历。盖当时崇祯本人颇有奋发图强之心，无如朝臣积习太深，临危规避，所谓大势已去，不可挽回将倒之狂澜也。明朝皇帝中，以万历在位最久，凡四十八年，其中除初立时尚可御朝，兼有张居正之相辅，朝纲不致废弛。最后四十年，则从不视朝，一切政事，均委之于宦官，这好像做主席不到办公厅，又没托付一个负责的秘书长代理，任一般仆役上下其手。如是四十年，安能不亡国?! 从前一般人颇疑惑明神宗何以不能视朝，最近，历史语言研究所傅孟真先生在雍正档案中，发现万历有吸食鸦片的事实。此外，如民国以来，在中央政权未到川、滇、黔以前，鸦片几于遍地皆是。黔地贫民草舍，常有烟灯数副，而滇人商店，非到十时以后不能营业，目前显已见有改进，然积习仍未根除。最近闻参政员、省府委员，以及回国之留学生，亦有吸食鸦片者，且常以不受法律制裁以自豪于人。须知上有好者，下必有甚焉者。故鸦片之流毒，我国知识阶层，应负极大责任。

个人意见以为，吸烟与人生观有关。英人罗素对中国观点，以为外人优点在科学方法，而中国人优点在人生观。但我国人生观亦有流弊，即以为人生最大目的为享福，实甚错误。惟以享受为目标，一切贪污以及打牌、鸦片之恶习，乃随之以侵入。故吾人欲免鸦片流毒，以及一切腐败习惯，必须提高国民道德水准，而知识阶层，应为首创。

原刊于《国立浙江大学校刊》复刊第 27 期

出校后须有正确之人生观 *

在国家艰苦抗战、全民激昂动员之中，学校经过无数颠簸流离，而在此地举行毕业典礼，因之，我们的仪式不拟有所铺张，但其意义较之过去更为重大。诸位毕业同学在浙大求学，于兹四年，追随学校播迁，由浙东建德、赣南泰和而达广西宜山，真是奔波千里。现在诸君十之八九即将离开学校，依古人临别赠言的先例，谨述感想所及，为诸位将来之参考。

一般人以为大学之目的，在于使学生能学得专门之知识与技能，以为将来个人到社会中，从事谋生立业之基础，而为国家着眼，则系造就领袖人才，领导群众以发展事业。

但据个人观察，大学毕业生如欲为国家造福，则单求一点知识与技能，尚非最重要的目标。大学毕业生的人生观必须确定，方能使社会有格外的成功。诸君在校四年，所接触者多为师长和同学，无尔诈我虞的猜忌。但毕业以后，一入社会，则情形大不相同。社会人物，则形形色色，有好有坏。或才智过人而神经过敏，或勇于任事而器量狭小，甚至勾心斗角，混淆黑白，彼亦一是非，此亦一是非。如果每个人没有一个确定的人生观，作为行己立业的指南，则将如一叶扁舟，徜徉乎大海，如无舵以驾驭之，必致随波逐流，不可收拾。

诸君一入社会，首先要解决的是衣食住问题，件件需要金钱。若冷眼观察社会，好像钱是万能的，各种享受的东西工具，非钱莫办。钱而且可以攫高位，握大权，甚至左右一国以及全世界的外交和政治。

---

* 1939 年 7 月 16 日。本文为作者在浙江大学第十二届毕业典礼上的演讲词。

怪不得无论世界哪一国,每个人入世以后,他的成功和失败,是往往以赚钱能力的大小来权衡来估计的,这在西洋各国尤其如此。

在美国最成功的人,如洛克菲勒、摩尔根等,统是拥有巨资的人。目前在美国,尽有许多富翁,一方面贩卖钢铁、煤油、飞机予日本,以从事轰炸中国后方手无寸铁的妇孺,赚资数千万,而一方面则又捐款若干万予礼拜堂,因而被一般庸俗人目为最忠实的基督教徒,同时也是社会上最体面的商人。如果每个人对于成功的看法都作如是观,以利为义,则均将变成为富不仁,故以赚钱为目的,则无论什么无耻的勾当都可以做到。如此种观点一日不改,则人类之腐败、残杀,即将永无底止的一天。

一般爱惜体面的人,以名誉为第二生命。这是比孜孜为利的已高人一等了。《论语》里有一句话说:"君子疾没世而名不称。"大家就以为君子亦是爱名。王阳明先生解释得好,以为"疾没世而名不称"的"称"字,应读去声,所谓"大名之下,其实难副;声闻过人,君子耻之"之意。目前,社会人士往往谬采虚声,在报章杂志多发表文章,就可成大名,而埋头苦干的人反默默无闻。因之,有多少人就并不实事求是,只一味标榜,像烘云托月以渲染自己的名誉,而实际则并无事业可言。所谓称不称,即指此种人而言。

在中国有很多办事业、做研究的人,值得赞扬称颂的,而在社会上反无籍籍名。即在粤汉路在敌人轰炸下之维持交通,湘桂路工程建筑的迅速,少数化学工业研究室里的结果,统为欧美人士所称道的,而在国内反因报纸上缺乏宣传,就很少人晓得。

本来,闻誉而喜、闻毁而闷,亦是人之常情。不过,专为求名,在人生观上确是错误。人生目的若为社会服务,则事业的成功,即是个人的成功。现在,我国在历史上是为最艰苦的时期,但同时却是青年有史以来最难得的报国机会。我们此后为国家服务,自然最好能直接与抗战有关,否则,至少亦得间接与抗战有关。抗战之终结,或尚有若干年,而在此时期中,吾人为了抗战多吃一份的苦,就是抗战以后,在我们的回忆中,可以多得一分快慰。吾人的使命,无论如何卑微,力量如何薄弱,只要我们的工作与抗战有关,我们的心力尽了,我们自己就得到了安慰。从国家的立场说，她费了许多人力和财力来创办大学，也就得到了收获。

立定主见在社会上做事，一个人的职业自然赖有专门技能，但尤贵能应用思想。何者为重要，何者为次要？何者为真理，何者为半真理，何者为错误？择其尤善而于自己素性素习最近者，以之从事。

"足食足兵"是最重要的，但是"民无信不立"，信义的重要还要超出"足食足兵"。换言之，心理建设往往较物质建设尤为重要。若是我们要办一个工厂，或一个公司，我们计划不能着眼小者而遗其大者。中国社会上，常有一种传说，以为中国政界非常腐败，凡做官的没有不贪污，因之父戒其子、师戒其门弟子，以不入政界为高尚。我国贪官污吏确是不少，但是，也有不少很廉洁而能干的政界人物。所以说，政界是贪污的渊薮，是半真理而非真理。

目前，交通机关认为最头痛的，是汽车夫之管理。以为汽车夫专事走私、赌博，并酗酒与鸦片，且时予主管机关要挟。实际上，在目前各机关之司机，环境既极恶劣，起居无定，睡眠不足，故欲汽车夫行为之改良，必先改善汽车夫之环境，实际汽车夫之大部亦皆真诚良好之国民。回溯"一·二八"沪战时，曾有汽车夫将日本军火连人带车开入黄浦江之壮举。

贪官污吏之养成，亦是环境为之。近有自安南（今译为越南。编者注）来者，谓法国税关官吏无一不受苞苴，上海之敌国税收官员亦然。抗战以前，上海公共租界电车上之售票人，大多数均公然作弊，而且要求乘车者与之通同作弊。其理由是，售票人所占之便宜，得诸外国人所开之公司，而非得诸乘电车者。实际电车公司以牟利为目的，如售票人舞弊，而公司不赚钱时，势不得不增加票价，以为补偿，羊毛还是出在羊身上。

贪官污吏之心理，正与上海电车卖票者相同。以为侵蚀公款，并非吸取民脂民膏。近来，教育部为救济沦陷区域青年起见，在各国立大学设立贷金制度，使无家可归、接济断绝之学生，仍得继续求学，立意本甚善。但苟不严密执行，易滋流弊。有家本小康，其父母不愿子女求贷金,而子女要求贷金者;亦有学生本人本可自给,不愿求贷金,而其同学为之冒名代求贷者。凡此皆无非欲占公家之一份便宜,但即此一念,若不防微杜渐,任其推而广之,即足以养成无数之贪官污吏。

所以,吾人一入社会,便当立定主意,假想一个吾人理想中之模范人物,照样做去。诸葛武侯所谓"鞠躬尽瘁,死而后已;成败利钝,非所逆睹",这几句话,每个青年应为圭臬。像诸葛武侯这样六出祁山,有志未竟;孙中山先生去世之日,军权、政权均尚握于北洋军阀之手。诸葛武侯和中山先生,在事业上言,可称为失败,而其精神,可历千百年而愈益光明。

古今中外之科学家、文学家,以及政治家,往往为主义奋斗,终其身贫无立锥之地,甚至囚房屠戮,毫不反悔。虽一时身败名裂,而不久其主义卒能大行于世。所以,吾人决不能以一时之荣辱,而变更吾人的主张。

历史上,在宜山亦出了不少人物,外省人来官斯土者,亦不下数百人,但如今统泯没无闻,只剩了黄山谷(北宋诗人、书法家黄庭坚,1045—1105,字鲁直,号山谷道人。宋徽宗崇宁三年,受党争牵累,被贬到宜山羁管,次年9月30日病逝。宜山人民非常敬仰他的高尚品德和渊博学问,在他逝世以后,为其建祠纪念。编者注)有祠堂和衣冠冢,可称俎豆千秋。这不但是因为他的诗文可以传诸不朽,而且是因为他的气节,经老死放逐,而仍能坚苦卓绝的缘故。

总之,所贵乎大学毕业生者,在乎其能有独立的人生观,能应用自己的思想,以解决对付一切问题,决不会盲从,或是人云亦云。阳明先生说道:"夫学贵得之心,求之于心而非也。虽其言之出于孔子,不敢以为是也,而况其未及孔子者乎? 求之于心而是也,虽其言之出于庸常,不敢以为非也,而况其出于孔子者乎?"(《答罗整庵少宰书》)又道:"昔之君子,盖有举世非之而不顾,千百世非之而不顾者,亦求其是而已矣。岂以一时之毁誉,而动其心哉!"(《与陆元静书》)浙大之前身为求是书院,希望诸位离校以后,莫忘了母校"求是"的精神。

原刊于《国立浙江大学校刊》复刊第 31 期"演讲"栏

"国民精神总动员"月会演讲词*

国民精神总动员月会,业经政府通令各机关按月举行。本校虽值暑假,仍照常集会。值兹抗战期内,凡属国民一分子,皆应参加。每月集会一次,借以发扬振奋抗战期内国民建国卫族之精神,彼此相聚一堂,互相琢磨惕励,实为进德修业莫大之辅助。他若国内外时事之变动,学校内部之消息,均可于月会内申述及之。

今日所报告之重要事件:

(一)为学校顾及同学利用暑假宝贵之光阴,作学术上之研究,或乡村间之工作,以及其他有益身心之活动,特成立夏令讲习委员会,业经布告周知,计分社会服务、读书及游艺等三组,同学可以自由加入。昨日社会服务组农村收获队已有三十七位同学参加,各系同学除数学、外文二系外均有加入者,由梁庆椿先生指导,前往小龙乡协助该地农民收获农产。此服务队,不啻为学校特派之外交使团,先行联络地方乡民感情,改进乡民工作效能,但能否达到此希望,悉系于该队服务之精神良好与否也。昨日本人亦参加前往,及抵莫村村公所,该处已接洽借作收获队之寄宿舍,临时洒扫清洁工作,皆由乡民效劳,同学尚未及自理。此实由于大学生平素之劳力操作未能躬行,学校生活与一般老百姓之生活相去甚远。学校生活虽属清苦,但尚较普通之人民为优。乡村之农民,茅茨土舍,幽暗污秽,牛豕同居,习以为常。本校同学寄居莫村,欲与乡人联络,非与之生活打成一片不可。我等平素起居习惯,皆注重清洁卫生,今格于乡间一切简陋之环境,势不能不降低

---

* 1939 年 8 月 1 日。

卫生之程度。但我等服务农村之目的,在改进农人之生活,即虽地瘠民贫之荒村,亦当努力设法利用当地之人力物力,以提高农民生活之享受,如此文化始得进步,而亦不负国家培植青年、服务社会之期望也。我校由浙迁赣,在泰和乡间,已深知农民之疾苦,及来广西,更悉桂省各地乡村之贫苦,更甚于泰和。浙大既迁广西,凡可以改善发展者,当就力之所及,积极加以辅助、利导。成人教育股,水利测量股,各种工作,亦均在分别计划进行中。读书组已分别请定指导教员,指定史地、文学、自然科学等九门阅读书籍,按各股门选习之需要,借可阅读该科之名著或入门必修书本。各股门亦可集会讨论,互相切磋琢磨,盖平日或迫于功课之忙碌,或因循懈怠,未及阅读性之所好之书籍,则暑假悠长之岁月,正可利用之以静心浏览讽诵佳构也。至如时事股对于报章杂志评述中外局势之论文,尤应注意。如英国《圆桌》杂志,最近有某英人,撰《中国之将来》一文,颇足参证英国对中国抗战之舆论若何。《十九世纪》杂志本年六月号,有《四百年来俄国之外交政策》一文,由历史之回溯,借谂三五十年来,俄国之外交政策,皆有其背景,即虽今日英俄之外交政策,亦不难由其立国之方针而推测之。即如东京会议,英大抵趋于屈服,英苏联盟,非有特殊之情势,亦不可能。此在数月前已为熟知外交形势者所能预料,良以各国皆有其历史上之一贯政策也。最近英日天津会议,甚足为时事讨论之问题,诸同学均可各抒所见,借知国际间对中国之态度。游艺组各股门亦已分别请定指导,积极从事工作。英国牛津、剑桥两大学之学生,在假期中受导师之指导,故假期所得恒较学期中受益尤多,故暑假中各同学,正可努力吸收新智,学习各种技能。

　　(二)际此暴敌疯狂轰炸之秋,宜山于七月二十一日下午,复遭寇机十八架前来轰炸,虽所投之弹,率落郊野,城区幸未及难,然本校不得不早为之所,以免无谓牺牲。本校大部仪器图书暂时非需用者,已陆续疏散。小龙江新校址之建筑,亦在积极筹备中,昨日已会同县政府人员及当地乡长,划圈地址。凡属民田,或租或购,皆付适当代价,并非以公家名义没收民产。广西各地,迭遭寇机滥炸,本校疏散乡间已属必要之急务。敌机昨日炸桂林两次，前日炸南宁亦是两次，其残暴之丑行，盖与日俱甚焉。七七抗战纪念吾曾谓，抗战之第一年，敌人所侵略之土地达一百二十万平方公里之多，然第二年仅十二万平方公里之地，以此比例而论，则第三年敌人所能夺我之土地，不过一万二千平方公里，或竟一无所夺，开始步步后退，亦在意中。目前沦陷区域内，游击队极其活跃，敌人第一年势力所能把持者，仅主要之各干线，如平汉、京沪、陇海、同蒲诸线。而第二年所占者，仅各重要城市之点区耳，如广州、南昌、厦门、汕头之占据是。我国受暴日之侵略，英勇抗战，历久而愈坚毅雄猛，要知世界之公理终究存在，敌人之横暴，轰炸屠杀已趋穷途末路。国际于我之同情将终由口头而渐进于实际，且其程度必与时俱增。最近，美国声明废止一九一一年之美日友好通商航海条约，即一明证。美国参议院外交委员会主席毕德门已早提议，禁止以军火与各项战争有关原料品运往日本一案，迟未通过，即因其与美日商约抵触之故。美国总统罗斯福，虽明知资敌之非是，终以政治关系，维护金元外交政策，一时不愿见罪财阀，然一旦人心随舆论而转变，渠自毅然有所作为矣。吾人固常见美国各地教会，派遣牧师来华传教，颂扬和平博爱，同时却又有财阀制造大批军火飞机，运售敌人以惨害我同胞，岂非怪事！设日本不得美国之军火，敌人根本即无持久作战之实力。今我国抗战前途，已趋优势，广西为抗战最力之一省，故暴敌恨之亦最深，年来受炸亦最频剧。我等身居是土，虽屡受敌机之轰炸威胁，亦是光荣。深望诸同学，能格外警惕，格外奋勉，格外策励，时时以争取胜利、复兴民族为念，能尽善地利用时间，利用环境，远视未来，近顾目前，就心之所安，力之所及，凡于自己心有差，国家有利，人类有福者，不问巨细精粗，成败利钝，均尽己为之。能如是始不负自己，不负国家，不负人类，不愧为大时代之有为的大学生，诸同学勉之！

原刊于《国立浙江大学校刊》复刊第 32 期"演讲"栏

国立浙江大学宜山学舍记 *

　　将欲抗顽虏,复失壤,兴旧邦,其必由学乎? 丁丑之秋,倭大入寇,北自冀察,南抵闽粤,十余省之地,三年之间,莫不被其毒。惟吾将士,暴露于野者,气益勇;民庶流离于道者,志益坚。其学校师生义不污贼,则走西南数千里外边徼之地,讲诵不辍。上下兢兢,以必胜自矢。噫! 此岂非公私义利之辨,夷夏内外之防,载在圣贤之籍,讲于师儒之口,而入于人人之心者,涵煦深厚,一遇事变,遂大作于外欤? 当军兴之四月,国立浙江大学以杭县且危,尽其有以迁建德;逾二月,桐庐告急,徙泰和;二十七年七月,虏犯九江,复之宜山而校焉。宜山之为县,当黔桂之孔道,其长吏若民,多通材达识,喜多士之至也,划县中之文庙、东郊之标营,暨工读学校以与焉。乃鸠工庀材,修其蔽坏,涤其黝污,取蔽风雨,务绝华靡,故工不劳而集,费不侈而完。又择隙地,结茅架竹,为屋数十椽以益之。凡讲艺之堂,栖士之舍,图书仪器之馆,校长百执事之室,以至庖湢之所,电工之厂,游息树艺之场,莫不备具。于是,五院之师生千余人,皆得以时讲贯于其中。应变以常,处困以亨,荡丑虏之积秽,扬大汉之天声,用缵邦命于无穷,其惟吾校诸君子是望乎。

中华民国二十八年八月

校长　竺可桢撰

碑文原刊于《国立浙江大学校刊》复刊第 47 期

(1939 年 11 月 24 日)

---

　　* 1939 年 8 月。此碑原立于广西壮族自治区宜山县城文庙之内。

在浙大实验学校补行始业式上的训辞*

今日为本大学实验学校补行开学典礼之日,欣承各位来宾拨冗莅临,至深荣幸。实校筹备,时间极促,赖胡主任暨各教师夙兴夜寐,擘划经营,得具今日之规模,本人深致感谢。

实校之设,涵义有三:一则为谋师院学生之实习研究,作师资练习之地;再则为谋本校职教员子女失学之救济;三则收容当地学龄儿童,希望为本地小学作一模范。本省小学,办理虽佳,但以就地取材,教学方面多受限制,研究工作或难进行。实校以得大学教授之指导,各种工作较易施行,当能以研究所得,贡献于本省教界同志,以做参考。基上原因,故大学决意设立实验学校,一面呈报教部,一面着手筹备。中学部因校舍建筑等稍费时日,因先行成立小学部,幸胡主任及小学部诸先生通力合作,得于两个月中,由圈地盖屋而至开学上课。仍希诸位教师,本此精神做去,而充分达到实校筹办之三项目标。

谚云"疾风知劲草,乱世识忠臣",盖谓在艰难困苦中,贤者则能坚忍不拔,砥柱中流,而不肖者则销声匿迹矣。抗战至今,实为我国在历史上空前动难。本校在此困苦中事业仍不断进展,非敢自诩即为贤者,特不过不甘流为不肖耳者,并希各同人同体此意。

中国过去认教育即读书,故有"万般皆下品,惟有读书高"之语。认读书有成就,即可升官发财,所谓"学而优则仕",故有"士大夫"之称。宋代并有"苏文熟,吃羊肉"之谚,谓只要熟读苏文,考必中式,做官吃肉无问题也。我国学校创办,迄今亦有四十年,但传统观念,仍未

---

* 1939年11月1日。

改变。办学者认为学生毕业后能考入上级学校,即以为办理得法,一般人亦以为此即是好学校。过去如扬州中学、杭州高中等,即以学生多能考升大学享有盛名,何尝不仍因承"苏文熟,吃羊肉"主义也。学校将来,应一铲旧习,除教授学生课本外,仍应一面注重教学生用"手眼",一面教学生用"心思"。盖大自然即是一册完好教本,一粒花种种入于地,由发芽而至成长、开花、结子,若日日注意考察其生长状况,则所得何尝不胜读一册自然教本也。

人称今日为机械时代,盖科学发达,才能造成今日之文明。衣食住行,无一不借助于机械,以其费力少而成功多也。但运用机械,须用手眼头脑,手眼须敏捷,头脑须精密。敏捷精密,均有待于平时训练,我国人对此颇不注意。如看表然,辄曰几点几刻,或曰几点几个字,决不精确观察其为几点几十几分也。由此一例,略可证明我国人对于用手眼不求敏捷,用脑不求精密,以此而处于今日之科学时代,安得不归于天然淘汰!吾人欲加矫正,自以从此活泼无邪儿童训练入手为佳,希实校诸先生对此等似微细平淡处注意做去。其他尚有三种良好之习惯,尤应在小学中养成。我国人最缺乏互相合作之能力,良由各人均怀自私自利之心理,人人既逢事欲损人利己,自然不能合作。我国军政商学各界,过去之多摩擦,皆由于此。故自私自利之心理,须从小学起,设法根本铲除。其次则守秩序与爱清洁,亦须从幼年时代养成一种习惯。吾人出外游历,只见购买车票则蜂拥争先,入车厢则痰涕满地。世人遂识我中华民族为最不能守秩序、不爱清洁之民族。但守秩序与爱清洁,并非先天之民族性,实因无良好教育以养成之耳。

原刊于《国立浙江大学校刊》复刊第 46 期

(1939 年 11 月 17 日)

当以服务为主旨 *

在此动荡的大时代中，诸君毕业出校，意义更大，而责任亦更重。吾人所应深切地认识时代和自身，警惕奋勉，庶几可尽大学毕业生的责分。但所谓大学毕业，与职业学校不同。社会上多以"钱"来决定个人的劳力应得的代价，然大学毕业生不当以钱为目的，要当以服务为主旨。不仅要学得技术方面的进步，而且要有科学的精神。

原刊于《国立浙江大学校刊》复刊第 47 期

（1940 年 6 月 22 日）

---

* 1940 年 6 月 15 日。

奋励自勉　自强不息*

昨日为抗战第三周年纪念,本校师生参加遵义各界七七抗战三周年纪念大会,精神异常振奋,颇堪嘉慰,惟未自动全体参加,颇足引为遗憾! 吾国物质虽不如敌人,但三年以来所以能致敌人于泥淖中,即因吾人精神之优越也。试观抗战以来,军人作战精神果深可钦佩;他如粤汉铁路员工于敌机狂炸下,仍使交通畅达、运输不断,实可效法! 黔桂线路,滇缅公路,困难工程均以不到周年之时间而完成,引起全世界人士之称誉,吾人不能不引以自勉! 要知国家所以培养大学生之主旨,即期吾人有深刻之国家观念,在大后方作精神上之鼓励,决非深处室内静待前方打胜仗也! 欧洲战事,交战国家凡年已届二十岁之青年,均得参战,今日吾人安处后方,自应奋励自勉,自强不息而深省也!

> 原刊于《国立浙江大学校刊》复刊第 50 期
>
> (1940 年 7 月 13 日)

---

* 1940 年 7 月 8 日。

浙江大学之使命*

本校成立纪念日,以往因均在假期中,率未举行。今年因迁校关系,学期尚未结束,欣逢佳节,殊可快慰!吾人在抗战建国期中举行本校立校十三周年纪念,意义颇为重大。昔王阳明先生至龙场一年,其影响所及,风化文物,莫不因而改善进步。阳明先生之弟子,率能笃践师说,影响亦宏。浙大来此,尚有多年之逗留,吾人自当法步先贤,于所在地之种种设施,革革兴兴,尽心竭力以赴。时际非常,吾人之责任尤重!无论精神物质,两不可忽。文化之推进,职责所在,固应重视;物质环境之改善,关系民生至切,亦须注意。例如开辟荒地,使耕地加多;改良种植方法,使产量增加;避免破坏,减少消费,成效可与增加生产相埒。其间接直接,积极消极,与抗建有裨益者,均为大学所当顾及而努力。凡事困难虽多,要在人努力。吾校现有五院,各方面人才俱备,设备亦较完善。今后吾人应坚定信心,确实负起责任。力之所及,大小不废。日积月累,收获自多,目的自达。愿全体同学共勉之!

原刊于《国立浙江大学校刊》复刊第 53 期

(1940 年 8 月 3 日)

---

* 1940 年 8 月 1 日。

《国立浙江大学师范学院院刊》发刊辞*

扬子《法言》"师者人之模范",足以明教育之效矣。晚近人趋功利,师道浸微,一艺之相传,受之者视为资生之具,凡所请益,囿于绳尺、法度、艺文、章句而止,而修身立命之大,阙焉无闻。为之师者,出其一长,计日程功,讲书而外,若不相识,鲜有存心乐育,终身守之勿去者,模范之义,信乎其不可求矣。师范学院者,将以聚有识之士,绩学砥行,永以教育为职志者也。鼎革以还,高级师范之制,屡有兴革,而注重师资,欲树之楷模,以正立己立人之本,其义则一。国难方深,凡所以宏化育,正人心,明耻教战,以固抗战建国之基,舍教育殆无他求。我校频岁流徙,于军兴之明年,始奉命创建师范学院,其规制之肃,待遇之优,举非普通学生所可及,则国家所望于师范教育者,至深且厚已。师院之成立既后,凭借虞或不丰,今有院刊之辑,将以平素研求有得而不敢自私者,举而问世,其拳拳之忱可思也。惟并世贤达,鉴而存之。

中华民国二十九年六月　竺可桢

原刊于《国立浙江大学师范学院院刊》第一集第一册

---

* 1940年9月1日。

体念时艰　安心求学 *

本校年来学生人数激增，本年度遵义、湄潭、永兴三处有一千三百人之多，加以龙泉分校，人数当在一千六百人之上。但因环境关系，不得不分在数地上课，此于教学、行政深感不便。但在抗战期间，受经济与时间限制，不得不暂时迁就事实。本学期农学院仍在湄潭，生物系因与农学院有密切关系，亦已继续迁往，一年级及先修班则迁驻永兴分校。现新同学中，除因交通困难尚有未到者外，龙泉分校及青岩分校，一年级学生均已先后来此，今日相聚一堂，洵为喜事。但在抗战建国经济极度困难时期，国家每年犹费二千余万元办理高等教育，则诸生此后自当格外奋发努力，以负国家之望。

抗战以来，百物激涨，物价有数倍至数十倍于昔者。本大学经费一向不甚充足，至今更感拮据不堪。初到杭州时，每年经费七十五万元，十年以来未曾增加。而年来本校各方面发展甚速，例如师范学校之成立，附属中学之开办，文理学院之分立，中国文学系与农业化学系之添设，龙泉分校之设立，史地与数学研究部之创办，二十八年化工、机械二系开设双班，本年机械、电机又开设双班。因范围扩大，学生、教职员、设备增加，所需自必大增，以至愈感困难。而抗建时间，本校经费复减至六十三万元，是以困难丛生。本年度虽因教育部增拨临时费及其他专款始可度过，但明年度预算已确定者仅约八十万元，则不敷甚巨。

盖本校实需费用，依目前情况，最低非年需一百四十万元不可也。

---

* 1940 年 12 月 2 日。

学生膳宿问题，各校均感严重，然遵义、湄潭二地米价，与渝相较则尚属低廉。中大每月伙食十八元，膳食不但无荤菜，且乏新鲜素菜，自最近教部各国立学校膳宿津贴办法颁布后始行改良。但最近接军队中某军官来信，提及军中日食惟白粥二餐，夜宿只薄毯一条，于此可知前方浴血抗战将士实较吾人为苦。故吾人应体念时艰，不应图物质上之享受。教育部顷已规定救济膳食办法，倘米价超过五十元一市石时，则超出之数由公家津贴，教职员学生均可享此权利。故诸君此后安心学习，不必以生活为虑。重庆米价之高涨，并非米源不足，奸商等囤积居奇，实为其主因之一。近有平价米卖与民众，但非根本办法。据农本局之调查，如有妥善办法，今年重庆产米可以维持至明年秋季，确堪称慰。

闻同学中时有无需贷金而申请贷金者，殊属非是。国家在此经济极度困难之时，犹订有贷金办法，诚属殊典，吾人自应郑重施用，且为人以信实为先，古人谓"防微杜渐"，贷金虽微，可以喻大，人之善恶，原仅习惯之差。国难方亟，诸君任重道远，务望能在此准备时期，即养成一忠诚廉洁、重公帑公物、不自私自利之良好习惯。

今日纪念周后，尚须开自治会全体大会。浙大自治会历来为同学服务，帮助学校推进社会事业，均甚努力，且有良好之成绩。希望全体同学本着服务的自治的精神，爱护自治会。须知自治会是全体同学的事，并非几个代表、几个干事的。应当在自治会里练习服务人类、大公无私、为大众谋福利的精神。

原刊于《国立浙江大学校刊》复刊第 71 期

（1940 年 12 月 7 日）

新年致辞 *

今晚本校举行师生同乐大会，本人感到十分欣慰。回忆本校自离杭以来辗转迁移，于千辛万苦中抵达遵义，仍能弦歌不辍，师生欢聚一堂，实是最大乐事！此固是本校师生努力所致，要亦政府加意爱护之泽。今日是廿九年最后一日，吾人于此送旧迎新之际，自有无限之感触与希望。抗战三年有余，胜利曙光在望，胜利年的明日即将到来，则在此岁尾同乐大会中，吾人尤应有所警惕与奋勉，创造未来，争取胜利。此不独是前方将士所应尽之责任，亦为吾人所当矢志不忘、加紧努力的。明日本校举行义卖，为前方将士募集寒衣，此意义之重大，不言而喻，亦即所以尽吾人一点微小的责任而已！尚祈诸君努力。最后谨祝新年快乐康健。

原刊于《国立浙江大学校刊》复刊第 75 期

（1941 年 1 月 4 日）

---

* 1940 年 12 月 31 日。

大学应为一地方的楷模 *

今天是民国卅年的第一次总理纪念周。在胜利年的开始,我们应该更加勉奋,以完成我们的使命。元旦日的义卖成绩甚佳,诸同学均能努力,使全校义卖之款达到千余元,实在是一件极可快慰的事。就是对前方抗敌将士,亦可减少我们内心的一点惭愧。元旦日,本校参加遵义各界三十年元旦日庆祝大会,大多数同学出席,准时到会,但尚有少数同学未曾参加。诸君应知大学应为一地方的楷模,大学生尤应以身作则,领导民众,此是分内责任,不能推卸,此后应更彻底地领导民众,造福地方才是。

原刊于《国立浙江大学校刊》复刊第 76 期

(1941 年 1 月 11 日)

---

* 1941 年 1 月 6 日。

要重视礼节 *

今天请本校文学院院长梅光迪先生讲演,题为《礼节与人生》。

礼节为人生态度表现的一种,处世立身,都不可须臾忽视。它非特于个人非常重要,于国家亦有很大的关系。此次欧战发动前,德驻英大使赴英皇宴会,仪式隆重,彼无端高呼希特勒万岁,因此颇受英人奚落。该大使耿耿于心,回国以后,肆力攻击英国,此次发动战争,坚持与英作战。于是可见,偶尔鲁莽,礼节不周,竟至战争流血。欧战固有其他重要原因在,但德大使之坚持作战,未尝不无影响。今日请梅院长演讲礼节与人生之关系,必能予吾人以莫大的帮助与指示也。

原刊于《国立浙江大学校刊》复刊第 77 期

(1941 年 1 月 18 日)

---

* 1941 年 1 月 13 日。

歌咏与戏剧 *

教育部颁令组织歌咏戏剧组，实属必要。因自抗战以来，有识人士均感到歌咏、戏剧之重要，以其不但可怡悦性情，且能激励志气。本校同学虽有歌咏戏剧的组织，过去亦曾有多次的演出，但因乏人领导，尚感不甚成熟，尤以戏剧为多。例如剧本的选择，确实应当加以注意，偶一不慎，流弊即生。戏剧的主旨在激励爱国爱群的精神，及倡发高尚的道德与人格。在我国历史上在民间最有影响的一部书，为《三国志演义》，不但故事流行，而且都有戏表演。今日如此，即在明代已早如此亦。戏中之刘备，则被人称扬，而曹操则受人轻视，使人不期然而然地养成一种辨别善恶的良好习惯。外国如莎士比亚也如此。爱情固是戏剧中的要素，但须有伟大的爱，例如两汉的尊崇伍员，宋以后的尊崇岳飞等。吾人当知中国若不伟大，则不能抗战至今，所以，凡是足以表示中国此种伟大精神的戏本，方可选用；坏的剧本，可以使人误入岐途，为害颇大。今后希望同学中表演所用的剧本，应再三考虑，郑重选择，然后方能实负抗建之责。因为本校将与步兵学校血痕剧团联合演剧，为征属募款，有感及此，即提出与诸同学一谈。

原刊于《国立浙江大学校刊》复刊第 78 期

（1941 年 1 月 25 日）

---

* 1941 年 1 月 20 日。

大学生与抗战建国 *

当民国六年欧战正到紧急关头，英法联军声嘶力竭，美国加入战争的时候，笔者正在美国某一大学做一个学生，亲眼看见美国学生一天少似一天，留校的学生也都武装起来，预备东征。原来的电机实验室改做临时无线电训练班，原来的学生宿舍住满了穿深蓝色水手衣服的士兵。民国六年那班六百多个学生，毕业后加入海陆空军的占了百分之九十，只留下眼睛近视，牙齿不良，或是两足不能远行的人们去避免兵役。全班百分之五十以上的人横渡大西洋，直接参加战役。到民国七年十一月战事结束，这民六抗战毕业班的学生，死亡于炮火、飞机和前方所染疫疠的人，占了全班人数百分之二十八。到如今，这二百数十人的照片还是挂在笔者母校礼堂的一个墙角上，作为第一次世界大战的纪念品。这无非是举一个例。当时美国其他大学的情形也相仿佛，英德各国大学生，因为抗战时期更久，所以牺牲更大。

上次大战时英美各大学学生的参战情形，似正可与我国这次抗战时候各大学的情形作一对照，在抗战第一年，国内人士很多主张办理战时教育应该与平时教育完全不同，甚至有提议停办高等教育，创立短期训练班，以使大学学生可以参加战时工作的。幸而我们的中央政府从头即决定了维持高等教育，直至前年春天开全国教育会议的时候，"战时教育即平时教育"的理论，由于我们领袖的倡导，已变成了全国一致的主张。近两三年，各国立大学毕业生统通供不应求，事浮于人，这才证明了在战时维持大学、维持高等教育，实是高瞻远瞩的良谟。

---

* 1941 年 10 月 10 日。

第一次大战时,英美各国都送大量的大学生上前线去是一个失策,到了战后才深深地感觉到。有许多英国的学者相信,上次战时英国最大的损失便是牛津大学物理学助教莫士莱(Henry G. Moseley, 1887—1915)的战死于土耳其加列波里之役。莫士莱在他二十六岁的时候,已创立了各原子 X 光光带和其原子数间关系的不朽事业。到如今,原子数又名莫士莱数。他战死的时候,年仅二十八岁。若再假以二三十年的寿命,他的贡献不难超越十九世纪的开尔文或麦克斯威。英国人到如今还痛定思痛,所以在第二次世界大战开始的时候,牛津大学校长哈里法克斯在其《告学生书》里边,就劝学有专长的学生留在后方。美国这次虽则尚未参战,但从本年七月一日起,凡年满二十一岁的全国青年男子统须征抽入伍,惟有在大学里习化学、化工、土木、矿冶、机械、电机的学生,因为国防的需要得免抽调,其他习农、医各科和物理、地质、气象等等学科的人亦得免役。这个办法,就可免除许多攻习专门技术的青年前往从军。美国大学生的人数,约占全国可入大学年龄人口总数百分之十五;英国占百分之三;在中国则不过千分之一。单从国防的需要着想,中国大学生也不应该大批派往前线。

从国家着想,抗战工作固极切要,而建国责任尤为重大。春秋时期,晋国赵朔为屠岸贾所害,赵氏遗腹一儿,几乎不免。朔的食客公孙杵臼和程婴商量保孤之策,杵臼对婴道:"尔为其难,我为其易。"杵臼乃抱他人儿入山中,程婴诬告于屠岸贾,袭杀之。婴匿赵孤于他处,得免于难。日后赵孤长大,即是赵孟,和婴定计诛屠岸贾,卒报父兄之仇,而程婴亦即自杀以报公孙杵臼。我们以此例彼,现在前线做着抗战工作的好像是公孙杵臼,而在将来负起建国大任的则似程婴。现时的大学生在后方虽无洋房可住,鱼肉可吃,但总能饱食暖衣,许多学生且可不费父兄一钱,而得享受高等教育,比之前方在枪林弹雨中忍冻挨饥,呻吟于沟壑,暴露于原野的将士们,真有天渊之别。这次抗战是全民抗战,是以正义之道来抵抗横暴武力的战争,青年们生当其时,是千载难逢的机会。大学生们为将来社会之领袖,国家的柱石,理应身先士卒,冲锋陷阵,方不愧为全国青年之表率。国家为了爱护将来的领袖人物起见，不把大学生们送往前线去冲锋杀敌，则他们应如何奋身图报，努力上进，能把将来建国的重任担当起来，方可对得起战死沙场的勇士们，方不愧为今日之程婴。

要使大学生能担当得起日后建国的重任，单教他们具有专门技术是不够的。一个国家，外患不足畏，内忧不足惧，惟有一般领袖缺乏清新的头脑，远大的眼光，坚强的意志，则其覆国灭种将不旋踵，而且是无可救药的一种病。近二十年来，法国各界领袖的放纵自私，英国政党的苟安姑息，酿成了养痈贻患、噬脐莫及的局势，这是我们的殷鉴。抗战以前，国人常欢喜以一个大学和一个工厂相比，大学毕业生好像工厂的出品，毕业生乏出路，犹之货品不能销售；毕业生技术优良，刻苦耐劳，好比货色价廉物美，但二者之间有一根本不同的地方，一般人可未曾见到。这就是工厂的出品，无论是一把剃刀，或是一只时计，它出厂的时候也就是它最锋利最精密的时候，而大学毕业生却不这样。他应该像一把剃刀，愈用愈锋利，而且不会生锈；像一枚时计，愈走愈精确，而且不会半路抛锚。一个大学生最重要的使命，就是在于能使每个毕业生孕育着一种潜力。可令其于离开校门以后，在他的学问、技术、品行、事业各方面发扬光大，既日新，日日新，又日新。这种潜力不是别的，就是运用个人的思想，正确而敏捷。惟能运用思想，所以事变之来，也能处之泰然，应付裕如。即在技术方面，如研究高深理论、改进机器构造等，不特于专门科学必须具有很深的造诣，也必须有很缜密周详的思虑才行。要能够作缜密周详的思虑，必须先在几种基本科学方面，经过老师宿儒一番严格的训练。若是一个大学，单从事于零星专门知识的传授，既乏学术研究的空气，又无科学方法的训练，则其学生之思想即难收到融会贯通之效。目前在校大学生之思想，幼稚与混乱，无可讳言。这所谓"种瓜得瓜，种豆得豆"。若是将来，建国重任真正要靠现时大学生负担的话，这个缺点是每个办理大学教育的人急当猛省，而予以改良的一件事。

原刊于《国立浙江大学校刊》复刊第 100 期特大号

报国立身之良机*

自重庆归来有三事可为报告：其一，本校经费问题。本校本年度经常费预算，原已规定，便以生活费用日高，此数决不敷用，得蒙教育部提请中央通过，追加预算，视前增益不少。其二，招生问题。此次中大、西南联大、武大与本校之四大学联合招生，因数地试卷稽迟递到，遂不得不延期发榜，而本校新生入学日期，亦不得不延期至十一月三日矣。又此次考生成绩甚劣，各处投考生凡六千四百余人中，其成绩在六十分以上者，只三人而已。假定以三十分为及格，亦不过二千人，各区成绩丽水为最佳，一百八十九人中，只九人为三十分，故及格分数为五十分，及格之百分率为百分之九十五。其三，聘请教授问题。抗战以来，因各方争以优越待遇，延揽学者，致影响各大学之聘请教授。本人此次在重庆时，曾接洽教授甚多，嗣以种种关系，迄今实际到校者，只马师亮、苏元复、朱伯康、王葆仁、邵秀林、蒋硕民、张德粹、吴文晖诸先生等十二位而已。

今日座中同学，有来自永兴、龙泉者，恐对本校校风，尚少体认。溯本校自浙西迁以来，向持越王勾践刻苦自励之精神，与好学之风气，以故在社会上服务之本校毕业生，咸获"肯负责任"、"能吃辛苦"之美誉。其次，学校之内，毋望有党派之纠葛情事。曾见若干学校，大部时日，浪抛于"摩擦"之一途，斯诚堪为痛心。以是深冀在教授间，无留美、留英之别；在同学间，勿执着同乡观众，更毋有左派、右派之分。求学时期，固应以全力从事于学术上之研究也。其三，希望同学恪遵纪

---

* 1941 年 10 月 20 日。

律,而所谓"自由",盖在纪律范围内,始克存在,务望养成恪守纪律之风气。他若在程度上,尤需保持浙大已往之水准而弗失。

最后可为报告者,此次抗战,大学生颇少直接之贡献。犹忆当第一次世界大战爆发之时,予正留学美邦,当时彼邦学子,一闻宣战,其中百分之九十,辄行自动加入战争,否则其女友亦鄙夷之。今我国则不然,大学生仍安居后方,雍容受业。然在二十年后,吾人果一朝自觉,对此抗建大业,毫无贡献,将悔之不胜矣!惟此日军中,需学识高深之人孔亟,如建造空军,一次即须十人,其程度非大学修学一年不办,以有是基础而后始克继予深造也。同学得兹报国立身之良机,则幸勿交臂失之可也。

原刊于《国立浙江大学校刊》复刊第101期

(1941年11月10日)

校歌为一校精神之所附丽[*]

本校渴望有校歌者,积四年之久,后得马一浮先生制词,以陈义过高,更请其另作校歌释词一篇。然词高难谱,直至今春始获国立音乐院代制歌谱焉。考校歌为一校精神之所附丽,其有严肃性可知,故学生必善歌之;即至卒业离校,二三校友晤对时,亦可于引吭唱和中,依稀前事,永忆弗谖也。

次之,则为空军服役之事,事涉报国,同学勿弗后人。

其三,湄地环境特佳,尤以运动场为最,至希同学日必从事运动,而注意于康健之道。至于学舍之命名为仁、义、礼、智、信者,盖为沿用杭州时之旧称,以维护其历史性,而诸字涵义俱深,尤富于中国传统之精神与美德,诸同学必予以身体而力行之。

原刊于《国立浙江大学校刊》复刊第 102 期
(1941 年 12 月 10 日)

---

[*] 1941 年 11 月 17 日。

不应有所负于国家*

一对国家应有秩序，维持后方治安；

二对学校应能自治，以维护大学之尊严；

三对自身，应运用理智毋忘"求是"精神，以自贻伊戚。

此时此地，吾人应本此三方面，为之努力，而不应有所负于国家、学校。

> 原刊于《国立浙江大学校刊》复刊第 104 期，来自"校闻·第十四、十五、十六三次总理纪念周汇志"中的有关报道

---

* 1942 年 1 月 19 日。

大学之使命 *

遵义总校本学期以文工两院学生集中,多所增加。本部教授,多所调动,并分别介绍新聘教授。设备方面,自缅抢运入口美金所预购之外货百余箱,属诸浙大者过半。

大学之使命有三:

其一,希望造就完人。完人必具智、仁、勇三达德,而涵濡于六艺之中。仁者爱人,故其上者必其有所成仁,而忠恕次之。欧美大学教育之缺点,斯为道德教育之疏忽。礼貌虽小节,谦虚虽小德,而弥具真义,必其发乎衷。

其二,学有专长,而于大学中植其基。大学学生对各项基本知识,固应多所明了,欧美大学真正专门功课无多,而德国大学,必修课程甚少。中国教育制度,仿自美国,今美国大学已多所改良,而中国仍因陈莫变,驯至支离破碎,浪费心力。歌德读书驳杂,以赫德尔勉其详诵《莎士比亚集》,而有所成就。巴斯德初攻化学,以国难而研究微生学,皆以专而有所成。

其三,养成自己能思想之人,而勿蕲教师逐字释义。思想同与肌肉,多予训练,并能发达。歌德深服拿破仑,以其视天下无难事,用兵深思,合于精密之学。

原刊于《国立浙江大学校刊》复刊第 112 期

(1942 年 10 月 10 日)

---

* 1942 年 9 月 28 日。

战后之中国*

平等新约签订，更增加中国责任。如治外法权取消，外人犯罪由我国法院受理，我国监狱设备，是否能与他国同等完备？租借地收回，外人将于内地杂居，我国内地生活习惯，是否能与外侨相适应？而战后问题最要者，乃人民心理之改造。日本似德意志，重服从；我国似法兰西，重自由。苟战后仍浪漫自适，虽有马奇诺防线，安知不步今日法国之后尘？其论我民族性最透彻者，当推英哲罗素，以为西人孜孜为利，无人生目的；华人悠悠自得，以享乐为人生目的，是以中国人生观最为优美。彼推崇我国历史光辉时期，远超过希腊之上。然其归国前之赠言，则谓我有三缺点：一、残忍，二、贪污，三、懦弱。第三点由此次抗战已证明不确。第二点因经济贫困使之，然外国也不能免，此管子所谓"仓廪实而知礼节，衣食足而知荣辱"也。第一点，诚我民族性最大缺点。儒家虽亦重博爱，然而未能普遍深入人心。西人信基督教，自幼即每日祈祷，博爱观念浸润深，是以西人富同情心，而我多幸灾乐祸也。最近，美人所著之《中国之边疆》，曾论及我国士大夫阶级，惟贪污是其特点，然如王阳明、曾国藩之流，皆士大夫也，学诣均深，德业兼有伟大表现，真正代表我国文化精神。故以贪污评我士大夫，诚为肤浅。然我国士大夫无守法精神，往往以不守法称耀乡里，此实非近代国家所应有。总之，凡我民族性之缺点，皆应努力改革，而我传统之爱和平，尚礼节，待

---

* 1943 年 2 月 10 日。

敌宽大，不岐视宗教诸美德，均须保存而光大之。

原刊于《国立浙江大学校刊》复刊第 116 期
"学生自治会干事会举行学术座谈会"

抗战及战后的大学 *

本届毕业人数为十六届中最多之一班，凡三百五十五人，几五六倍于战前，盖坐于国家之需求，领袖眼光之远大。然此数字尤不足以应社会之需求，则以建国方在伊始也。领袖于所著《中国之命运》一书中，称及经济建设，以总理实业计划为依归，书中对于人数之分配，有详尽之规划，谓共需五十万人，而于十年中培成之。惟依以往速率，四十二年中，不过培成专才十二万人，今则年不过九千人，以是知每大学尚须较今增加五六倍而后可。依数目上所示，全国现有在校大学生六万人，六倍之为三十六万，此数或以为多，然中国今为四大强国之一，其他三强国之大学生，英美占万分之七十二，英属占万分之十三，苏联占万分之十七，中国大学生若达三十六万之数，亦不过才占万分之九耳。办如此之大学，自多困难，如图仪之不足，教师之缺乏，但在战后，则可取材异国，假自英美。孙中山先生已于第一次大战中，远见及此，故设备一切，应无问题。而人才则诚困难，留学生固不失为办法，但仍须扩充各研究院，由中央研究院之会报中，可见各校研究院成绩之一斑，而亦以见全国作研究者之綦少。为作育大学教育之人才，势必将全国研究院扩充至五六倍至十倍，则是大学方面不能不立为设法。而三十六万大学生之培成，须十五万众一年，比诸美邦，仍多不及。盖为世界第一等国，乃不得不尔。

本届毕业同学出校后之责任至大，一人须负六人职责，乃势不可能，但须各人尽其最大之努力。兹称及一点，所任工作与所在地方颇

---

* 1943 年 7 月 8 日。本文为作者在浙江大学第十六届毕业典礼上的演讲词。

有关系。东北之失,论者责诸少数人,实则全社会应负其咎。十五年前之大学毕业生,多留家乡供职,而视东北为荒僻,但日本于日俄战后,即视东北为其仓库,一年中投资逾二三万万元。自以武力强占后,已增筑公路三千公里,而东省一切生产,皆占全国之首要部分,是抗战胜利后,我人如何接收斯项繁重之工作。本校学生三分之一为浙籍,五分之一为苏籍,胜利后不能回苏杭,再享天堂之福,盖斯地今已不啻阿鼻地狱(阿鼻:梵语 Avicinaraka 的译音,意译为"无间",即痛苦无有间断之意。常用来比喻黑暗的社会和严酷的牢狱,或比喻无法摆脱的痛苦境地。编者注)。十五年前之毕业生,已铸成大错,今后不容再误。该地虽非亲历,然一翻阅英美人所写文章,即可以觇知该地之为如何需求人才,尤非力求将重工业基础建好,不足以言富强也。

原刊于《国立浙江大学校刊》复刊第 121 期

反攻时期之大学教育*

今年是同盟国的反攻年,过去三个月各战场的形势,证明这预言的正确性。在欧洲东战场,苏联大兵已压东普鲁士边境;西欧盟军已解放巴黎;义(即意大利。编者注)境德军先后放弃了罗马、比萨和佛罗伦萨诸重镇;在太平洋和亚洲战场上,倭寇也正在步步退缩;马里亚纳群岛美国海军在塞班和关岛登了陆;缅北密芝那、孟拱已被盟军克复;我军渡过怒江,攻入龙陵、藤冲;敌兵从印度科希马退走,过了印缅边界。惟有湘江流域,敌寇深入可虑,所谓困兽犹斗,料想我军事当局高瞻远瞩,早已洞烛奸谋,使鬼蜮伎俩无所施展,我们固可不必为杞人之忧。但是,一旦德国无条件投降以后,亚东方面,英美盟军于海上空间虽可畅行无阻,陆上反攻仍须以我国将士为主干。过去抗战七年,我国高等教育对于军事绝少直接贡献,值此反攻时期,大学教育应如何与军事配合,以取得胜利? 胜利以后,又须如何谋划肩负复兴建设的重任,实有检讨之需要。

过去国家政策,战时大学教育与平时大学教育初无二致。专门以上学校之数量与学生比较战前有增无减。这在参战各国中,是一种特色。战前大学毕业生很难找得出路,战后反而求过于供,这就证明了大学教育虽在战时,也并非为奢侈品。因为我国抗战基地西南、西北各省交通工业均落后,故大学生在后方经营建设,和前方将士执干戈以卫社稷,同一重要。况且,以人口作比例,中国大学生在校人数,比欧美各国相差悬殊。美国每一百二十五人中一人,法国四百八十一比

---

* 1944年7月1日。本文是作者在浙江大学第十七届毕业生典礼上的演讲词。

一，德国六百零二比一，意大利八百零八比一，英吉利约一千人中得一人，而我国则万人中才得一人。在抗战初期，与兵役毫无妨碍，但是到了目前反攻时期，情形又是不同，此可从三方面来讲。

（一）从抗战建国需要上着想　在抗战最初五年，大学毕业生求过于供的现象最为显著，但到最近两年求供已足相应，有若干科目并且有供过于求之势。预期在抗战未结束以前，这种趋势不会改变。这是因为后方实业的不景气，和各种企业所需人才已到了饱和点的缘故。美国也有同样情形。在抗战初起时，美国因为兵工企业需要很多技术人才，所以大量技术人员统免了兵役，但到了去年下半年，兵工产量已达到最高峰，能容的技术人员也达顶点，所以，今年三月间，罗斯福总统在招待美国新闻记者席上就发表了兵役对于壮丁将有绝对优先权之议论，以后从十八岁到二十五岁的青年，再不能以技术上之需要而免役了。同时，我们前方需要兵士的知识程度，在反攻时期也和过去不同。在过去，我们因为缺乏重炮、机械化部队和飞机，只好着着退守。到了滇缅路打通，盟国海军、空军能控制东亚沿海的时候，不但重兵器可源源而来，它的使用非目不识丁的农夫可以于短期内训练，使能得心应手，就是无线电的操纵，各种精细通讯网的组织，医药卫生常识的应用，工兵机械的使用，统非有大量知识青年的加入军队不可。要训练这班青年，专门学校与大学是可以作一臂之助，而且是责无旁贷的。

就是战后建国的重任和目前大学教育是否能配合起来，亦成一个问题。抗战胜利以后，东四省和台湾又回到祖国的怀抱里来了，这是极可喜的事。但是，我们要接收东北的铁道、矿场、林业、渔业，台湾的糖业、茶业，技术人员固嫌不够分配，管理人员的问题更为严重。目前大学生毕业以后，有集中在几个大城如重庆、昆明、桂林等的趋势，若不严格执行大学公费贷金生毕业以后服务地点须由政府支配，深恐一旦胜利临头，人人将以苏、杭为天堂，京、沽（即塘沽，代指天津。编者注）为乐土，而视黑龙江和台湾为化外，为畏途。同时，地域观念必须打破。我国如欲建立重工业，如欲自立于世界列强之林，必须以东四省为建国基点。战后网罗全国有作为、有操守、肯牺牲而学有专长之青年开发东北,则建国乃有必成的希望。

(二)从国际合作上着想 这次盟军在各战场并肩作战,要谋胜利,必须建立在和衷共济、协力同心的合作上。自从大批美国军官及英美教授专家络绎到达我国以后,有许多友邦人士不明了为什么在这国家危如累卵,民族生命千钧一发的时候,我们的大学、中学还要"囤积"大量合格于入伍的青年;许多工作,我们知识青年可以优为之而不为,偏要从西半球运送美国青年来抵这个缺,他们真大惑不解。有一位美国教授,在他回国以前,发了一封公开的信给中国友人,说道:"为了争取中国的独立和民权,虽牺牲全体大学毕业生四分之一的生命,亦是值得的。若说知识青年须荷战后建国的重任,但如抗战失败了,则皮之不存,毛将焉附。"这类批评无论是否中肯,也是很值得我们反省的。他又说:"中国若要做一个战胜国,她的大学必须立刻建设在抗战基础上,来训练成千成万军队所需要的飞机师、无线电报务员、炮手、译员、工兵等等。"英国李约瑟博士在他已经发表的演讲中,也很怪中国大学里许多理工教授们不能为战争尽力。美国麻省理工专科学校教授们,正在研究与军事有关的理工问题有二百种之多,据该校校长康伯顿本年六月间的广播,知道理工大学毕业生为现役军人者有五千六百之多,少将阶级以上的,在海军有二十五人,陆军六十九人。第一次率领美机轰炸日本的杜立特将军,就是该校毕业生。这不过举一个例子,来代表英美大学在战时如何在为国家民族在争生存和自由。本年《七七告民众书》中说道:"国人要自反自省,凡是靠人成事的决不能有真正独立的资格,凡是坐享其成的必受淘汰无疑。"英美的大学正在为抗战而努力,而奋斗,相形之下,岂不是我们的大学尚在靠人成事,尚想坐享其成?

(三)从国民道德上着想 这次世界大战,称为全民战争。旁的国家无论是轴心国或同盟国,都是群策群力,全体动员了,惟有我们的知识阶级,尚少投笔从戎,仍多取袖手旁观的态度。知识青年既为将来社会之领袖阶层,在此国家存亡危急之秋,理应冒锋镝,身先士卒,出生入死于枪林炮火之中，方不愧顶天立地之男儿。今乃退处后方安全之地，纵前方上兵不来责备，扪心自问，亦自有愧。过去数年暑假，政府发动大学生宣传兵役，这是极难收效的事。古语说："以身教者从，以言教者讼。"大学生要宣传兵役，最好是自己去当兵。有人以为欧美各国士兵受最优等的待遇，食品、衣服、药品之最佳者优先供给士兵，出外旅行，受各方士女之重视优礼。在我国眼看见入伍的壮丁衣不蔽体，食不果腹，病无医药，所以不能怪知识阶级不愿当兵了。不晓得这种看法是因果倒置。我国的士大夫，即所谓知识分子，传统的是一个特殊阶级。抗战以前，尤其是江浙一带，家家有纳税的义务，惟有士大夫阶级往往是一地方的巨绅，拥地最多，而他可以不纳税，地方政府亦决不敢去催他纳税。到了抗战以后，士绅把子弟送入学校，就可以缓征入伍。到如今，后方有不少中学是为了士大夫子弟逃避兵役而欣欣向荣。若是每一个士绅，每一个大学教授，每一个荐任以上的公务员，有一两个子弟在军中服务，那么，我们社会的舆论对于士兵的待遇，对于他们的衣食住行和卫生医药，决不会像现在这样漠不关心了。我们的士绅们平时有田产可以不纳税，战时有子弟可以不入伍，这种习惯若不铲除，不但我们不配列于四强之一，也不配称为一个民主国家。所以，为国民道德着想，我们很应该奖励大学生去入伍，而大学本身也应该去做抗战的工作。

总之，抗战已到了反攻时期，大学的使命也与平时不同，急切地需要与军事配合，以求达到抗战胜利的目标。抗战结束以后，大学即须恢复常态，使它有学术自由的空气。抗战以后，我国办理大学的方针，应加以郑重考虑，这也是目前急需解决的一个问题。

原刊于重庆《大公报》(1944 年 9 月 8 日，第三版)

毕业生对国家应尽之义务*

今日天人相应，柳州等五城市克复，愿明年此日，在杭州本校举行下届毕业典礼。诸毕业同学在校四年，公费也，贷金也，举莫非国家之赐。享受虽苦，究属权利，今后出校，理应尽其对国家民族之义务。

义务有两方面，一为大学生高出一般国民之智慧上的义务；一为普通公民之义务。关于前者，与号称四强之其他三强相较量，则大学生与国民比例，英为百分之二，苏为百分之五，美为百分之十六，中国则依高等教育之统计，三十二年前不过有专门以上毕业生十余万，加以近数年之数字，以二十万计，不过三千分之一耳。以此比例既高，义务弥大。当此抗战建国期间，大学生最大之义务，莫对国家至上、民族至上有最大贡献者，国家亦最重视及此。如英国物理学家，不足以应急需，乃大量培植，其数遂逾平日之三倍。丹刻克（今译为敦刻尔克，法国的第三大港口。编者注）撤军之后，英本部防军力綦弱，飞机残余为数綦少，德机倾出，英势岌岌可危，赖英物理学家洛勃氏无线电侦察品（radio-locator）、美称 radar（即雷达。编者注）之发明，能侦察百里外敌机之行动，乃能以逸待劳，以少胜多，使德机多所损失，英伦转危为安。苏联科学家卡比塞氏，发明大量制造氧气，虽踵哈勃之武，然有助于空军之升高，与工业上之利用实深，故史太林（今译为斯大林。编者注）褒之以最高荣誉。美国亦然。当太平洋战事发生，南洋各地为暴日囊括之后，美国橡皮来源断绝。然为时无多，美科学家所改进之化合橡皮，已足敷所需，盖借以代替天然橡皮，因以不成问题。故以彼

---

* 1945 年 7 月 1 日。本文是作者在浙江大学第十八届毕业典礼上的演讲词。

例此,吾国大学毕业生,当为国计民生做最高之努力,使同胞广被其福利。知识化为力量,义务之最大者也。惟吾人对此常熟视无睹,如遵城之瘦枇杷木质梨,皆可资为改良之具。若在盟邦科学家,使出吾国,必感在在皆属问题,即凡百皆须改良。吾人今后,其知所勉。

复次,论及普通公民之义务,则有三点:一曰知先后。《大学》所谓:"物有本末,事有终始,知所先后,则近道矣。"曩者友邦苏联之努力于推广集体农场也,其仓库深感鼠苦,损失綦重,乃先事防鼠,而后及其他。美国务卿斯戴迪纽斯亦尝舍高俸而就薄禄,盖苟利国家,糜顶灭踵而甘为之。使吾人今日服务国家,当从事于其对抗建最称首要者。二曰辨公私。公私之辨,义利之别,国人最多纠缠不清。如做官非恶事,乃一行作吏,而目都非者,公私不辨,关系最大。三曰明是非。须重视公是公非,科学家求真之精神,乃多伟绩。本校校训"求是",意亦在此。

原刊于《国立浙江大学校刊》复刊第 126 期

(1945 年 7 月 1 日)

大学毕业生之责任*

诸位来宾、同人、同学：

本届毕业同学行将离母校。离开学校以前诸位是受教育，国家每年要费一二十万金一个人培植你们。离开学校以后，你们就得要为社会服务了。中国大学生较之他国为少，所以你们的责任格外重大。如美国每百人有十六人是大学毕业生，俄国五人，英国二人，我们则不过二千分之一。依教育部统计，自民国元年到民国三十二年，专门以上毕业生只十二万人（依黄龙先三十三年夏在《大公报》上所发表之论文），加上民国元年之前及民国三十三、三十四年（除去死亡），最多不会超过十六万人，所以尚不过全人口的三千分之一。郑康成谓"才德过千人为俊"，则诸君皆今日之俊杰也。

诸君之责任可分为两方面言之。一方面，诸君学有专长，毕业以后，各尽其所能，以贡献于国家。抗战时候如此，抗战以后亦如此。在一九四〇年八九月间，英国 Dunkirk（敦刻尔克。编者注）撤退大军以后，德国大量轰炸。那时，英国守军有训练者，只一军（Division）之众，飞机不过千架。那时 RAF（英国皇家空军）能将德国轰炸机击退，丘吉尔所谓"Never there was in history so many owed so many to so few"（历史上从来没有以这样少的人作出这样多功绩的）。而 RAF 制胜之重要因素，即为 Radar（雷达）之发明。发明人乃一物理工程师 Robert Watson Watt（沃森·瓦特，1892—1973。著名物理学家。1935 年，他成功研制一台实

---

* 1945 年 7 月 1 日。本文为作者在浙江大学第十八届毕业典礼上的演讲底稿，见《竺可桢全集》第九卷（1945 年 7 月 1 日日记）。该届毕业典礼上，《毕业生对国家应尽之义务》是竺可桢的即兴演讲版。

用雷达系统。1942年受封为爵士。编者注）抗战全赖坦克，飞机与汽车随处需要橡皮。美国、苏联全部橡皮得自南洋。苏联自1939—1941两年之间，美国十八个月，费生物、化学家及工程师之力，解决人造橡皮，抗战即能自给。俄国物理学家卡皮查发现低价制氧气法，不但解决飞机上所需的氧，而且煤矿中可以借此不劳掘挖，可以将煤变成气（煤之地下气化）以制造氨（制肥料与炸药）、甲醇（制橡皮）及熔铁炉中之气（还原剂）。不但著名科学家有所贡献，即一般初出茅庐的理工人才亦大量需要。如英国抗战以前，只有三千物理学家，包括中学教师（物理）在内，每年各大学毕业只二百人，而战事，如无线电、潜水艇侦查、内燃机等等均需物理人才，故战时大学训练物理每年毕业生增至一千二百人，至今其中三分之二在军队中工作，三分之一在工厂中工作（勃拉格在英国科学工作者协会演讲）。

以中国幅员之广，人口之众，百姓之穷，战时、建国到处需人。在遵义，吾人举目社会上应改进之事正多。譬如，此间枇杷只是一张皮包了一粒核，每个学园艺果木的人应该自己负责起来，把它改良。此外，如人民衣着的褴褛，农夫依天吃饭，不讲卫生，以蚤虱之多，识字之少。所谓范文正公当秀才时，即以天下为己任，此是诸位分内的事，责无旁贷的。

诸位除掉了是一个专门有训练的人，为一个教员、学士、电机工程师、生物学家、果树专家而外，同时亦是一个国民。所以，在这一方面，你们既是大学生，亦有比普通人民较大的责任。在现代世界，你们得认清三点：

（1）知先后。军事第一，是我们现在的口号，此在战时各国皆然，夺取胜利。丘吉尔和罗斯福在三年前魁北克会议的时候，他们决定一桩重要的事，就是先击败德国，再打日本。无论此原则是否合理，但同时打败二强敌是不能的，所以，必得要分先后。抗战如此，建国如此，我们不能不分最要与次要的，譬如苏联在抗战前，以集体农场康拜因中小麦蚀耗之大，科学院集十四个研究所之力，花了一年工夫把这问题解决了。小而言之，一个学校，一家公司，甚至一个人的做事、读书，统要有先后，然后能计划。《大学》里头一章就说"物有本末，事有始终，知所先后，则近道矣"。

(2)明公私。在抗战时候道德堕落,这是古今中外一律的事。但若能赏罚严明,公私有别,则道德就不致十分堕落。就如英国抗战时期,谁也不能发国难财。近来报上所载我国贪污之案层见叠出,甚至财政部总务司长王绍齐、直接税局局长高秉坊、中央银行业务局长这类人也竟监守自盗,舞弊上千万。诸君看了报自然莫不痛心。但是诸位要晓得,在有一个时期,这类作弊的人,也是和诸君一样,从大学刚毕业、极清白纯粹的大学生。因为贪污之层见叠出,所以一般人以为官是做不得的,财是不能发的,这可大错了。做公务员就是官,我们就希望顶好的人才、顶廉洁的知识阶级去做官,惟有这样,公家的事才能办得好。中国那么穷,我们就希望大家绞尽脑汁来做发明、办工厂、开农场,去发大财。惟有这样,国才能富,民才能强。所以,我希望你们能做官、能发财,但不希望你们因为做了官再去发财。为做官而发财,是没有不贪污的。美国国务卿 E. D. Stettinius(爱德华·斯戴迪纽斯)辞掉了十万元收入的美国钢铁厂经理,而去任年薪一万五千元的职位,并且把所有各大公司的公司股票统统脱手。英国丘吉尔以前做财相的时候,第一桩事亦是把他所有的股票售去。而我们过去做部长的,往往兼了许多大公司和银行的董事长,这是瓜田李下,要不得的。惟有公私分明,而后贪污才能绝迹。

(3)辨是非。浙大过去的校训是"求是"。我们应该只知是非,不管利害。此话说来容易,要实行起来可不是那么容易了。你们在出校门以前,恐怕已经觉得是非和利害有时会冲突的。譬如你要就业,你本已答应一个中学去教书,聘约也签了,旅费也收了,你要动身的时候,你忽然接到一个公司的邀请,要你去当副工程师,不但薪水丰,而且出路好、朋友多,你是不是会立即改弃已成之约,借口说母亲病重,或是身体不好,要到重庆去呢?到那时候,你们是否尚能把是非的观念放在利害的观念上面呢?君子、小人之别只在此一念之别。近世科学之能发扬到如目今现状,就是因为先哲 Bruno(布鲁诺)、Galileo(伽利略)等不避艰险,与中世纪宗教恶势力奋斗成功的。我们学术界事事落人之后,而史学尚足有表现,亦是古代的太史能不避斧钺,秉笔直书。春秋时候，崔子杀掉齐庄公，齐太史就书"崔抒弑其君"。崔子杀太史，其弟继起而被杀者二人。但齐国太史均起而直书，使崔子没有办法。这种只顾是非、不顾利害的精神，是每个浙大毕业生应该具有的。

第三辑　教育回廊（1945—1956 年）

战后国家与学校诸问题 *

此次抗战胜利,诚为空前,今后吾国当与盟国共同合作,奠定世界和平之基础。而原子弹之发明,更可知工业科学之发展,为国家胜败存亡之关键。

国内方面:实行民主,已无问题。惟民主者,决非颁布宪法而已,须每一国民,尽其力量,尤应注重义务。此次战争,我国资产损失甚大,战后必须努力建设,不能徒事享受,如教育、卫生、实业之振兴,当与世界强国并驾齐驱。

学校方面:已于八月十二日电龙泉分校派员到杭州勘视,本人亦将赴渝转杭。本校在此八年内,由三院增至五院(法学院待返杭后再说),以后拟订计划为五千人之大学。至于迁校问题,教部近召开教育善后复兴会议,当有所决定。

大学之目标:应以理智为重,本校"求是"校训,亦即此意。近年官吏之贪污,学风之不良,非道德之咎,实社会有不合理之处。今后大学应行教授治校制,以符合民主之潮流。

原刊于《国立浙江大学校刊》复刊第 132 期

(1945 年 10 月 11 日)

---

* 1945 年 9 月 17 日。

我国大学教育之前途[*]

抗战胜利以后,我国办理大学,应该取什么途径,实有从长商榷的需要。据笔者的意见,以为办理大学,有三个问题,最为基本而急需解决的。(一)国家办理大学的方针是取积极统制政策,还是取开明放任政策。(二)大学的目标是以培养道德为前提,还是以培养理智为前提。(三)大学教育的内容是通材教育,还是技术教育。第一个问题解决,我们对于办理大学的大政方针即明朗化。第二个问题解决,大学里校长、教授、导师人选的取舍,训导教科的安排,即随之而定。第三个问题解决,则重文抑重实,重质抑重量等等纷争,不致再起。试分别申论如下:

(一)大学虽不应受政治的影响,但必须适合社会环境,而对于国策亦须配合。我国战时口号是"国家至上,民族至上"。民族是人民的总和,人民的利益,就是民族的利益。战事终结以后,我们的国策是人民至上,还是国家至上?我国古代孔孟之教,无国家观念,其理想世界为大同。所以《礼运》篇说:"大道之行也,天下为公。"孟子尤主张提高人权,提倡平等与民主。到金元和满清经过两度亡国之痛以后,攘夷爱国之念油然而生。但忠君的观念,恐怕还胜于爱国的观念。所以要谋光复,还须抬出赵宋和朱明幌子出来。西洋耶稣教是超国家的宗教。十八世纪法国卢梭、孟德斯鸠等提倡民权,卢梭和孟子一样,主张人性本善,主张平等,主张人民高于国家。到拿破仑战争时代,英德和法国是仇敌,但拿破仑征服德国以后,一八〇八年,德国哲人歌德和拿

---

[*] 1945 年 9 月 23 日。

破仑初次在爱尔福地方相会,一见倾心,歌德称拿破仑为"我的皇"。同时,英国著名化学家台韦游历法国,大受拿破仑之欢迎,拿翁并宣称台韦之游法将大有益于法国化学之兴起。足见当时欧洲人的国家观念,也并不怎么浓厚。德国哲学家黑格尔始提倡国家神圣之说,以为全体大于局部,故国家的利益超越人民的利益。这类学说,自十九世纪中叶以后,逐渐盛行,到了第二次世界大战以前,各国政体已分为两种类型。这两种类型,借用《墨子·尚同》篇中名词,可称之为"上同"和"下比"。上同的国家是以国家为前提,人民不过是发展国家的工具,个人生活的意义,就在其对于国家的发展和贡献。为国家,他得牺牲一切。孟子说:"杀一不辜而得天下,仁者不为。"但上同国家为了要完成五年计划,奠定重工业基础,不惜使百万生灵涂炭牺牲。相反的,下比的国家以人民幸福为前提。国家存在的理由,就在于增进大多数人民最大的幸福。在这两种类型国策之下,办理大学的方针也就不能相同。在上同的国家,大学如同车之有轮,机件之有螺钉。所以,大学要标准化,课程要一律,思想要统制,大学教育要完全配合国家当时的需要,国家政策不断改进,大学里面造就人才目的也随之以转变。在下比的国家,则大学尽可发展其个性,学术研究尽可自由,私立、公立大学尽可并存,只要不违背为人民求幸福的大前提。下比国家如英美等国的大学,除掉抗战时期以外,学术自由空气极为浓厚。政党的交替,政治舞台上人物的进退,决不影响到大学办学的方针。

(二)大学的目标。据我国古代传统的观念是在培养道德,《礼记·大学》篇开宗明义就说:"大学之道,在明明德,在亲民,在止于至善。"所谓至善,是君仁,臣敬,父慈,子孝,友信。到宋明两代的理学家,虽有朱陆之争,朱晦庵一派主张"道学问",陆子静一派主张"尊德性"。但实际两派教人的目标还是一样,统要学做圣人。所以王阳明就说:"道学问即所以尊德性。"又说:"学校之中,惟以成德为事,而才能之异,或有长于礼乐,长于政教,长于水土播植者,则就其成德而因使益精其能于学校之中。"程伊川说:"人皆可以为圣人,而君子之学必至圣人而后已。"可见我国自古为学,是以明德为目标,圣人为模范。

此与欧洲传统的看法完全不同。

希腊哲学家崇拜理知,推崇真理。亚里士多德的《伦理学》书中说:"至善的生活乃是无所为而为地观玩真理的生活。"柏拉图在他《伦理》一书中亦说:"理知者固当君临一切者也。"罗马哲学家西塞禄,以为人生除满足生养之欲望以外,惟以求真为第一要义。至于知识之追求,是否有益于人生社会,在所不顾。近代欧洲大学,仍保持这种希腊和罗马先哲的精神。

到十九世纪中叶,纽曼主教写《大学教育之性质与范围》一书,尚说大学教育是培养理智,而非培养道德。一般地说,英国的大学教育目的,在于养成一种英国式的君子,但这所谓君子,并非修己以敬,修己以安人的君子,而是仁者不忧,智者不惑,勇者不惧的君子。到如今英国的牛津、剑桥,美国的哈佛、耶鲁各大学中导师注重学生的理知方面,而我们大学的导师则注重学生的操行。欧洲大学起源于九世纪与十世纪之间,当时教育之权完全操之于僧侣之手。一直到十二世纪,要在欧洲各大学任意教课演讲,必须得到教皇或教会所发的执照而后可。大学所以补教会之不足。人们的道德,属于灵魂,而不是属于肉体,不在大学范围之内。大学之分野,是培养理知。近世科学发达以后,理知所包涵的内容,虽大为扩充,文理法商农工医无所不包,但仍不超越理知的范围。

我国大学制度,完全抄袭欧美。如课程表之繁细,五花八门,无所不有。只要是真理的片段,统可以排入作为教材。所请教员,亦只求其有一艺之长,一术之精,初不问其习惯性情之是否怪僻。大学因为能包涵万流,所以成其为大。许多人批评我国大学只教而不育,这根本理由,就在于目前大学制度本来即专重传授理知。所谓种瓜得瓜,种豆得豆。要培养道德,不是在讲堂上口讲指画所能为功,必得以行为来表现,以感情来号召。与古代鹅湖、白鹿书院山长相仿,与生徒朝夕相处,方可收砥砺言行之效。目前大学教授担任教科钟点以外,就想做专门研究工作,要叫他们当导师,既乏时间,又无兴趣。所以导师制度行之七八年,毫无成效。培养道德,家庭、社会、政府的力量,统要比大学大得多，就是因为家庭、社会和政府给予个人的教训多以行为来表现的。社会上贪污盛行，政府赏罚不明，一个纯洁的青年，毕业以后不久就可以为社会所潜移默化。只有培养理知，大学虽短短的四年，它的影响是无与伦比的。若是一个大学能彻底的培养理知，于道德必大有补益。凡是有真知灼见的人，无论社会如何腐化，政治如何不良，他必能独行其是。惟有求真心切，才能成为大仁大勇，肯为真理而牺牲身家性命。如希腊的苏格拉底，意大利的勃鲁纳，其道德的卓越，足垂青千古，与文天祥、史可法同为不朽。许多人之所以盲从，自私，贪污，卑鄙，只是未能彻底明白事理。中山先生说："行之匪艰，知之维艰。"王阳明说："知而不行，只是未知。"大学之最大目标是求真理。这可以说是理知的，但亦可以说是道德的，所以道学问，即是尊德性。

（三）大学教育的内容，应该注重通才教育，还是技术教育。这个问题，在美国目前争执颇为热烈。这是因为有少数美国教育家，如芝加哥大学校长赫青司等，要补救美国大学偏重专门知识的弊端，所以主张大学要读古代经典，课程要普通化。这虽不免矫枉过正，但其理由亦甚充足。抗战以后著名大学如哈佛，专门学校如麻省理工的教材，统预备加重普通的课程，如国际问题、科学史、文学史等，而减少专门学程。我国抗战以后，百废待举，需要大量专门技术人员。工业落后，要建立轻重工业，尤非造成大量工程人员不可。在此时，我们大学似乎应该注重技术教育，可是问题不是这样简单。从前清曾国藩提倡兴建实业，设立上海制造局，派留学生至美国学习制大炮轮船以来，到抗战前夕已七八十年，我国科学仍然不兴，实业仍然不振。这其中原因值得我们深加考虑。一般人以为，近代文明即物质文明乃西洋功利主义的产品，这是错误的。张荫麟《论中西文化的差异》一文中说道："近二三百年西方人在利用厚生的事业上，惊心炫目的成就，使得中国人在自惭形秽之下，认定西方文明是功利主义的文明。而中国人在这类事业的落后，是由于中国人一向不注重功利。这是大错而特错的。正惟西方人不把实际的活动放在纯粹的活动之上，所以西方人能有更大的功利的成就,正惟中国人让纯粹的活动被迫压在实际的活动之下,所以中国人不能有更大的功利的成就。"孔子说:"君子谋道不谋食,耕也,馁在其中矣,学也,禄在其中矣。"道即真理,西洋人求真理,所以才能发明原子弹,从希腊提磨克列斯司,到近今荷兰的阜尔司鲍,英国的汤姆生,他们研究原子,决非因为了有什么用处才去研究,而是要晓得自然界物质结构的原委。科学上将来的发明在哪个方向,既不能预料于事先,我们就单从功利主义着想,也得各项科目统加以研究,不能偏废。若侧重应用的科学,而置纯粹科学、人文科学于不顾,这是谋食而不谋道的办法。我国自战国以来,即有功利主义的哲学。墨子以能用不能用为善的标准。《兼爱》篇云:"用而不可,虽我亦将非之,且焉有善而不可用者。"韩非子更是一位极端功利主义者,所以说:"富国以农,拒敌恃卒,而贵文学之士……举行如此,治强不可得也。"目今我国社会,仍然充满了这种功利主义。大学里边的课程,支离破碎,只求传教零星有用的知识,而不注重理知的培养。大学生认定院系,不问其性情之是否适合,而只问毕业后出路之好坏,待遇之厚薄。选择科目,不问其训练之价值如何,而专问其是否可应用到所选定之职业。在大学内通才教育与技术教育,理应并重。但在现行教育制度之下,大学课程实有重新厘定之必要。基本科目必须增加,而各系之必修课目必须减少,庶几能达到培养理知之目的。至于训练大量之技术员或低级工程人员以应目前之需要,则可由高等工业、高等农业等学校或大学内另设专修班为之,不必因噎而废食。

我们最高教育原则是三民主义,"三民主义的意思就是民有、民治、民享。这个民有、民治、民享的意思,就是国家是人民所共有,政治是人民所共管,利益是人民所共享。"在这种以人民为前提原则之下,大学无疑的应具有学术自由的精神。大学的最大目标是在蕲求真理,要蕲求真理,必得锻炼思想,使人人能辨别真伪是非。世界的安危全系乎各国人民是否能辨别真伪是非,而尤在乎辨明真伪是非以后,能有毅力以攘利不先,赴义恐后。对于是非争执守中立的人,是没有正义感的人,也就是缺乏真知灼见的人。"九一八"事变,日本侵略东北,是非曲直，昭昭在人耳目。但是列强均守中立，除掉美国外交部史汀生尚能仗义执言以外，其余各国政府噤若寒蝉，连口头上指摘都没有，侵略之风，从此盛行，酿成世界第二次大战。现在联合国已占胜利，我国脱离了次殖民地的地位，一跃而为五强之一。我们瞻前顾后，希望不再有第三次世界大战。否则以现在武器毁灭力量之伟大，人类将与地质时代之恐龙，同灭迹于地球，偶然遗留骨骸在化石上，为其他有生物观摩之资料。大学教育如真能使人理知化，则于奠定世界和平的基础，必大有裨益。所以蕲求真理，不但应为我国大学的目标，而亦为世界各大学共同的目标。

原刊于 1945 年 9 月 23 日重庆《大公报》

中学教育之使命[*]

（首述）中学六年在人生过程中之重要。在校学生必须认清来校目的,努力奠定学业基础。

（次列举）各学科之精义乃应注重之点：国文是日常生活所必需,在中学六年中至少应求其文字通顺,辞能达意。至对于我国旧时文化及孔孟学说,尤应悉心研究,俾资发扬。外国文以英文为最普遍,应用甚广,故列为必修科。其学习之目的,在乎明了西洋之文化,了解西洋之科学。惜过去因教法欠佳,故学习效率甚低,此后应致力于方法之改良,以冀获得更大之效果。数学一科组织甚为严密,学习时必须循序渐进,不但工、农、医及理、化、地质等科必须以此为基础,并且为训练思想最重要之工具。理、化、生物是近代科学,首重实验,盖借此可以提高学生之兴趣,并增进其理解程度,故房屋设备如有办法,实验室之设置,实属刻不容缓。历史、地理属于社会科学,世界自有人类以来,仅一百余万年,而有生物已十万万年,人类之历史至为短促,我人学习社会科学,必须将目光放远,注意到整个世界观念。政治上之争夺,极无谓渺小,无甚价值。音乐、美术两科,可以陶冶品性并养成审美观念,人之所以异于禽兽者,即为有美感,故吾人求学,不仅要求得各种知识,还须养成快乐为审美观念。劳作是养成手脑并用,过去文人不动手,实是错误,古时指南针、印刷术、造纸术等大发明,均出诸工人之手,故在中学时应加强

---

[*] 1947 年 12 月 1 日。本文是作者在附中的演讲词。

手之运用，庶将来能实践而不致空洞。

原刊于《国立浙江大学校刊》复刊第 171 期

（1947 年 12 月 8 日）

大学教育与民主*

诸位先生、诸位同学:

今天是本校成立二十一周年纪念日,也是本校前身"求是书院"创立五十一周年纪念日,我们在此时此地举行庆祝,不觉感慨万分。第一是现世界的局面。战争胜利后将到两年半,已分成两个集团,尔诈我虞,相互猜忌,因此全世界的人民,恐惧第三次大战的爆发,惶惶不可终日。第二是国内的局面。自胜利后,和平仍无望。原有的建设既遭破坏,而新的建设又复不易,生产停滞,人民凋敝不堪,学校的经济更是竭蹶万分,发展实感困难。但是,反过来说,目前的情形虽然坏,但并不是说已经到了不可救药的地步。我们应该认清楚,一个国家的基本,应该是人民具有刻苦耐劳的精神,爱好和平的热忱。中国目前的情况,艰难黯淡,但是远景却仍是光明的。要达到光明的境域,就需要教育,我们教育界的人尤应坚信不渝,实地去做。十九世纪的美国Horace Mann(霍勒斯·曼,1796—1859,美国教育改革家。任马塞诸塞州州教育部部长时积极支持教育改革,认为在民主社会中,教育应该免费、普及、不实行区别性待遇的政策,并采用训练有素的职业教师。他认为公共教育是传授儿童责任感与道德的最佳方法。编者注)曾经说过:"教育是黑暗中的明灯,也是茫茫大海中指示航行的灯塔。"中国古代教育家,在春秋战国时期的儒家学说,是相当民主的。孔子说如"有教无类",这充分表示出阶级与门阀观念的淡薄。但照现在的教育立场看来,儒教的思想也有其缺点,孔子说"民可使由之,不可使

---

* 1948年4月1日。

知之",孟子说"劳心者治人,劳力者治于人"。从这里看来,孔孟之教,还把知识阶级与非知识阶级分而为二。林肯说:"没有一个人或一派人,聪明到一个境界,使他或他们可以不得别人的同意而来管理别人。"这比较更民主了。杜威教授在他所著《人生问题》第四章里(一九四六年出版),曾经说:"民主主义的基本信仰是一般人的智慧,可以由他们的经验做向导,而走向进步之路,集权主义则信智慧集中于少数领袖。"西班牙教育家埃忒古(Artega)在他这本《大学之使命》书里,也曾经说过这样的话:"大学的使命也有一个基本条件,就是人类可以教育使其更迅速更坚定地来执行合理的生活方式。"办大学教育者必得有基本信仰,就是大多数学生,可以由经验和教训使人于理智所承认为正轨的途径的。这种理论较孟子所主张的性善说更要精密些。办教育者要有此信心,方能有毅力去实干。

在宇宙间,有两种很伟大的力量,一种是"爱",一种是"恨"。这两种力量成了民主国家和集权国家的界线。民主主义国家的出发点是"爱",他认为大部分的人是有良知的,其智慧集中在一般人身上;独裁主义国家的出发点是"恨",他认为智慧是操纵在少数人的手里,不服从这少数有智慧的人就得被淘汰了。目前世界两个强国苏联和美国虽均以民主相号召,但他们行为的出发点却统认为智慧是集中在少数人身上的。马克思共产主义脱胎于德国黑格尔哲学。黑格尔就相信,在历史上某一时代必有一个国家具有指导全世界人类的使命,因此他认为国家与国家的侵略和战争是不可避免的。马克思的学说把阶级争斗代替了国家争斗,但苏联的外交政策却时时表现了侵略的作风,如抗战胜利后,苏联之不肯放弃东三省沙皇时代所侵占的旅顺、大连与中东铁路之权利,即其一例。同时,民主国家应以大多数人民之最大利益为前提,而美国的资本主义却使少数有钱的人独占其利。美国南方的黑人和黑白混种实际竟无投票选举之权。卢沟桥事变以后,美国一面贷款援助中国,另一面却以废铁、汽油售予日本,又表现了资本主义经济侵略政策。目前,美国和苏联在欧洲与近东钩心斗角,一边以威吓,一边以利诱。再加以种族间的不调和,第五纵队的活动等,国际间的仇恨恐惧日深一日。要拯救世界，免除第三次世界大战使人类自趋于灭亡，惟有用爱的力量才行。但爱在世界政治舞台上曾经表现过有力量吗？

要知道爱在政治上、外交上能不能有巨大的力量，只要看一看印度圣雄甘地如何以重不满九十磅、身无寸铁之一个匹夫，能把根深蒂固建立在印度达一百九十年长久的大英帝国殖民地，以不用暴力的方法来铲除它，能把世世不共戴天的回印两个民族的仇杀，以绝食的方法来暂时停止它。甘地自己说他"一生最得意的外交是在牢狱铁窗下办的"。不少的人绝过食，更多的人入了牢狱，但是绝少人有像甘地那样，把惊天地而泣鬼神的事业做出来。甘地的成功不是偶然，他的原动力是爱。"爱你的仇敌"是基督教徒的教谛，但一千九百余年以来，有几个基督徒能实现此教谛？甘地的确做到了。他曾经说："宁使我信任一个人而被骗，不要存心不信任他。"所谓宁人负我，毋我负人，所以甘地被刺以前，已有许多情报，更有人劝他防范，他尽力反对。到一月三十号甘地被刺客枪击三弹倒地以后，他还对刺客以手加额表示宽恕的意思，半小时以后，一代伟人就去世。萧伯纳说甘地是千载一人，要拯救现在的世界，只要甘地那么几个伟人就行了。中山先生素来主张用王道而斥霸道。王道的力量是爱，而霸道的力量是恨。两千年以来，中西的哲人如孔子、耶稣、释迦，莫不以仁爱立教。而世界到现在还充满了仇恨、残暴和妒嫉，霸道横行。这还是因为仁爱的教育没有普及之故。大学是培养未来各界领袖人才的地方。办教育者，该有"人皆可以得善"的信心，使大多青年学子，能剔除猜忌、妒嫉、仇恨的心理，而热烈的依其理智求本身学问品性的进步，以达到日后为公众服务的地步。惟爱的教育能普及，世界上方会有趋于永久和平的希望。

现在讲到浙大本身，自从抗战以来，十一二年中，学校虽日在颠簸困苦之中，幸赖各教授同事的努力，研究和教课两方面均勉强维持，过去中央研究院《科学纪录》中所发表的文字，浙大教授独多；近来研究院第一次选举院士，浙大教授有四人膺选，仅次于北大、清华。浙大的毕业生在各界服务素来以负责著称，本届中央建设人员高等考试，与考者一千零八十四人，取了八十八人，浙大占十一人；考取公费及奖学金赴欧美者亦日多。英国牛津大学近来并承认了我国七个大学，其毕业生中之优秀者可以直接升入牛津的研究院，浙大即为七个大学中之一。所可顾虑者，教职员同人待遇菲薄，尤其人口多者，入不敷出，不能维持生活，不得不写文稿甚至兼旁的职务来过活。薪水最高的教授，一月所得以购买力来计算，仅仅抵到战前三十元之数，这如何能使人安心教课与研究？为了政治上的不安定，学生时时又罢课，损失学业甚大。古语说"天下兴亡，匹夫有责"，何况是大学生？大学生关心国是也是应该的，但不能以罢课作为要挟的一种工具。过去一年中浙大罢课的时间，竟达八星期之多，即是上课时间的四分之一。这种荒废学业，凡是关心教育的人，统引为极痛心的一桩事。我们从过去看到未来，如何改善师生的生活，而得到大学的安定，是目前大学教育最迫切的问题。

原刊于《国立浙江大学校刊》复刊第 179 期

（1948 年 4 月 12 日）

对 1948 年应届新生的训话*

今天很愉快,得和诸位聚谈一堂。

第一点,欲言者为大学、中学间之分别。大学之特点为大,非仅包含学科众多,罗集万异,即以人言,亦称特殊。今年虽限于招生困难,房屋不足,然同学亦有三市十四省者,苟相聚而谈,无异亲游各地,所得必多;且贫富有殊,环境不同,交换意见,所知益广,此在本身即教育。

第二点,欲言者为大学之使命。扼要而言,可分为二:1.养成专门人才,以备来日做医师、教员、工程师及进研究所、办集体农场等用;2.培育良好公民,作中流砥柱,社会领袖,为大众谋福利。大学一二年级中,工院自宜打定数理良好基础,文法等院自宜重视文学、经济以及中外历史,以备专精。虽然,彼此不可偏废,仍宜互相切磋,不限系院,庶几知识广博,而兴趣亦可盎然。

第三点,为文理学院之分别。理学院等注重在于知识,凭记忆及努力,由方法得结果,一一变化,步步而来;文学院则相反,不重记忆,重价值高低。《大学》中"物有本末,事有终始,知所先后,则近道矣。"寥寥数语,可尽此意。近年政府奖励理工甚力,留学就业,均沾便利,致使学生几有尽趋理工之势。然吾人不可不自察趣味所在,以免天才埋没,终身苦痛。

第四点,关于浙大本身。构成学校要素有三:人为先,图书仪器次之,房屋则又次之。剑桥大学物理研究所名闻于世,此无他,J.J.汤姆

---

* 1948 年 10 月 29 日。原文题目是《竺校长对本届新生训话记详》。

生、J.龙纳出于此,世界物理权威七十余人出于此,人之要素健全所由。浙大房屋,虽较其他均不如,然当年上述名校房屋亦陋,深愿大家青出于蓝。

第五点,关于世界大学之起源。依性质不同,大学起源可分为二:一为意大利大学,由学生举办,以学生为主体。一为法国巴黎大学创自教授,以后剑桥、牛津等大学均仿此。我国大学始于汉武,历唐、宋、明、清不衰,然民主之风甚鲜。大学宜民主,固甚彰明。惟民主有先后,当自教授始,如此可冀各安其位,爱校胜己,历十载五十载以至一生工作于斯。学生时间较短,故宜采取教授治校。

第六点,述及浙大行政机构。最高机关为校务会议,包括校长、各院长、总务长、训导长以及大多数之教授代表(每年选一次),每月举行一次会议。校务会议下为常设委员会,每周举行一次,以决临时问题。再下即为聘任、预算、监务、建设、校舍、出版七委员会,分掌各项事宜。此外,尚有教授会、讲师会、学生自治会、各级级会以及员工会等。如各会决议有冲突时,自取校务会议为准。

第七点为浙大起源史。浙大迄今已历五十一年,前身为求是书院,创自光绪二十三年,继之为文理学院、甲种工业以及乙种农业学校。迨民国十六年,始蜕变而成国立浙江大学。本人至此,尚仅文、理、工三院,日后逐渐扩充,以至今日之七院,今后自当一秉前志,以成其大。

最后为浙大校训及校歌。校训为"求是",实事求是,自易了然,然而言易行难,一旦利益冲突,甚难实行"求是精神"。近世科学始祖首推哥白尼、伽利略以及布鲁诺三氏。除前一人著书外,后二人一秉求是精神,历险如夷,视死如归,以身殉科学。先哲王阳明氏有言:"我心以为是,虽千万人非之而不改;我心以为非,即孔孟是之而不易!"壮哉求是精神!此固非有血气毅力大勇者不足与言。深冀诸位效之!浙大校歌,辞美曲高,唯歌之甚难,近有增创一曲之议,惟在未另创前,自应不畏艰难勤习之。

(词毕,复再三致意师生多接触交换意见,以谋融合,叮咛同学身体宜保重。）

原刊于《国立浙江大学日刊》复刊新 67 号
(1948 年 11 月 1 日) "校闻"栏

避寿启事*

近有同事、同学发起为桢庆祝生日。现值海内鼎沸，同室操戈，民生凋敝，已至极点。学校经费拮据，赖举债以度日，同人月所入不足以温饱，同学赖公费以维持菜根淡饭，以致老弱者疾病丛生，死亡相继；幼壮者营养缺乏，发育堪虞。值此时际，马齿加长，徒增悲悯，尚何庆祝之足云。如尚有同事、同学不谅桢之苦衷，而有送礼或开会者，桢概不接受、参加，幸弗咎桢之唐突也。

竺可桢敬启

原刊于《国立浙江大学日刊》复刊新 109 号
(1949 年 2 月 21 日)"启事"栏

---

* 1949 年 2 月 1 日。竺可桢 1890 年 3 月 7 日生于浙江上虞。

浙大成立二十二周年纪念会讲演词*

今天是本校二十二周年纪念节，适逢国共两方和谈开始的一天，弥富纪念意义。在此佳节，我们理应检讨过去，策励来兹。过去的一年，可以说是最称艰苦的一年，由于国计枯竭，币值日减，学校和员工、同学生活，均属困难。已往本校发薪，工膳费尚能勉依倍数，订期发给。及本年四月份，即一再迁延，无法支付。经常费亦坐于物价的剧变，每超过预算的五倍或十倍，遂致各项设施，几濒停顿。然一念物质困穷，适正所以磨砻人生。希腊诗人阿司开娄斯（Aeschylos，前525—前456，今译为埃斯库罗斯，编者注）曾有名言，谓"经验学问，俱自艰难中得来"。战国时的孟子亦有言曰："天将降大任于斯人也，必先苦其心志，劳其筋骨，饿其体肤，空乏其身，行拂乱其所为。"那么，现在正是考验我们的时期了。

本校自复员以来，三年之中，逐渐恢复疮痍。惟近一年，则只落成存中与叔和两馆。存中（即著名学者沈括，字存中，1031—1095，浙江钱塘人。编者注）、叔和对于学术，皆颇多成就，且远在近代西方学术昌明之前，戛戛独造。抑前此以阳明、梨洲、舜水（即明末清初著名学者王阳明、黄宗羲、朱舜水。编者注）名馆。阳明倡知行合一之说，"但问是非，不问利害"之精神，尤令人钦迟。本校校训"求是"，即以为"实事求是"之典型。梨洲、舜水之于史学，更多成就，而眷念故国的行迹则一。吾人以此等古人名馆，亦自有故：即以吾人近年在课室中，如学电机则习闻安培、伏特之名，学物理则习闻伽利略、牛顿、爱因斯坦之名，学生物者则习闻达尔文、赫胥黎之名，学经济则习闻亚丹司密斯（今译为亚当·斯密。编者注）、马克思之名，对于

---

* 1949年4月1日。

本国以往学术大师，迄少称道，浸假以为我国对于各种学术皆今昔一揆，终鲜学者。实则欧西学术，近三百年方始引用科学方法，有一日千里之观。我国三百年前，各种学术，在世界各国允推独步，存中、叔和即其人也。三百年来，科学所以始盛终衰，望欧西之尘而未及的，坐于封建制度的存在，和生产方法故步自封，有以致之。西方学者如白纳耳（伦敦大学物理教授）、李约瑟等，佥认我国学者对科学上曾有很大贡献。使国事得以和平解决，民生得所苏息，我国科学必有发皇迈进，有大造于人类的一日。

特我国为世界的一环，故内政与国际情势息息相关，乃不能截然分割。今世美苏对立，壁垒森严，遂致影响国事，蜩螗纷致，至于此极。然外人终以为在并世各国中，我国国民最有希望。德史家斯宾格勒（1880—1936）曾著《西方沉沦论》（今译为《西方的没落》。编者注）一书，以为文化恰如一有机体，有生、长、灭三期，因推断近世欧美的文化，将达其不可或逃的命运——去灭亡期只二三百年。英史家汤因比曾撰《历史研究》六卷，论人类文化二十一种，每一种文化的过程，如生物然，必经过一定的生长、战乱、统一、衰亡的四阶段，现存者不过其三分之一，而中国文化亦属岿然存者之一。彼近著《文化在试验中》，以为近时社会主义和资本主义的对立，在千年前东西罗马时已种其因。苏俄文化承东罗马之绪，自认得传统之正。

近世交通便利，重洋已成庭户，万里已若比邻。今后五至七种文化必其融为一体，而原子能的发明，能致人类文化之合一，亦能致其亡于一旦。此将视美苏关系之好坏，以为之断。居今之世，我人欲适应环境，发展生产，惟有和平能以致之。

去年今日，我释"爱"之真义。今日我则提"恕"字以勉同人及国人。盖吾人须"躬自厚而薄责于人"，能有容忍对方的雅量，为他人着想的打算，而后方可共济。否则径情自利，不顾他人，必致摩擦横生，怨仇永结。大而言之，"恕"之一字能行之于国内，则兄弟不致阋墙；行之于国际，则世界和平亦可实现矣。

原刊于《国立浙江大学日刊》复刊新 128 号

（1949 年 4 月 8 日）

"五四"以来我国大学教育内在的矛盾*

自从一九一九年五月四日北京数千大学生,为了要废除二十一条卖国条约,向段祺瑞政府巨大示威,高竖了反帝国主义、反封建主义的旗帜以来,到如今已是三十一年了。在这个期间,虽是有不少的教员、学生,统曾经为了要想改进大学教育,和恶势力作长期的奋斗,但是,一直到解放的前夕,效果还是很微小。因为教育是营造在经济基础上的上层建筑,它必得受经济基础的制约。过去,在北洋军阀和国民党反动派的统治下,外受帝国主义的侵略,内受买办阶级的压迫,我们的经济基础是半殖民地、半封建的。这社会经济的不平等,就产生许多教育上的矛盾。举其大者,在大学教育里,就有三种,即是城邑与乡村的矛盾,劳心者与劳力者的矛盾,与农工阶级和资产阶级间的矛盾。

过去,国民党时代的经济政策,是剥削乡村来繁荣城市,这可以举一个例来说明。在一九四五年五月间,贵州主席杨森在贵阳城要办一个全省运动会,他强迫农民把一个林场砍为平地,叫每县派代表到省里来,每亩田派几升米。结果贵阳城里开了一个很热闹的运动大会,把运动场也造起来了。省库里虽花了五百万法币,可苦了乡下老百姓。据当时估计,总共运输旅费和运动员制服费,就花了五万万元以上。为杨森做了一个提倡体育、努力建设的美名,与贵州贫苦老百姓,却是一个极大的负担。因为经济上有了这样的矛盾,把所有文化建设,如学校、医院、图书馆等,集中在城市,尤其是几个大城市,结果知识阶级也醉心城市,不肯下乡。据一九四七年调查,浙江大学的毕业

---

* 1950年4月30日。本文是作者在清华大学成立三十九周年纪念大会上的演讲词。

生,二千九百人中,在上海的就占了一千四百多名;一九四八年,厦门大学毕业生服务志愿的调查,据报载,二百八十一中,有一百二十六人愿到南京,一百二十二人愿到上海,愿留福建者只三十三人,其中,愿到内地服务者,不过四人而已。这不能怪青年,只能怪半封建制度下,经济建设政策的错误。到如今,上海和北京二地的大学特别多,有畸形的发展。而内地各省大学缺乏,使中学生无升学机会,是极不合理的现象,这正是目前人民政府教育部亟待改正的一件事。

在中国劳心、劳力两个阶级的矛盾,是根深蒂固的。从战国时孟子就提倡"劳心者治人,劳力者治于人"的学说,养成中国社会习惯"万般皆下品,惟有读书高"的观念,一直到解放前夕,二千多年没有改变过来。今年年初寒假里,清华、北大同学、教员到北京近郊参加土改,是转移风气的一件事。现在各大学同学统已知道劳动的重要,学农的同学要下田,学工的同学要进工厂。我们还要把劳心者优于劳力者这种观念根本改造过来。我们试静心检讨一下,究竟中国对于世界上过去文化上的贡献,什么东西最有价值? 若要讲到对于世界社会进步有决定性的作用,这决不是孔孟老庄的哲学,也不是李白杜甫的诗文,而是三种日常用品的大发明,即是指南针、造纸和活字版。有了指南针,新大陆才能发现,有了纸和活字版,欧美教育才能普及,近代文艺、科学才能有进展,欧洲的封建社会才能进到资本主义社会。纸相传是东汉蔡伦造的。但其材料是破布、渔网,从破布、渔网要完成纸必得有若干阶段须用手来试验的。活字版首见于宋沈括《梦溪笔谈》,说是工人毕昇所创造的。指南针首先应用到航海,见于宋朱彧的《萍洲可谈》,想是船夫因为实用上的需要而利用的。所以这三样宝贝,这三个中国对于世界文化的大贡献,可以说统是动手的人,而不是动笔杆的人所发现的。新民主主义政策下的教育政策是要为农工大众服务,必须能得心应手,手脑并用的人,惟有这样理论才能和实际相结合。

过去二三十年的我国大学,无疑的统是为资产阶级服务的。在俄国十月革命以前也有同样现象,当时俄国的教育经费,是以人数占百分之八十农工阶级抽来的税,来教育占人口百分之一点五统治阶级的子弟。在国民党统治下的教育制度，这种矛盾更是显著，因为小学、中学学费高，农工子弟根本无法入中小学，到了大学反而可以得公费。能享受大学的公费的人，实际只限于占人口不到千分之一的地主、商人和知识阶级的子弟，这是最不公平的一种办法。现在大学公费制度已经改变，用工读和奖学金的办法来代替。教育部并已决定大量设立农工子弟速成中学，使农工子弟将来也有入大学的机会。

上面所讲的三种大学教育存在的矛盾，是半殖民地、半封建经济制度所遗留下来的。现在执行新民主主义的人民政府之下，大学是要为国家培植大量的工农建设人才，要肃清封建买办法西斯主义思想，要为国家建立起民族的、科学的、大众的文化教育，所以上述的矛盾或是已经清除，或是短期内就可消灭。此外大学里存在零星的矛盾，仍然是免不掉的，这只能随时加以纠正。过去大学制度，有一点是很不经济的，就是教师和学生比起来，教师人数之多。以资本主义国家而论，法国大学学生和教师的比例是五十三比一。美国省立大学如威斯康辛大学是十八比一，私立大学如哈佛大学是十二比一。英国剑桥、牛津向来视为贵族富人子弟学校的比例是十比一。但中国大学教师和学生对比数目还要大得多。浙江大学在解放以前是五点五比一。北京大学去年三月是四比一，去年十月精简以后减至四点九比一。清华大学本学期已精简至六点六比一。教师与学生的对比，如此之高可称世界无匹的。现在国内大学若是把教室和设备增加，学制改善，课程精简，把学生数目增加一倍，应该可无问题的。

不久的将来就会有经济建设的高潮，大量的培植建设人才是大学责无旁贷的一件事。不过在大量培植人才的时候，我们不要忘掉一桩事，就是高深的研究为一个优良大学所不能放弃的。放弃了高深的研究，不但科学的发展受影响，将来高等以上学校师资也会发生问题。在目前经济困难，设备缺乏，人才稀少的时候，可限制在几个大学来做研究工作。这当中尤其人才的限制，更是一个决定的因数。中国科学院的计划局，近来调查自然科学各科专家做了一个统计，在十五个科目当中，每科请到十位到二十位知名的专家，来推定他所认为在他专门科目中最有成绩的人。结果地质学家前二十八名中,北大毕业的占了十九名,在物理学家中前四十名内,清华大学毕业的也占了十九名。这是因为北大的地质系、清华的物理系过去有几位名教授把它创立经营,不但把系搞好了,而且把那门科学的基础建立起来了,旁的大学师资问题也解决了。从此可以知大量培植人才和研究高深学理,两者并不是根本相冲突的一桩事。总之,大学存在一天,内在的矛盾也会存在一天。新民主主义的教育方针,既已确定,必能随时加以纠正,大学教育将以服务最大多数人民为前提,而不是像过去那样仅仅为少数人的子弟着想。大学教育从此也得解放了。

「五四」以来我国大学教育内在的矛盾

科学研究和大学教育*

在这个经济开始好转,建设事业大踏步走入新时代的时候,培养理、工、农、医的人才,是当前重要的任务。担当这个任务的主要机构,是大学理、工、农、医各院和中国科学院。科学院是接收过去上海、北京、南京的"中央研究院"和"北平研究院"改组而成,如今研究机构共有二十个单位,包括自然科学和一部分社会科学。在南京方面有地质、古生物、天文、社会、地球物理和地理共分六个单位;在上海也有六个单位:有机化学、物理化学、水生生物、实验生物、生理生化和工程;在北京有数学、近代物理、应用物理、植物分类、心理以及近代史、考古、语言八个单位,所以一共是二十个单位。从自然科学方面来看,可以说在北京是以数学和物理为主,上海以化学、生物、生理为主,南京则以地学为主。那么现在的研究方针和过去中央研究院、北平研究院时代,有何不同呢? 过去中国人做科学研究虽也有贡献,但是各人做各人的,成了散漫自流的风气,而且"为科学而科学"和"超阶级"的观念很浓厚,科学院现在要肃清这些观念,铲除各人自扫门前雪的风气。研究科学并不仅仅是为满足个人的兴趣,而是要为人民大众服务。

科学院的基本方针可说有三点:第一、我们要求理论与实际结合,特别要配合工农的需要;第二、是要有计划的工作,吸收国际进步科学的经验,来赶上国际学术的水平;第三、是我们要集体地来工作,如以前南京中央研究院的地质研究所和经济部的地质调查所,曾有一次同时去调查同一地域的矿山,事先各不相关照,到了目的地才发觉两方

---

* 1950 年 9 月 15 日。本文是作者在南京大学的演讲词。

在做重复的工作,这就是浪费了人力、物力。不久这两个机关将要合并,以后必能群策群力地来做。从今年四月起,已有二十多个调查队到东北和山西去调查,在短短的五个月当中,已经在东北察勘了十多个煤、铁和有色金属的矿区,发现好几种稀有金属矿藏,并绘制了三百多幅详细地质图。所以大家集体来做工作,效能自然更大,要比个别单独工作大得多。

在大学教育方面,六月初全国召开了第一届高等教育会议,全国各区许多专家教授都曾出席,拟定了教育方针。一般说来也可分为三点:第一是为人民服务,配合工业、农业的建设。抗战前大学毕业后即失业,甚至工学院的毕业生也找不到工作,可知那时教育与建设是根本脱节的。现在完全不同了,不但有工作,而且需要太多,供不应求。第二就是要为工农子弟开门。过去的大学教育是非常不公平的,抗战前进国立大学的多半是地主、商人、富家子弟,穷人很少有这种机会,所以可说百分之八九十的工农出钱来供养少数富家子弟上学,这种现象在资本主义国家和苏联十月革命前也有过,苏联革命后已根本改变,入大学的大多是工农子弟了。如今我们也要朝这方向走,入大学要以学生能否造就为标准,不能以家世富有为标准。要每个学识志趣合标准的青年统有机会进大学,国家才有办法。第三点是要培养师资。国民党时代的师资,尤其理、工、农、医方面,多半是留过学的,不去外国留学,可能当一辈子助教,很少有机会升到教授或副教授,这些都是半殖民地式的教育。其实,美国许多大学,其程度远不及中国国内大学。以后我们大学生里,一定要发展科学研究来培植我们自己的师资。科学在过去像插在花瓶中的花,只是做装饰品而已,但是一定要将果树种在肥沃的泥土内才能生根开花,要自然科学在我国生根,大学里必须多办研究所,才可以打定基础,才可以迎头赶上别人。

科学院和大学都是要为人民服务,谋工农事业的建设,树立科学在中国的基础,这三个大目标是相同的。

目的既是相同,通力合作是必需的。大学需要科学院的帮助,科学院也需要大学的帮助。科学院依靠大学的地方很多。第一,研究的人才是要大学来供给的，截至目前，科学院北京、南京、上海各研究所人员合共尚不过六百人。将来如要扩充，势必大量添聘人才。培植人才的责任是要大学来负担的，科学院虽也可培养人才，但规模不会大。其次，现在国内有五十六个大学，教授人才很多，许多研究问题要靠大学教授来解决，科学院则可以补助材料和经费。另一方面，科学院是人民的科学院，如果各研究所所做的工作不切实际，所研究的题目不适当，是应该受人民大众批评和检讨的。以前研究所办不好，就是没有批评检讨机构，而批评检讨都需要专家。办一个研究所，所长是负责执行的人，但要专家来共同商讨，则研究事业，不至于有偏差。现在科学院每个所都有专门委员，委员多半是在大学的教授，如清华、北大、南大、浙大都有科学院的专门委员，希望他们切实监督科学院的工作。

科学院也可以帮助大学的忙：第一，在人才的交流方面，大学教员要到各所做研究，科学院欢迎他们，只要实验所有空位。各研究所的学术演讲，也希望大学各级教师来参加，如此才可以双方沟通打成一片，研究员可以到大学去兼课，大学教授也可以到研究所工作，更不待言。第二，在设备方面，国内新成立的各大学仪器缺乏，尤以西南、西北为甚。这是急应补救的一桩事，科学院将和其他文教机关合作设立仪器制造厂，希望数年以后能供给一部分大学初年级所需仪器。过去仪器都是到外国买的，这不但是不经济，而且限制了自己科学的发展，以后我们要自己制造物理仪器、化学仪器等等，以期最后能达到科学仪器自给自足的地步。书籍方面，也有同样的情形。科学院计划首先要统一科学名词，为编印教科书和参考书之用，其次调查国内各大图书馆所藏有的西文科学期刊书籍，编印一个总目录。在北京或上海设立一个影印的机构。科学工作人员如需要某科书籍或某项期刊中的某篇文章时，即可向影印机关购取。如此可用较少的钱而得到所需要的文章。第三点是有些事情可以和大学合办，如合请一位教授，一半时间在所里研究，一半时间在大学授课。青岛的海洋生物研究室，是科学院设立的，但得到山东大学生物系的合作。不久，厦门大学的海洋研究所也将与科学院合作。在南京方面,科学院各研究所和南京大学有关各系联合起来,做一些工作。例如地理研究所已经和南大的地理系合作,决定明年到黄山作山地土地利用调查。地球物理和天文两单位也和南大的气象系与物理系建立了密切联系。科学院在北京已与清华大学、北京大学、农业大学有密切的合作,在上海与上海医学院和杭州浙江大学理学院也建立了密切的联系。总之,科学院和大学的合作是多方面的。

科学在中国的发展前途是极远大的。人民政府成立不到一年,物价稳定,国家收支已达平衡,这是铁的事实,而在国民党时代所决不能办到的。在建设事业中也有极大的进步。东北鞍山自去年秋到今年春,每月铁的产量增加了四倍,焦炭的产量增加了十倍。铁路方面不但津浦、京汉、粤汉早已恢复按时行车,西北、西南的铁路亦在建设中,而久已喧腾人口的成渝铁路亦已筑造了。毛主席说,只要实行土地改革,合理调整公私工商业关系,彻底精简节约,经济即会基本好转,当经济建设高潮即将到来时,我们的人才将更感缺乏。据今年六月统计,全国在高等学校的学生只有十三万四千人,比之苏联有一百多万人,瞠乎其后。今年大学各科毕业生只有一万七千人,其中学工的不到一半,学理科方面只占十分之一,但各方需要极殷,单重工业部五年之内就要工科毕业生六千人,燃料工业部在五年内要地质矿冶毕业生六百六十人,林垦部在一年内要一百人,所以我们大学培养人才已是供不应求。等到将来经济状况好转,则需要更大。在医生方面,将来目标希望平均每一千人口中有一个医生。照目前登记的医生还不到两万人,平均要两万多人口才有一个医生。单以医生数目论,上海情况较好,五百多万人口中有三千九百多个医生,与我们所希望的较为相近。在理科方面,人才也一样的缺乏。科学院本年要一百个研究生,但统一分配,共只分配到四十余人。现在人才需要既急,就得立刻想办法。其实国内大学的学生数目还可以大量增加,以学生和教员的比例计算,外国没有像中国大学那么高的教员比例。法国巴黎大学的比例是四十六比一,即是一个教员平均有四十六个学生,所谓教员是包括教授、讲师、助教。东德耶拿大学是十八比一，美国威斯康辛大学也是十八比一，哈佛大学是十二比一，英国剑桥、牛津两大学是十比一，苏联莫斯科大学是九比一。但在中国，北大、清华、南大、浙大四校的比例是四点五到六点六与一之比。所以从比例上看，我们大学单以教员数目计，还可增加学生一倍。当然要加学生还有设备和房屋问题，如仪器、书籍、实验室、教室、宿舍等也得顾到。为培养高级科学技术人才起见，国内已经有良好基础的几个大学，应该多收研究生。苏联从一九三三年至一九四八年，授予博士有六千多人，后补博士有两万八千六百余人，而苏联的后补博士比美国的博士程度至少一样高。以一般科学工作人员论，我们也需要大量培植。英国人口不及我们十分之一，但英国中央科学工作人员登记处，就有十六万科学工作者的记录。美国科学工作者据近年来估计有七十五万人，其中十五万人在做科学研究工作。苏联单科学院一个机构就拥有一万以上的工作人员。一九五〇年，从苏联高等学校和专科学校毕业的工程师、农业家和技术员，就有二十三万六千人。中国古语有句话："十年树木，百年树人。"一名医生，一名工程师，或是一个科学研究人员，并非一年半载所能造就的，大学毕业后尚得至少三五年工夫。以中国的地大物博，我们所需要有好好训练的科学工作人员不亚于苏联与美国，当这经济高潮不久要到来的时候，大学和科学院的责任无疑是很艰巨的。

实践是最好的大学 *

　　黄河与长江的流域规划是具有很重要意义的,在第一届第二次全国人民代表大会上,邓子恢副总理作了《关于根治黄河水害和开发黄河水利的综合规划》的报告,说明我们有信心和决心根治黄河。在这个伟大建设工程中,土壤工作是非常重要的。从数字上看,黄河流域面积约 745 000 平方公里,占全国总面积 8%;长江流域面积约 1 800 000平方公里,占全国总面积约 20%弱。从面积上来看所占的比例并不算很大,但从粮食生产及人口比例来看,黄河流域及长江流域约共占全国 70%。黄河流域的人口约占全国 31.4%,粮食生产占全国 28%;长江流域的人口占全国 38%,粮食生产占全国 43%。由此可见,黄河及长江流域规划中土壤、水利资源和灌溉工作的重要性。

　　黄河在历史上是世界闻名的“久患水道”,外国称之为“中国的祸害”。从前清咸丰五年即 1855 年起,到现在的一百年间,黄河决口了 200 次。在 1836—1839 年仅短短的三年中,黄河四省有 1 300 多万人口死于水患灾难;长江水患也很严重,平均每五年发生一次,最近四年来几乎每年都发生一次。

　　旧中国反动政府对黄河灾害熟视无睹,解放后政权掌握在人民手中,我们不允许再有类似的情况发生。1954 年洪水最高,但是没有形成水灾,这是动员了几百万人进行抢救的结果。今后不能再用这样的方法,要用科学方法来治理。

---

　　* 1956 年 4 月 16 日。本文为作者在大学土壤系毕业生行将出外考察黄河、长江时的演讲词。

黄河的水量是不够用的,目前黄河水量是 470 亿公方,但是可灌溉的土地有 11 600 万亩,在三年内要扩大灌溉土地 3 000 万亩,其中华北平原 2 000 万亩,黄土高原 346 万亩,河套 560 万亩。工作是巨大的,要完成这个工作必须了解当地的土壤、地理、植物、气候、水利等情况,尤其土壤是关键性的问题。

黄河流域规划很早就开始,1954 年苏联专家帮助我们提出黄河全面规划的报告。规划中的重要部分是兴修三门峡和刘家峡两个水利枢纽,两个水库的库容都很大,三门峡为 360 亿公方,刘家峡为 49 亿公方。这样不但可以将上游的洪水拦住,并可供下游三千万亩土地的灌溉,不仅可以免去水患,也可免去旱灾,在同时交通运输也有办法了。到那时黄河最少水量也有 860 公方/秒,又可发展水电。

过去美国、德国的工程师也曾为黄河治理拟订过计划,当然那时的反动政府根本没有为人民解决问题的决心,同时,那些工程师的计划也是行不通的。我国古代从大禹开始,多采用排水方法来治水,认为水既为祸人民则应排去,这是片面的想法。水是最宝贵的,尤其是在干旱和半干旱地区,水是极为需要,必须把水很好地保存起来。

解放后,毛主席提出"一定要根治淮河"。由于我们掌握了水的来去规律,应用了综合的科学技术,所以取得了光辉的成就。目前,淮河的问题已基本解决了。

水当在能利用时才是宝贵的。黄河本身的问题不是水太多而是不足,黄河流域共有 11 600 万亩可灌的土地,目前仅灌十分之一,这主要是水不够,并且还要满足工业及交通的需要,因此想利用汉水把长江的水引到黄河来,这样便把黄河和长江的问题统一起来解决。

黄河开发还有水土保持的问题。去年,中国科学院差不多有 200 人参加了水土保持工作,今年要继续做,而且还需要继续下去做几年。因为黄河的泥沙太多,每年十三亿八千万吨的泥沙如果积起来,25 年后三门峡水库便淤满了。这问题一直是存在的,但是在人民政府的领导下,再加上人民群众的积极努力,这问题是可以解决的。

目前,我国农村合作化已蓬勃地发展,水土保持工作虽很艰巨,但在农村合作化大规模地开展下去，是可以顺利进行的。不管是大批造林或开展小型水利，都可以做好。

由于苏联专家的帮助，我们不但做出了黄河的规划，而且长江流域规划工程也即将开始。目前已到了八位专家，同时，其他农业部、水利部、科学院都有专家，故这工作一定能做好。

今年科学院来了大批苏联专家，帮助进行科学的远景规划，里面也包括土壤及水利。我们现在的工作方法是大规模进行的，对大批青年培养的方式与过去资本主义的方式是不同的。从报上的材料可以看到苏联与美国的培养方法对比：美国大学生比苏联多而技术人员比苏联少，如工程方面，美国有 25 万人而苏联 50 万人；农业方面，苏联 17 万而美国 15 万；医药方面，苏联 25 万美国 13 万。同时，在目前大学毕业生中，理工科与文科的比例数也有差异，苏联理工科与文科人数的比例为 4：1，美国是 1：1，日本是 3：7，社会主义国家培养人才是有计划的。

我国建设最主要的问题是干部少，就是再增加一倍，也远不能满足建设的需要，国家有计划地培养人才是非常重要的。各位集中在这里是象征着一个时代的起头，我们要大规模向科学进军，各位是先锋队。这样伟大的事业，要把工作做好，需要人。如地质工作一样，起初全国仅 150 人，而六年以后的今天已达上万人，这是因为工作的需要。我们需要石油、有色金属等，土壤工作也是一样。虽然我们国家目前主要是进行重工业建设，但也必须要粮食。故在这 12 年内，粮食生产要求大大的增加，相应的便要增加肥料、耕作，但是土壤还是基本的问题。故如果要把这工作做好，首先是要掌握马列主义理论，看问题才不会片面；第二，我们有苏联专家帮助，不走弯路；第三，我们需要大批的科学工作人员。

我们要做好工作，建设我们的社会主义社会，必须在党的领导下按照毛主席所指出的"又多，又快，又好，又省"地去进行建设。因之我们要群策群力地工作，也即是我们要与其他各机关密切地配合，同时也必须要有高度的技术水平。要有统一领导，不能只追求完成任务，而是要在高度的科学水平上去完成。

黄河的任务很艰巨,而长江更艰巨。因长江工作今年尚是第一年,且长江流域的面积大、水量多,长江水库的容量将双倍于黄河,而面积将多 1.5 倍,水量大,工程也大。长江已决定从宜昌到宜宾先进行治理,无论在发电或水力上,这样大的工程都是世界上所没有的。黄河三门峡水库 1960 年要起拦洪作用,但可能还要提早一年;长江是 1967 年三峡发电,而那里的坝有 200 多公尺高。长江的规划已经开始,它要比黄河更伟大,在党的领导下,再加上苏联专家的帮助下,青年同志们努力,这任务是可以完成的。

我是学气候的,对土壤是外行。反动时期学气候的人不懂土壤及植被,现在学习苏联以后,无论学气候或土壤的人都应把大自然看成一整体。科学院总顾问柯夫达同志曾给我很大的启示,他不但对土壤而且对气候及植被都很了解。所以在野外工作的时候不单纯制图,而能普遍联系,解决实际问题。土壤本身是一有机统一体,包括动物、植物、微生物的作用和影响于矿物的作用。土壤研究应和气候、植被密切结合起来,不能单纯地看问题,也即是我们到某一地区绘制土壤图时,还要看它的来龙去脉。科学的重要性是能有预见,要推论它将来要发展到怎样,如换一环境时又会怎样。当然这次考察工作还是以土壤为主,以后还希望有气候及农业方面的帮助。我们要用新的方法看问题,苏联专家曾向我们指出:现在中国的土壤分类还太粗,对植物的考虑是不够的。但这不能关在房间里搞,实际与理论必须结合,要知理论是否对必须从实际中体会。各位担任的工作是非常重要的,且有专家亲自领导,这是非常难得的机会。

周总理的政治报告中指出:"……已到向科学大进军的时代,要采取自我教育,理论与业务实践结合,学习马克思列宁主义,成为全心全意为社会主义服务的知识分子。"我们在大学中学的只是一套工作的基本方法,而更广泛的知识是要从大自然中去学的,故所谓自我教育便是我们每一个人到原野中遇到不懂的东西要好好地想方法来学。你们一百位同志到野外以后虽很分散,但也应互相学习,在弄不通的时候可以找熊、席先生帮助，实际这是一自我教育的过程。实践是最好的大学。而且诸位在调查中一定会碰到许多其他的问题，如第四纪沉积方面的问题及植物问题，如果我们把所有问题一一解决，便能掌握自然的规律，在实际工作中得到知识。这样才能逐渐地成长为全心全意为人民服务的知识分子。当初在我们年青的时候，大学毕业长期不能找到工作，如有工作，也常用非所学，而诸位毕业恰为了国家的需要，为人民服务也即是自己所学的东西。诸位即将投入更大的大学中去，我为诸位能参加这样伟大的事业而庆贺！

第四辑　科学之精神

取消学术上的不平等 *

近三年来，取消不平等条约的声浪，差不多已经是高唱入云了。不但有群众的宣传，成了一种普遍的口头禅，并且有实行的希望。汉口和九江的租界，中国人已经有了管理权；天津的英国租界，英国人也有自动请中国人参与管理的传说，同时，关税协定也在修改。这是很好的现象。但是，条约上的不平等即使取消以后，我们中国的地位，是不是能够和世界文明各国处于同一平面上呢？这可是大大不然。即使所有条约上的不平等一概废去以后，我们与英、美、法、日本各国，不平等的地方还多得很呢。其实，中国在学术上、事业上、人民的生活上，哪一样配得上和欧美、日本讲讲平等？谈到教育罢，德国不识字的占全国总数不达百分之一，日本不达百分之二，美国不达百分之四，我们中国不识字的人虽是没有统计，大约总要在百分之七十以上。讲到普通一般人民的知识罢，拿同一阶级的人，把中国来和外国相比，譬如警察，欧美、日本各国的警察，若是迷路的人去问道路，只要所找的地方在他管理区域以内，他一定能够指导到问路的人所要去的地点，有时并且还能画一简单的地图来说明；中国的警察，离他所站岗位的第二条街的名称，就不晓得，若是把他所在的城市地图给他看，他更莫名其妙。讲到经济和生计，美国的警察每月可得一百美金以上的酬劳，日本普通警察也可得八十元一月，中国警察月薪不过八元到二十元，他的月饷能不能按时发给还是问题。论到个人能效，美国的农夫至少

---

* 1927 年 3 月 26 日。1937 年 2 月，《科学的民族复兴》由中国科学社发行，编者为竺可桢、卢于道、李振翩。

一个人可以管理一百英亩（约中国六百亩）的田地，中国农夫不用机器，一年胼手胝足，一个人不过能种十亩田。这种的例子，实在举不胜举。总而言之，中国的工业、商业、交通和学术，没有一件能赶得上外国的。近代的文明，它的基础差不多完全对于科学上，那末，我们对于科学，更不能不努力去发展。但是，讲到科学，我们和外国比，更相去天壤了。

照上面所讲，我国与美欧、日本各国在物质上不平等的情形，那是不可掩的事实了。我们试问：这种不平等的情形，是因为中国民族能力不足呢，还是因为我们没有努力去干呢？说中国人是退化的民族，那不但我们不承认，而且和历史上事实相违背的。在历史上，不但汉唐时代，我国的文化不亚于东、西罗马，就是在宋末元初的时候，照威尼士人马哥波罗（今译为威尼斯、马可波罗。编者注）和阿拉伯人 Ibn Battuta（伊本·巴图塔，1304—1368，摩洛哥人，世界著名的探险家、旅行家。他曾在亚洲和非洲游历了 30 年。1356 年完成《伊本·巴图塔游记》。编者注）两人的游记，均承认中国的文明，可同欧洲并驾齐驱。清代乾隆时代，英国派第一任公使 Ma Cartncy（马戛尔尼。1793 年，英使马戛尔尼来到北京，要求中国开放通商口岸，遭到清政府拒绝。编者注）来觐见的时候，欧洲人尚不敢轻视中国。直到近百年来，欧洲科学发达，物质文明一跃千丈，我国遂成了落伍者。所以，罗素在他新近出版的《中国的问题》书的中间，说道：中国的文化实在不在西洋之下；中国的人生观，比近世西洋的人生观高明得多。中国所缺乏的，就是科学。（物质文明虽然不能代表科学，但却是科学发达的结果。）

讲到科学，中国和欧美的程度，实在相去太远了，就是和日本也不能相比。近代天文学、物理学和化学的进步，真可令人咋舌。我们要彻底地了解欧美科学家最近的宇宙论，或是原子结构论，已经很不容易了。若要在这几种科学上来自己创新学说、新发明，贡献于世界，那更难乎其难。但是，欧美、日本的理化研究所、实验室、天文台，年年有增加。中国到如今，还没有一处自己设立的理化研究所和天文台。将来结果，势必至于欧美物质科学的程度和我们一天远似一天。

就是含有地方性的各种科学,如地质学、动物学、植物学和气象学之类,我们在理论方面,虽然不敢高攀欧美,至少在我们国境以内的材料,应当去研究研究。但实际就在这一方面,我们也没有充分的发展。譬如,地质学总算我们近来科学界研究最有成绩的,但近来中国地质学会年会中所提出的论文,外国人的著作有时比中国人还多。英美人在上海所办的月报《中国科学美术杂志》,其中材料多半是关于中国的生物。中国生物学家到近四五年来,方始有具体计划的采集。在中国,设备比较完备的气象台,统是外国人设立的。像上海徐家汇气象台是法国人设的,香港气象台是英国人设的,青岛气象台是德国人设的。日本人在满洲气象测候,很有成绩。最近(民国十五年),苏俄在外蒙古又设了八处气象和地震测候所。外国人到中国来办科学事业,从学术上我们应当欢迎。但是,从国体上着想,从民族光荣上着想,我们是不是能永久容忍这种越俎代庖的办法呢?

满蒙回藏汉五族共和,这是我们所侈谈而自豪的。不过,研究满蒙回藏言语、文字、历史、地理的人,在汉族中恐怕屈指可数。近两三年来,英国出版有三本关于西藏的书,统是以二三十年的经验,来描写西藏的风土情形的。试问中国的出版界,不要说近二三年,就是近十年来,有没有大部的著作,从亲身的经验,把西藏的现状介绍给我们知道的?自从纽约自然博物院派遣科学家,在蒙古作大规模的搜集以后,蒙古在学术上差不多已经被美国的地质学家和古生物学家所征服了。满洲在名义上,虽是我们的领土,不过,我们若要得到东三省最精密的地图和最详细富源的量数,就不能不请教日本人。新疆近二十五年来,变成外国考古学家的无尽宝库,我们在和阗、敦煌所得到的残篇断简,无非是斯坦因和伯希和辈的唾余。我们对于满蒙、新疆和西藏平时虽然漫不经意,但是,一听见英国人要割片马,或是日本人要占间岛,我们就赶快打电报或是发表宣言,这是我们中国国民过去对于满蒙回藏所尽最要的天责。

讲到社会科学方面,中国人口的统计和进出口的价值,比较精密的调查,统是在外国人监督下的机关所办。日本人调查我国各省农工业的出产品，比我们本国人还要热心，还要详尽。甚至我们的历史，也要请日本人和欧洲人费心去研究。日本各种历史杂志，如《东洋学报》、《历史地理》等等，所讨论的各种问题，多半是中国历史上的材料。日本人所著的《中国文化史》，已经译成中文的有好几部。对于中国天文学史，荷兰人 G. Schlagel（施古德），法国人 E. D. Biol 和 Ganbil，英国人湛约翰 J. Chalmer 和亚烈伟力 Awyle，日本人新城新藏，统有贡献。近来有一法国人 De Sassure，出了三本关于中国天文学历史的书，惟独我们中国人没有肯用科学方法去研究。

最近，有一位英国人派金顿在《自然》杂志上，讨论中国古代的炼金术，说中国的炼金术是从阿拉伯传去的。他引了几个证据，并请"中国学者"和他辩论。他所谓中国学者，大约是指欧洲的一班"中国通"而言，至于中国的四万万，恐怕还不在他的心目中。

中国科学，这样幼稚，若是我们还不发愤去研究，那真是自暴自弃了。一般人统晓得条约上的不平等，是一桩可耻的事。但是，学术上的不平等，尤其可耻。因为条约上的不平等，是人家以枪炮兵舰强迫我们结成的；学术上的不平等，是因为我们自己不努力去干，遂有这种现象的。科学既是近世文明的基础，发达工商业最要的利器，而且是追寻真理的惟一的途径，我们若要和世界列国相抗衡，那末，不能不脚着实地去研究。问题无论大小，凡是可用科学方法去解决的，统应去干，这是取消学术上不平等的惟一的法门，也是我们中华民国国民的天责。

原刊于《现代评论》5 卷 120 期上

希望科学也能说中国话*

今天是科学社第十五次年会，承诸位来宾的光临和指教，感激得很。

科学社从民国三年成立到本年已足足十六岁了。讲到成绩还是很少，但对于科学的推广和研究，自信还能尽力地去做。科学社的目的有两个，一是灌输科学知识，二是提倡科学研究。关于第一项社中所办的事业，有《科学》杂志和各处的科学演讲；关于第二项的事业，有南京的生物研究所和上海的明复图书馆。从光绪戊戌到近来，三十年间，从科学方面看起来，可以说中国是在翻译时代，从格致书院、制造局时代以到如今，这也是科学进化必经的路程。近年来，各大都会电气事业的发达和工厂的增加，不能不归功于灌输科学知识的能效。但科学是国际的，不是欧美所专有的。十九世纪初叶的时候，德国的埃爱德说道："若要科学能在德国发达，科学必须说德国话。"到如今德国语差不多变成了科学界公认的通用语了。所以我们要发达科学，单靠翻译，专从灌输科学知识着手是不够的。中国若是要在科学上有所建白，必须从研究入手，这就是创设科学社的第二个目标。

近几年来，研究机关如中央研究院、地质调查所、北平研究院和各大学、各工厂所设研究机关，一天多似一天，这是一个极好的现象，不久希望科学也能说中国话了。今年在青岛开会，蒙青岛大学、市政府、省政府的厚意的招待，鄙人谨代表科学社竭诚的感谢。

原刊于《中国科学社第十五次年会记事录》

（中国科学社发行，1930 年 10 月）

---

* 1930 年 8 月 12 日。

科学研究的精神*

今天承罗校长（罗家伦）要我来报告一些到欧洲和北美洲去的见闻。这一次到欧美共计四个月，但在路上已经费去五十六天，实际在欧美考察的时间不过两个月，到过加拿大、美国、英国、德国和挪威，所谓走马看花，所得极少。所见到的只是欧美各国经济衰落的现状。譬如德国汉堡，从前是商船贸易络绎不绝的地方，现在几十万吨的船停在那里没有用；在英国，有许多大工厂都关门；美国旧金山、支加哥（今译为芝加哥。编者注）失业工人在饭厅里等吃饭，这食物是政府所供给，可以见得各方面经济恐慌的现象。

科学研究机关自然也是很困难。美国标准局是很有名的研究工业、物理、化学的机关，本年度经费减少了百分之四十。华盛顿司密松社预算减少三分之一。学校经费的困难也是如此，如支加哥大学是素称富足的，近年基金的利息减少百分之二十五，至于省立学校倭海倭（今译为俄亥俄。编者注）等大学一年前就打折扣发薪水了。

不景气的现状所以造成功，原因很复杂，但其中最重要的一个是供过于求。这次在欧美考察的历程中，有二个地方可以见到过度的机械化。在加拿大落机山（今译为洛矶山。编者注）特雷尔地方参观一炼铅与锌的工厂，这厂从一九零七年冶金学家 Braylock 发明了浮起法，很能赚钱。到如今，算是世界上顶大炼铅和锌的工厂，每日可以出铅和锌各三百五十吨。但厂中一切均用机械，全厂只用六七个人而已。世界著名的尼亚格拉瀑布，供给电力，在美国方面已经可发五十

---

* 1933 年 11 月 6 日。

万匹马力的电，在加拿大方面也是五十万匹马力，但美国方面发电厂只用二十个职员。所以，到这种大工厂里只听见机声隆隆地响，看不见人们的只影，安能怪几千万人的失业呢？但最矛盾的现象是欧美各国失业人数众多，物价低落，而同时在希特勒下的德意志、穆索里尼（今译为墨索里尼。编者注）下的意大利，统在竭力提倡应用科学，来提高工厂效率，农业生产。这样不顾世界的需求，而只顾目前利益的生产，结果一定是经济衰落要变本加厉的。于是，就有许多人把现在经济衰落的状态，归罪于科学的过于发达，这是错误的。因为科学可以为善，可以为恶，我们利用科学来祛除迷信，延长寿命，便利交通，减免灾荒，是于人类有益的。但军事家利用以制毒气、枪炮杀人，就是作恶。一般商人、政客不顾世界的需求，只图目前的利益，无限制地利用科学来生产，亦是有弊的。

我们中国近五十年来醉心西洋，就因为一般人震惊于西洋军事的利器和商品的精巧。曾国藩就提倡枪炮火轮，张之洞在《劝学》篇主张"中学为体，西学为用"，最近的摩托救国、飞机救国等等口号，也是提倡应用科学。我以为只讲科学的应用，而不管科学的研究是错误的。这样的错误，是应该矫正的。

譬如飞机救国，不是只买一千架、两千架飞机就可以救国。美国三家飞机公司的经理，想和中国订合同，美国出资本在中国造飞机厂，但是所造飞机的图样，定要先得美国政府的允许。这样的飞机要想和别国抗衡是不可能的，因为所造成飞机的式样，一定不是最新式，飞机的速度、升高的极点等一定赶不上人家，而且自己要造飞机，就牵涉到原料问题。造飞机需要铝，若和别国开战的时候，我们不能向外国去购铝。要铝的原料，就需要地质学家，铝不是甚硬的金属，要它和钢一样硬，须变成合金，这又是要问冶金学家和化学家。改良飞机，需要风道（即风洞。编者注）作研究的实验，英美德各国不但政府研究机关有风道，甚至大学中亦有风道的设备。美国麻省理工专校、加省理工专校均有风道的设置。用这种工具可以来研究风对于飞机有什么影响。飞机的发明全靠几个科学家的研究，用两手执一张纸的两角从纸的上面一吹，则对方两角不但不下降而反升上，升上的力和吹的速度二次方成比例。这条定律发明以后，人才能飞。发明这定律的人，是美国司密松社前任总干事蓝格莱，他是物理学家。到如今我们要改良飞机的构造，还要靠学物理的人，尤其是学大气力学的人来研究。欧美所有最大的飞机场和气象台是有极密切的联络的，驾驶飞机的人在空中继续不绝的可以得到气象台的报告，知道要去的地方的天气。所以，飞机造成以后，气象测候所完密的组织也是不可少的。照这样看来，我们要讲飞机救国，就非得从研究地质学、冶金学、物理学、化学和气象学着手不可。

但应用不是研究科学最重要的目的。科学的研究，一方面在求真理，一方面在求如何征服自然。开普勒仰观宇宙间众星的运行，觉得太阳绕地说不可靠，遂毅然附和哥白尼地球绕日之说，当时的人以为大逆不道。开普勒说，真理必能得最后的胜利，百年以后，吾道必有大白一日。果然六十年之后，出了牛顿，阐明他的道理，演成科学上第一次大革命。现在电灯的应用，视为家常便饭，饮水思源是法拉第发现电磁感应现象。法拉第幼年是一装书学徒，他到 Royal Institution 听戴维的演讲，后来到戴维的实验室做事。一八三一年八月间，法拉第表演电流感应的实验，成为电工业的发展的基本。戴维年老时，人家问他一生的发明中什么是最重要的，因为戴维也是一位发明家，如他发明平安灯一类。戴维说，他一生最大的发明，就是法拉第。法拉第的发明不但和应用方面有关，和相对论也有关系，因为法拉第力线磁场之说，才有麦克斯威磁电力场方程，到一九零八年，明惹斯基（Minkowski。今译为闵可夫斯基，1864—1909。俄国出生的犹太人。在数论、代数和数学物理方面做出过杰出贡献）依据二人学说，阐明空间与时间为二而一。此说一出，世人对于宇宙的眼光就与前不同了。

法拉第对于世界贡献很大，但他本人终身安贫乐道，临卒时家徒四壁。他的门人丁台儿（Tyndall）说他很有机会可以坐拥巨万，但是为富不仁，为仁不富，富与仁二者不可得而兼，他情愿终身研究科学，贫亦不减其乐。

今天特别提出开普勒和法拉第二位,是想把两位来代表研究科学的人们应持的态度。不但他们研究的成绩斐然,值得我们钦仰,他们的人格,更值得我们崇拜。现在中国正在内忧外患、天灾人祸连年侵袭的时候,我们固然应当提倡科学的应用方面,但更不能忘却科学研究的精神。它的精神就是孟子所谓"富贵不能淫,贫贱不能移,威武不能屈",而开普勒和法拉第就是这精神的榜样。

原刊于《科学》18 卷 1 期(1934 年 1 月)

常识之重要*

立身处世之道，王、秉、柳三先生言之已详。今吾所欲言，则为"常识"。视甚浅显，然一事之成败，往往视常识之完缺为断。一国之领袖，若无常识，则其结果，可以灭国亡种，而不自知。

大学教育之目的，在于养成一国之领导人才。一方提倡人格教育，一方研讨专门知识，而尤重于锻炼人之思想，使之正大精确，独立不阿，遇事不为习俗所囿，不崇拜偶像，不盲从潮流，惟其能运用一己之思想，此所以曾受真正大学教育者之富于常识也。

南高、东大、中大（即南京高等师范、东南大学、中央大学。编者注），一线相承，以逮今日，不过二十载。虽为时甚暂，而在吾国仍不失其特殊之地位，以纯朴之学风，为深沉之探讨，江易园校长倡导于上，束身作则，立训唯诚，诸教授如今日到会之王伯沆、秉农山、柳翼谋诸先生，各以所学，启迪后进，俾各专一艺，寝馈其中，师生融融，朝夕一室，析疑问难，诚挚无间。南高、东大毕业生中之研究物理学、生物学、历史学，而迄今能卓然成家者已不乏人，所谓种瓜得瓜、种豆得豆，决非偶然之事。然而政治兴趣，则甚恬淡，社会领袖人才，亦殊于学术地位不称，则以昔日南高、东大学子之多，不以热中进取为怀也。吾非欲吾南高诸子，平昔以恬退相高者，一日攫高位，居显要，赫奕一时，以自夸耀。诚以国家阽危，至于此极，救亡图存，责在士夫，而素有训练，善能运用思想之大学生，急应起而领导群众，作中流之砥柱也。

大学教育之收效最著者，厥惟德国。俾斯麦尝论之曰：德国大学

---

* 1935年9月。

学生,不出三途,其过于勤勉者,有损身心,中途夭折;其生存者,则或为专家,作学术上之发明,或为领袖,统制全欧之政局。现今德总统希特勒(竺公作此文时,二战还没有爆发。编者注)著《我之奋斗》,自述其成功之历史,其中关于德国将来教育之重要之结论,谓将注重于体育之培养,常识之灌注,而专门知识之研讨,犹在其次。希氏尤服膺于英国大学以绅士为鹄的之教育政策。吾人聆俾斯麦、希特勒二人之言论,亦可以知德国大学教育过去之成绩与将来之潮流矣。

前中央研究院同事林语堂先生近作英文名著《My Country and My People》(中文译名为《吾国与吾民》)一书,风靡海外。其称述祖国,谓中国人对于偏重分析之科学方法,索然寡趣,而颇长于常识。但科学无他,乃有组织之常识而已。今日我国工商业之所以失败,正惟其缺乏常识。即国事蜩螗,亡国之祸近在眉睫,亦正惟政府、人民之缺乏常识;即以近事言之,棉麦借款,岁负巨息,而减折转售于人,是为经济上缺乏常识;"九一八"之变,于今四年,而外侮踵起,不敢言兵,其无备如故,是为军事上之缺乏常识;大学校长不置图书,但事建筑馆舍,耗费至数千百万之巨,是为办学者之缺乏常识,则常识亦甚难言矣。

原刊于《国风》杂志 8 卷 1 期

(1936 年 1 月 1 日)

中国实验科学不发达的原因 *

中国古代对于天文学、地理学、数学和生物学统有相当的贡献,但是近代的实验科学,中国是没有的。实验科学在欧美亦不过近三百年来的事。意大利的伽利略,可称为近代科学的鼻祖,他是和徐光启同时候的人。在徐光启时代,西洋的科学并没有比中国高明得多少,我们只要比较那时候中、西天文学家计算月食时刻分度精密的程度,便可知道了。据徐光启说,依中国旧法月食加时前后可差至三四刻,但依那时泰西新法亦要差到半刻左右,可见那时欧洲的天文学比中国旧有的天文学强得尚有限。到了十九世纪以后,欧洲的科学突飞猛进,欧洲的物质文明也就远非中国可比了。

譬如以交通而论,从孔孟时代一直到拿破仑时代二千多年,最快的交通工具始终是用马,用驿站。自从有了汽船、火车、汽车、飞机以后,交通的速度增加至数十倍,人们对于时间的观念和空间距离的观念完全改变了。

欧美近代的物质文明,是以实验科学为种子而培养出来的,但是为什么中国不能产生实验科学呢? 我今天讲的就是要想解答这个问题。

中国科学的不发达,有人以为是因为中国人观察力的薄弱,和数字的不精确;有人以为受了科举制度的流毒。但这两说统不能解释为什么中国不能产生实验科学的一个问题。中国人观察能力并不比欧美人粗浅薄弱,古代天文书如《甘石星经》、《晋书·天文志》里所说各

---
* 1935 年 10 月 27 日。

座星宿的位置,虽在当时并无仪器可言,但方位仍旧还正确。地理书像玄奘《大唐西域记》、《徐霞客游记》对于山川的分布,道里的远近,也能言之凿凿。释迦牟尼诞生的地方,悟道的地方,当于今日何处,在印度典籍里没法可以追究。所以在《大唐西域记》未翻译成欧文以前,有许多人,像牛津大学威尔逊教授,就不承认有释迦牟尼实有其人。从一八五七年法国儒略把《大唐西域记》翻译以后,英国的考古学家就根据此书,按图索骥地来追求佛国的遗迹,释迦的一生在地球上才算有了着落。到如今《大唐西域记》这部书,凡到印度考古的人,尚奉为宝筏。这也可见中国人记述的忠诚和观察的精确了。

至于时文八股的束缚人的思想自由,消磨人的光阴,的确与中国的科学不能发达有相当影响。但从两宋到明清,凡是有识见的人,从朱晦庵、文文山,到顾景范、袁子才,没有不痛恨科举,鄙弃时文的。有许多学者,最初作时文为了要功名,等到有地位以后,就可钻研他们所喜欢的经史学问去了。所以,清朝虽以八股取士,仍旧无碍于当时汉学的发扬,从此也就可以晓得科举制度,并非科学不发达的主要原因了。

据我个人见解,近代科学即实验科学所以在中国不发达,是由于两种原因。一是不晓得利用科学工具,二是缺乏科学精神。实验科学最重要的工具,是人们的两只手,不用手无论什么实验也难得做的。希腊的科学家对于几何学、天文学贡献极大,但是希腊不能产生实验科学,也是因为希腊人鄙视劳动的缘故。希腊以后,罗马时代对于科学可说没有什么贡献,不久就到了中世纪的黑暗时代。等到十六世纪中叶,才产生了近代科学的开山祖师伽利略。当这时候,亚里士多德的学说和《圣经》是一样地被看做金科玉律,不可指摘的,凡是敢批评亚里士多德的就要被认为异端妖妄。据亚里士多德说,凡是物件下降的速度,和它的重量是成正比例的,一个重十斤的弹丸下降的速度要比重一斤的快十倍,这本是很武断的话,但自从亚里士多德到伽利略,一千九百多年中,竟无人敢发一疑问,惟有伽利略才敢大胆地用实验方法来证明这学说的错误。他的比萨斜塔的试验,是举世闻名的,他从一百八十一英尺的塔顶上，把一磅重的球和十磅重的球，同时丢下来，结果差不多两球同时着地。当时虽则还有人认定这是他们眼睛视官的被欺骗，因为亚里士多德是绝不会错误的，但因此就引起了大众对于经传中所说的话的怀疑心。

比萨塔的试验，奠定了近世科学的基础，它的意义很重大，但是所用的工具最简单也没有了。除了两个一小一大之球而外，就是一双手把它们搬到塔顶去。以后实验的范围，渐渐地推广，有需要才能产生发明。测量的器具也得慢慢地加多加密。从量尺、天秤和伽利略自己制的天文镜起，直到现今量光波的长短，量原子的轻重，以及二百英寸直径的天文镜等仪器止，虽然巧妙不同，但是运用还是在手。

鄙视劳作是我国古代圣贤传统的一种观念。樊迟请学稼，请学为圃，孔子就给他碰钉子。孟子说"劳心者治人，劳力者治于人。"向来我国士大夫阶级统不喜用手，所以把指甲养得很长，表示手只可用来握笔写字，拿筷吃饭，不做别用的。到了两宋，程朱诸子提倡致知格物，实验科学好像有一线的光明了，但他们的格物全是心中推想，纸上空谈，并不用手去实验的，所以今天早上胡适之先生在纪念会中已经讲过，王阳明批评朱晦庵的格物，说他曾费七天的工夫，竭其心思来格亭前竹子的物，结果物没有格成，反而劳思成疾。实际要格竹子的物，就得像广东岭南大学麦克乐先生的方法去格。他从民国九年起到民国廿二年，已从各处地方移植到岭南植物园里有五百五十株各种的竹子。竹子开花是很难得见的，但在民国廿二年的夏天，岭南植物园里就有二十六种不同的竹子同时开花。普通以为竹子开花后就要死的，但麦克乐先生就证明竹子开花后不一定死，要看哪一种竹子而定。当然，植物分类学本身是很繁复的一种科学，不过竹子的移植和上述几个简单的观察，在朱晦庵、王阳明时代统可做到的。他们只要肯去动手去移植，用眼去观测就是了。

中世纪以前，世界三个重要的发明罗盘针、纸和活字版，统是中国人的发现。有了罗盘，哥伦布才能达新大陆；有了纸和活字版，造成了欧洲文艺的复兴。所以，这三种发明在世界上的贡献极大。但是，发明这三种工具的人，统不属于士大夫阶级。据沈括《梦溪笔谈》，发明活字版的毕昇是一个工人。发明纸的蔡伦是一个太监，据《后汉书》则蔡伦最初是为汉和帝造剑的工头。什么人发明罗盘针，现在无从考查，大概也非足不出户的士大夫阶级。可知我国古代发明家统是用手的人们，到了现在的机器时代，发明更非用手不可了。

近世科学的能得有今日，全靠了伽利略、开普勒、牛顿、达尔文等几个少数科学家的研究。他们研究的目的，一方面固然不是想制造飞机、炸弹来杀人，但同时也并不存心要拯人民于水火。他们的目的是在求真理，是要认识大自然的真面目，这是近代科学的精神。他们的方法是假设一个原则，然后用种种实验来证明这原则是否合理。等到原则成立以后，再从这原则来推演到旁的事物上。所以，近代科学用的是归纳法和演绎法。我国两宋程朱诸子研究事物也很合乎科学方法的，胡适之先生在他的《清代学者的治学法》里，已经指出来，说到朱子所谓"即物而穷其理"，就是归纳精神。朱子所谓"即凡天下之物，莫不因其已知之理而益穷之，以求至乎其极"，也和科学的目的结合。适之先生的批评，是朱子所希望的一旦豁然贯通，以为丢了具体的物理，去求那一旦豁然贯通的大彻大悟，绝没有科学。关于大彻大悟的绝对智慧，朱子的许多门人曾未免有这种希望。但是，朱子本人倒很反对的。我们只要看他的《吕氏大学解》，和他答门人姜叔权、宋深之等书里面，就可以晓得。他驳吕东莱解致知格物一条里最说得透彻，说："学者之所以用功，则必有先后缓急之序，区别体验之方，然后积习贯通，训致其极，岂以为直存心于一草木器用之间，而与尧舜同者，无故忽然自识之哉。此又释氏闻声悟道，见色明心之说，殊非孔氏代遗经，程氏发明之本意也。"又道："致和格物，大学之端，始学之事也。一物格则一知至，其功有渐，积久贯通，然后胸中判然不疑所行，而意诚心正矣。"所以，朱子的所谓豁然贯通，也可言作他从归纳方法发现了原则，好像开普勒从他老师第谷·布拉赫许多杂乱无规则的天文观测中，发现了三条行星运行的定例，牛顿又从开普勒的三条定例发现了万有引力一样。

我觉到朱子的错误在于认错了目的,他的知致格物并不是在求真理,并不是要想认识大自然,而要想正心诚意,因而修身齐家治国平天下。朱子虽然信从程伊川"大而天地之所以高厚,小而一物之所以然,学者皆当理会"这句话。但他所以要今日格一物,明日格一事,归根还是要正心诚意。所以,他和门弟子所问答的和他自己所写的,统是讲人与人间的关系,和人和天间的关系。至于以大自然为研究的对象,如草木鸟兽潮汐云露这一类现象,在《朱子全书》中不过几条而已。朱子既信正心诚意可以治天下,所以也极信天命,他在《尽心说》里边讲:"尽其心者,知其性也,知其性,则知天矣"。换言之,朱子以为正心诚意就可以知天意,就可治天下,这类观念本是儒家传统的观念,到朱子加了一重保障,以后更牢不可破了。这种观念与近代科学的观念是绝对相反的。

欧洲自从十七世纪到十九世纪,把日绕地球的谬说和上帝造人的谬说推翻以后,科学家认定大自然为研究对象,认识了大自然的本来面目,才晓得大自然不但无足畏惧,而且很可操纵、利用、改变和征服的。以南北极这样辽远奇凉,地理学家尚要去探险;以高空层这样寒冷,飞行家尚要去飞腾;天然的丝和橡皮,化学家可以模仿;动物的雌雄,生物学家可以任意改变;瘟疫可以去除,水旱灾荒可以避免,这统可表示近代科学家认识了大自然以后,有了人定胜天的观念,和我国天定胜人的观念是截然不同的。

到如今我们通都大邑,虽已经有无线电、飞机的联络,可谓饱受近代文明之赐,但是,人们对于手的训练仍然加以鄙视,天定胜人的观念也没有多少改变。二十年以前,有人比较在欧美的日本留学生和中国留学生的态度,便断下日本科学和实业的发达,一定要比中国快得多。他说:中国学生到欧美去,只问什么地方的机器价目最便宜,但是日本学生则专注意机器如何制造。可见中国学生是预备回国以后,想法去购买的,日本学生是想依样葫芦来自己做的。这话批评得很中肯,不同的地方,就是日本学生肯动手,而中国学生不肯动手。以国内的大学生而论,据三年前的统计,农学院的学生最占少数,只百分之三,工学院不过占了百分之十强。学生人数最多的,是在只要劳心而不用动手的文学院和法学院。以中国农民之众多,农产的重要,而农学院的学生如此之少,这是极不应该的。现在既无孔圣人在那里反对学农学圃,而大家不肯学农,只是因为怕劳动,怕用手。再下一级到了中学,中学的学生凡是经济勉强可以进大学,无论知能的高低如何,志趣的好尚如何,若有大学可进,决不肯进职业学校的。所以,今日学校里边的学生还是和从前士大夫阶级一样,仍是嫌恶用手,嫌恶劳动。希望教育当局能够在小学里边,就改移学生这种观念,这种态度,使个个小学生得到相当用手的训练,成人以后,以能自食其力为荣,不以劳动为可耻,则将来不但可以增进生产,减少消耗,而且可以发达科学。

讲到人定胜天的这种观念,国内除掉了少数受过科学训练的人外,是很少具有的。不但大多数人民还是一般的迷信,以求神拜佛来避免瘟疫,以祈雨禁屠来对付旱灾,就是各省的衮衮诸公,也有高筑墙垣以防鬼的,也有购买龙穴以发祥后代的。在这种神权时代的国家,要科学的发达是很难能的。中国要讲富强,要发达实业,要追上欧美的物质文明,必须要发达科学实验。要发达科学实验,决不是仅仅买几座无线电、几架飞机所能了事,必得人人肯用他们的手来做实验,来做工作,必得打倒迷信以及一切天定胜人的观念方行。

原刊于《国风》月刊 7 卷 4 期(1935 年 11 月 1 日)

论不科学之害*

科学和不科学,是比较的名词。譬如,李太白的诗:"海上升明月,天涯共此时",在唐朝的时候,以为很合乎情理的。等到晓得地系球形以后,这诗就不科学了。在十九世纪的末叶,科学家统相信原子不能再分,物质有不灭性,但到于今,这种理论,统得放弃和改变了。

清初刘继庄曾经说过:"宇宙之中,万美毕具,人灵渺小,不能发其蕴。发地圆之说,直到利氏西来,而始知之。硝、硫、木炭,和合为火药,方济伯偶试得之。以此知造化之妙,伏而未见者,非算数譬喻所能尽,而世人之所知,特其一二端倪耳!"和刘继庄同时,而比刘继庄小二岁的英国科学家牛顿,也有同样的见解,他说,宇宙间知识的浩繁,和沧海样一般的辽阔,他在科学上的发现,好像一个小孩偶然拾到一粒灿烂的石子,在那边欣赏,但在宇宙整个的知识中,真是如沧海一粟了。他们二人的见解,正所谓不谋而合。

到近世科学愈发达,它的进步也愈快,真可谓日新月异了。但罗素在他近年出版的《科学的人生观》里还说道,现在的世界,可称为科学世界,但将来我们的子孙看起来,必定觉得现代的孤陋寡闻,正如我们回想我们祖先时代一样。所谓:"后之视今,亦犹今之视昔!"

中国科学的落后,是人人所承认的。在这时候,中国的科学家,正应该加倍努力,埋头苦干。但是要中国科学化,不是仅仅靠了几个专门科学的人去努力就行的,必得要社会民众、政府当局共同努力才行。三年以前,国际联盟派了四位教育专家来中国调查教育现状。调查的

---

* 1936年1月1日。

结果,出了一个报告,这里面有几句话是值得我们注意的,他们说:"中国一般人士,以为欧美的文明,是受了近代科学发达之赐,所以,中国只要应用欧美的科学技术,就立刻会把中国跻于欧美文明的水平线上。这种观念,是错误的。欧美的科学技术,并不能产生现代的欧美文明,倒是欧美人的头脑,才能产生近代科学。"这话初听好像不近情理,但是我们要晓得,近世科学好像一朵花,必得有良好的环境,才能繁殖,所谓良好环境,就是"民众头脑的科学化"。

民众头脑的科学化,是一件不容易的事。第一,要养成社会民众科学的态度;第二,要社会民众能应用科学的方法。所谓科学的态度,就是不轻信盲从,人云亦云。事事物物,要经过实验,方才相信。欧洲从亚里士多德以后,一千九百年间,人们统相信亚里士多德的话,说道:凡是十磅重的球从上面丢下来,速率要比一磅重的球快十倍。一直到十六世纪,意大利的著名科学家伽利略,才敢大胆地到一百八十多英尺高的塔顶上,实验给大家看。结果十磅重的球和一磅重的球,几乎是同一时到地的。但是,许多观众们以为他们眼化,没有看清楚,亚里士多德是不会错误的。这可见得盲从习惯,非一朝一夕能改除了。

伽利略死的那年,就是牛顿生的那年。牛顿在英国剑桥大学去学数学的时候,有人问他学数学干什么用? 他说,他的目标是要以数学来证明当时英国盛行的星相学之谬妄。英国星相学的迷信,终于在牛顿时代,被天文学的实测打倒了。从伽利略、牛顿到于今,二三百年间,欧洲实验科学精神,已经迷漫到政府、社会、各机关,而且它的努力,也早繁殖到民间去了。现在我国社会盲从的习惯,正和欧洲三百年以前相仿,譬如讲到饮食,中国就有许多迷信,一般人以为柿子和螃蟹同时吃,是会致死的,这种迷信,牢不可破。最近,南京中国科学社生物研究所,因为要破除这种迷信,做了一个试验,证明此两种食物同吃,并无害处,但是试验的结果,虽已披露于报端,而迷信者还是固执己见,正和意大利人看伽利略的试验,而相信自己眼花一样。这类迷信在中国,不胜枚举。没有教育的人们,禁屠祈雨,拜佛求签,尚生活在神权时代。就是自命为知识阶级的，也一味盲从。各地报纸上，瓶头药品广告之能充满篇幅，就是一个明证，甚至从欧美大学专门研究科学的人，回国以后，也就相信算命和风水。中国社会不科学的空气，实在太浓厚，要移风易俗，不是容易的事。

上面说过，科学的态度，是要事事以实验为根据。我们虽然不能事事去做实验，但是我们可以去请教有经验的专家。螃蟹和柿子一同吃了能不能致死，可以请问生物化学家；瓶头药品，是不是能治病，可以问医生。科学愈发达，愈专门，一般民众要依赖专家意见的地方也愈多。譬如，从闸口到西兴的钱塘江桥快要造好了，但谁能担保火车第一次过江的时候，桥梁不会折断，火车不落到江心呢？我们既然不能自己去做实验，只好信任工程师的经验。信任专家意见，和相信广告传闻不同，因为专家的意见是以实验为背景的，而广告传闻则不然。许多药品广告也有医生的证明，但是，这类医生多半和广告有切身的利害关系，他的证明，已经不能认为专家的由衷之言了。有人还可以说，他曾经亲眼看见吃螃蟹、柿子死人的事，但未吃之前，这人是否康健？吃的数量是否过多？柿子和螃蟹消化在一起，能生何种毒素？这些问题，统未经顾到，而贸然说柿子和螃蟹一起吃，能致人于死，这完全是武断。听到的人也不细加推究，一以传十，十以传百，以耳为目，积非成是，不久便成为全国民众的信条了。这种轻信盲从的习惯，不但限于民众，即政府中人亦所不免。如民国二十年，山东乡人梁作友冒称富翁，政府虚与委蛇，至数星期之久。日本大将白川击死的谣言，竟能轰动一时，甚至京、沪、杭各处游行，放炮庆祝。梁作友是否有千万家私，白川是否饮弹而亡，若是实地调查起来，不难于短期间内水落石出的，而竟计不出此，只知人云亦云，这更可显出中国人处理事务的缺乏科学态度了。

科学的方法最重要的步骤，是调查分析。譬如，要设立制造厂，那么先得调查清楚原料的来源，货物的销路，运输的方法等等，再来算成本的大小，出产的多寡，赢利的丰歉。而中国办实业的人，总是漫不经心，结果不是工厂造成了以后没有原料，就是有了出品而没有销路，终至于停办。汉口的造纸厂,梧州的硫酸厂,就是先例。像塘沽久大公司和水利公司之能成功,全靠主持的人能应用科学方法,但这在中国是要算例外了。

讲到建设,使人联想到近来甚嚣尘上之五年计划、十年计划,这所谓计划就必须应用科学办法。在中国做事根本就无所谓计划,统是一时的冲动,今天想到要办什么,就立刻举办,等到两三月后,这事已抛之九霄云外去了。当去年西北有兵事的时候,某省当局因为要坐飞机到宁夏,就马上要在宁夏办一个气象测候所,打电报向中央购买仪器,等到仪器抵西北,兵事已平,不但办测候所一字不提,连购买仪器的事也否认了。当中国航空公司和欧亚航空公司尚未设立以前,在民国十四年的夏天,德国卢夫汉赛航空公司经理,请瑞典著名地理学家斯文·海丁氏(今译为斯文·赫定,1865—1952。是瑞典地理学家与知名探险家。编者注)到柏林去谈话,结果就决定了海丁深入蒙古、新疆,控测中德两国间航空路线的计划。到民国十六年,海丁重来中国,和中国学术界组织了西北科学考察团,表面上虽是考察科学为由,而实际担负了卢夫汉赛公司控测路线的使命。所以,最初同来的德国飞行家,有八人之多,随带气象设备,以及控测高空的器械。后来,虽是因为杨增新不赞成上海、柏林航空路线的横过新疆,不能不改变原来的计划,但结果还能在新疆迪化、吐鲁番、库车等地,先后成立了七个测候所。卢夫汉赛这种不惜巨资,深入不毛,以经营这毫无把握的航空线,是值得我们注意的。从民国十九年,中国、欧亚两公司先后成立,迄今航空路线满布全国,而各航空站观测天气,既无专人负责,而所有气象设备,又极简陋。本年一年之间,平粤线既失事于湖南之宜章,陕甘线又出险于甘肃之灵台。每次的损失均达巨万,而乘客的生命,公司的信用,均遭牺牲。按其原因,皆由缺乏正确之天气报告。一飞机之价,可以高五十个测候所而有余,这种损失,皆由计划者未能深谋远虑的缘故。中国现在正谋尽力建设的时候,若没有高瞻远瞩的计划,结果必致徒事浪费而无益于社会。大学校长注重建设礼堂、教室、宿舍,不去罗致人才,充实设备。要晓得教育的发达,学风的优良,在人不在屋,所谓"斯是陋室,惟吾德馨"。首都建设是值得赞赏的,但何以飞机场造在城内,而市民日常所需的运动场,反筑在离城十五里的地方,一年之中,有三百四五十天,运动场"门前冷落车马稀",荒凉得和戈壁一样,这绝不是提倡体育诸公的本意了!诸如此类,随处可以见到计划的缺乏科学方法。科学无他,只是有组织的常识而已。

"九一八"以前,三十年间,日本处心积虑,欲进占东三省,诸凡农林之富庶,矿业之贮藏,交通路线之规则,人口之多寡,以及经济政治状况,莫不调查尽净,如数家珍,而我反懵然一无所知,事事要拾人的牙慧。人之视我,洞若观火;我之视人,恍惚若云雾。一旦有事,胜负之数,固不可必决之疆场而已明矣。日本近来在世界商场上的占胜利,一方面因为他和欧美各国一样的能利用科学方法,而一方面他的人民勤苦耐劳,胜似欧美。因此,日本货能所向披靡,无孔不入。我国民众若不痛改盲从的习惯,我国政府、社会若不应用科学方法,岂但中国的科学永无进境,以言战争,则攻不能取,退不能守;以言贸易,则人尽将以我国为尾闾,而我之出品,将不能立足于世界之市场。不科学之害,宁有已耶!

原刊于《东方》杂志 33 卷 1 期

《科学的民族复兴》序 *

世所称古国,希腊、罗马、埃及之属,悉亡灭不可复续。独中国绵历三四千年,岿然如硕果之仅存。盖其声教文物自足以悠久,故能独出于等夷,不随诸国而俱泯也。惟是近百年来,科学勃兴,交通之便利远过曩日,欧美各国均借近世文明之利器以侵略我国,日本随之,变本加厉。内忧外患侵凌扰攘之余,乃侥焉如不可终日。有志之士莫不以复兴民族之事,欲与东西强邦相角逐。顾或疑彼之民性强梁而我善柔,彼之民族新兴而我衰老,安能猝返积重之习而延就萎之命,以相与抗于竞争剧烈之世乎? 是说也,余窃非之。夫习性何常,要视乎时与境耳。时异境迁,自潜移于不觉。时乎安乐,则和平之心生;时乎忧患,则奋厉之气作。英人 Karl Pearson 以积年调查,证明欧洲各国国民性情与民族无关,而 Julian Huxley 近著《我们欧罗巴人》一书,亦言十九世纪初叶,日耳曼民族酷爱和平,逮更普法之役,一变而好勇斗狠。西班牙人中世纪时,攻城略地,豪健自喜;十九世纪后,便荼然无复野心矣。

至吾国史乘,此例也数见不鲜。赵武灵王胡服骑射,卒国变俗。有元初兴,纵横欧亚,号桀骜难制。清代柔以佛教,乃茹素戒杀,以礼法自绳。吾民善柔之性,果不可变乎? 孔子作《春秋》,诸侯用夷礼则夷之,进于中国则中国之。明乎华夷之分,不系乎国土之远近,而视乎礼俗之文野。吾谓民族老少,亦犹是耳。立国虽暂,使蹈常习故,不求

---

* 1937年2月。1937年2月,《科学的民族复兴》由中国科学社发行,编者为竺可桢、卢于道、李振翩。

精进，即谓之老；立国虽久，使争荣斗盛，迈往无前，即谓之少。小已之老少亦然。《易·大畜象》："天在山中，大畜，君子以多识前言往行，以畜其德。"故其《彖》曰："刚健笃实光辉，日新其德。"日新则不老，程子谓"不学便老而衰"，此要觇老少之义矣。且即谓民族实有老少，亦须本于科学家言，未可摭一二之似而臆决之也。美国人种专家 Roland Dixon，澳国地理学家 Griffith Taylor，并以中央亚细亚为人类起源地。最老之民族，在世最久，迁徙最远，如非洲之黑人、澳洲之土人是也。若中华、条顿两民族，乃世界最新民族，方兴未艾。然则吾国民族，果为老且衰乎？在《易·否》之"九五"曰："其亡其亡，系于苞桑。"孔子释之曰："危者安其位者也，亡者保其存者也，乱者有其治者也。"诚使举国上下懔于敌国外患之日深，危亡之在旦夕，各奋其智勇，迈进而靡己，一洗往日柔善之习、衰老之态，相与精诚团结，内兴要政，外御强侮，数十年之后，其将如日耳曼民族于拿破仑帝国蹂躏之后，一跃而为今日之德意志，沛然谁能御之。倘其自暴自弃，安于苟且偷惰，以自绝其复兴之路，则固无如何耳！中国科学社诸同人鉴于国人谬说纷纭，甘以衰老垂亡之民族自居，乃辑论文十篇曰《科学的民族复兴》，以科学方法研察吾国民族。夫起膏肓，箴废疾，壮心胆，励志节，悉今日之急务，吾将于是书有厚望焉。因为之序。

中华民国二十六年元旦　竺可桢

《科学的民族复兴》结论 *

复兴民族大业，必须从多方面努力。凡政治、经济、教育，都是很重要的。本书的着眼点，是将人看做生物而讨论之。简言之，即从生物学之眼光来看民族复兴工作，应当在哪几方面去努力。各章的作者，皆学有专长，故从其所学专长方面，来讨论民族复兴工作。所论未必尽是可以立即推行的方案，但至少已指出可以努力的途径。

欲复兴中华民族，首先当明了其历史背景。我国历史，从考古方面所得，夏朝已入新石器时代，殷朝已入青铜器时代，最早约在四千余年之前，较之世界上任何最先开化民族，并不稍晚。自秦汉统一以后，而魏晋六朝，而唐，而五代隋元，而明，而清，共三盛三衰，民族集团逐渐扩大，民族意识极其坚强。晚近之衰，完全因缺乏欧西科学文化之所致。故以后当以固有之民族自信力，去树立科学文化，即不难达到四次再兴之目的。

论我民族所处之地理环境，甚为优异。有平原地带，有丘陵地带，有高原地带，有高山地带。中国人民经济生活集中于沿海平原地带，丘陵地带次之，至于大陆边疆之高原与高山地带，亦有相当重要。将来新式交通如铁路、公路、航空线等次第开通，大陆边疆即可逐渐发展，各地理区域相互关系亦可愈臻密切，此实物质建设先急之务，亦即统一中国的主要工作。而古代中亚大道之复兴，使中国与欧洲各国直接交通，不必绕道印度洋与地中海，尤为今后别开蹊径、饶有意义的企图。

---

　* 1937 年 2 月。

近来西洋有些学者,亨丁顿氏,谓气候与民族文化之关系甚大。我国地处温带,其纬度北至五十度以北,南迄二十度以南。自有详细的气候记录以来,其历史不久。惟气候对于病理、生理、人类活动、生活型式等关系异常重要。大概中国按照气候分区,可分八区,即岭南区、长江区、中原区、云贵区、东北区、草原区、西藏区、蒙新区,各区气候不同,文化因之稍异,全中国既为此八区所合成,故各种气候皆参杂其间。中国人在海洋群岛及黑龙江流域均能欣欣向荣,适应气候能力之大,亦为我民族之一特色。

中华民族之特性,曾经许多学者直接的或间接的研究过,虽然还没有得到一致的结论,但归纳起来,却可分为六种,即(1)重人伦。对己戒慎恐惧,践礼修身;对人励行家族道德,以孝、悌、慈、忠为本。(2)法自然。在消极方面,以信天安命,缺少人定胜天的精神;在积极方面,则尽人力,图自强,以至于仁民爱物。(3)主中庸。因时地以制宜,养成和平中正精神;其短处则偏于调和折衷,态度模棱。(4)求实际。不事铺张,言行一致,实事求是;其缺点为易流于安守本分,不事进取。(5)尚情谊。不计利害,舍己救人,养成宽容、谦让、忠厚、和平种种美德;其缺点为重人情,徇私交,为法治之障碍。(6)崇德化。以德服人,不尚暴力,行"王道"而不主"霸道";其缺点为忠厚放任,对顽强不驯者,不能予以严峻惩治。以上六种特性,确为我民族所特有,其短处不掩所长,此证之以往历史事实,信为不诬。至于如何发扬长处,改良缺点,诚为复兴民族大业方案中之根本要图。

自体质方面言,中华民族亦有若干优异特性,举凡肤色、发性、头形、眼、鼻等体质,由遗传学及演化论观点考之,实优点多而劣点少。且亦如精神文化之所示,合乎"中庸"之道,最能适应环境,并无遗传上之不良或现退化象征。惟因数千年来,我族除少数外,大多数在血统上为内婚,以至相因为果,体格渐见萎弱,而物质生活俭枯,营养不良,亦为原因之一。今后补救之道,一方面宜改善膳食,一方面应提倡远族婚姻,历行现代之人种改良法,庶几原有之优良体性,可得而保有之。

脑为人体之一部分,但为人体最重要之一部分。中国因近百来文化落后,许多西洋学者视中华民族为劣等者,因此说中国人脑亦较逊,细观察之,中西人脑虽有不同之处,然为优为劣,无从论起。惟无论为优为劣,或中西人脑相等,营养之道极其重要,否则虽有优脑,亦无从施其所长。至于中国人之智力,研究者更鲜。据已有少数之研究所得而论,则中国人精神似有欠稳健者,此不可不注意。

从历史上看,中国人种已极其混杂;从血属方面看来,辽宁、河北、山东、山西、江苏、湖南、广东、福建等省之研究所得,O属及 A 属较多,B 属较少,AB 属最少,其间血属百分率之差别稍少。可知中国民族融洽得很均匀。

民族之强弱,系乎食物营养之优劣者至巨。晚近生理科学进步极速,关于营养之道,亦用科学方法研究之,发现有许多关系重要之事实。如各种维他命(或生活素),皆对于健全身体之发育有重大关系。而我国普通国民之膳食,大都不合科学,而极有待于改良,以后当多食青菜,多用鸡蛋,多吃豆类食物,多吃糙米粗面,多用牛羊乳,并改良烹饪之法。此皆轻而易举,凡我国民,皆当尽力宣传之。

一个民族文化,系乎民族之健康者亦至巨。未有民族不健康而其文化能优秀者。关于此问题需要医药卫生之设施,此在中国亦正开始。据已有统计所得,中国人任何疾病,俱较英美人之百分率为高。以后欲促进健康,必须(一)注意优生;(二)提倡公共卫生;(三)普及体育;(四)提高经济能力。民族健康进步,方能再谈文化创造。

最后论中国人种改良问题,此事既大,在中国除少数学者呼声之外,尚未有何举动。假使我们相信人类是有遗传的,我们就得要注意于优生运动,尤其是婚姻制度。列强正努力于前,我国更不可不急起直追。

从上述各点来看,对于各项民族复兴之工作,有已开始者,有尚未开始者,总之离奏效之期尚远。本书之目的,已宣示于此,并不希望给国人以致复兴之方案,而在刺激国人之研究,与指示其研究之途径,此不过是作者同人一得之愚,努力进行尚有赖于全国同胞。本社为我国先进科学团体，对于建设国家，复兴民族，向所关怀，希望在最短期内，国势强盛，民族复兴成功，则本书之作，非徒然矣，曷胜企盼！

最后欲声明者，本书各章既由各专家分别担任，故一切理论，均由各作者自己负责。各章间或有理论不一致者，亦各有其自身立场与依据，请读者勿过责焉！

原刊于《科学的民族复兴》一书的第十一章（最后一章）

科学与革命 *

主席,陆军大学诸位同学:

"科学与革命"在未讲二者关系之前,得先解释何谓科学,何谓革命。

科学有自然科学、社会科学之别,又有纯粹科学和应用科学之别,有狭义的科学和广义的科学之分。从广义言之,一切分门别类的事物统可名之曰科学,但从狭义言之,所谓科学实只限于自然科学,或是所谓纯粹科学与应用科学。社会科学,如政治、经济,甚至于教育、心理(地理)之类,还不能算是科学。无论哪种科学,它的真正目标是在求真理真知真识,所谓真知灼见。宋代朱子所谓"致知格物"这个"知",就是所谓真知。在我国古代学者中间,朱晦庵是很科学的。希腊的学者梭格拉底(今译为苏格拉底。编者注)以求真知为他的使命,他努力要造成一种爱真理求真知的风气,他也可以说是泰西第一个科学家。

革命也有广义和狭义之分。狭义言之,就是革新个人的行为道德,所谓"放下屠刀,立地成佛","以前种种譬如昨日死,以后种种譬如今日生"。曾国藩年少时本是一土豪劣绅,到北京以后,经倭艮峰和几位先进的切磋,才变成了有清一代的人才。抗战以来也有不少的实例,如张自忠将军本已做了汉奸,但不久就幡然觉悟而奋勇抗战。广而言之,则社会国家以及全世界均可有革命。这种革命或是物质上的,或是精神上、思想上的。十八九世纪的工业革命就是前者,而十六七世纪的泰西思想革命就是后者。

---

* 1940年2月12日。本文为作者在遵义陆军大学的演讲词。

科学与革命是互相为因果的。在十六世纪以前是欧洲的黑暗时代,那时神权膨胀,教皇之力大于君主。当时以为,世界一切统是上帝于七天之内造成,地球是在天下之中心,欧洲南部的地中海是地球之中心,罗马又在地中海之中心,所以,一切均以罗马为中心。太阳绕地球而行是天经地义,丝毫没有疑问的。到了十六世纪末,Copernicus(即尼古拉·哥白尼。编者注)已经从天文学上的观察断定此说之非,可是他就不敢发表。罗马教士 Bruno(布鲁诺。编者注)因为宣传地球绕太阳说,被活活烧死。年已七十岁的伽利略至于下狱。但是,教皇权威虽可以生杀予夺,而一般研究天文的人们仍继续不绝地寻求真理。如开普勒、牛顿等继续研究,结果真理大明,因此造成思想上的大革命,使人人知道世界并非上帝所造,而地球并不是在世界之中心。这思想上的革命引起科学的发达,如达尔文的进化论以及物理、化学上的各类发明,均奠基此时。到了 1764 年,瓦特(Watt)发明蒸汽机,各种近代工业开始萌芽,于是,又造成了十八九世纪工业革命。从前要人造的东西,现在处处可用机器。再拿简单的一例,缝衣针从前一个人只能做一二支,单针的孔孔就不容易钻出来。现在造针用机器,一个人可以制数千以至数万,每人所做的不过很简单的一部分工作而已。机器发明以后,从前的家庭工业一变而为大规模的企业;从前耕躬而食、织布而衣的社会,变为分工合作的社会。所以从天文学上的 Galileo、Copernicus、Kepler 和 Newton 的研究引起了十六七世纪欧洲思想的革命,从思想的革命又引起十八世纪物理学上的发明,从这发明又引起了十九世纪初叶的工业革命,到二十世纪所谓机器时代,科学的发明时时引起我们衣食住行或是思想上的变动。举一个例子,以通讯工具而言,三百年前,当明末的时候,崇祯帝吊死煤山,这消息传到南京,花了一个多月工夫。现在则无线电一秒钟可以走三十万公里,加上拍电报的时间,也只需数分钟而已。再就交通而论,十九世纪初叶,拿破仑征俄国败退,从莫斯科逃回巴黎,费了五十几天,而现在直线三千公里,以飞机飞行十小时可达。即此一端,已足以见科学对于吾人衣食住行之革命程度。

科学和革命,有一相同点,就在于事事要日日在革新,所谓"又日新,日日新"。科学的精神是在求真理,无论于我们宝贵的理想或是传统的计划,假使一旦我们晓得是错误的话,我们得立刻改过来,文过饰非不是科学精神。在十九世纪末叶的时候,那时物理学上权威 Lord Kelvin(开尔文。1824—1907,英国著名的科学家。编者注)曾经讲过物理学上定律差不多我们大体统晓得了,后人的事业不过做些拾遗补缺的工作。那时候,"物质不灭""原子不变"之说,以为是牢不可破的。即如我起初读化学的时候,教科书上开宗明义就说 An atom is indivisible(原子是不可分割的。编者注),但是经 Roentgen(伦琴,1845—1923,德国实验物理学家。编者注)X 光的发明,Curie(居里夫人,1867—1934,法国物理学家、化学家。编者注)镭的发明,物理学上就起了革命。到了如今,物理学上新发明年年均有,从前老的定例,如地心吸力定例均须改正,原子不但可以分,而且可以变动,甚至由物质变成力量,这力量非常之大,一小杯的空气原子,如有方法把它打碎,可以发出力量等于数百吨的煤,所以有人说,一小杯空气可以推动一只邮轮经过太平洋。足见科学是日日求新,川流不息。

革命精神也是一样。我们从"革命"两个字就可以晓得,革命也必得自日日新,又日新,川流不息的。革,是革新、改革的意思;命,就是命运;革命,就是改革我们的命运。中国人最信仰的是命运。农夫靠天吃饭,环境恶劣不去奋斗而怨命运不好,因此算命先生到处通行。在南京的时候,有不少大人先生们统到善堂去扶乩,去问吉凶祸福,甚至于做黄河水利委员会委员长的人,黄河出险要合龙的时候,要去请大仙。这就是最不科学而最不合乎科学精神的。科学的精神是在求真理,而革命的目的是为谋人民或社会的幸福(至少是大多数人的幸福)。凡是学科学的人,并非每个人统是在求真理或是在谋幸福。德国的科学家捏造耶稣是条顿人。日本的人类学家欲证明日本人是白种人。这种只能称之为御用科学家或是八股派的科学家。他的目的不是求真理,而在骗饭吃。算是改革,不能算革命。譬如在遵义,二百年以前于地方最有裨益的有一位长官,他是山东的陈玉璧。遵义从前没有柞蚕,到了乾隆六年,遵义知府从山东传入柞蚕。到了乾隆八年,就有八百多万茧子,一直到光绪至民国初年,每年农民收入多时二三百万元,少亦数十万元。照遵义知府说,遵义之所以富甲贵州以此。这陈太守到了遵义短短数年工夫,可谓造成了生计上的革命。但改革未必尽好。一八四〇年至今,刚巧一百年以前,英国人强卖鸦片,造成了鸦片之战,从此烟毒弥漫全国,而尤以贵州、云南、四川三省为甚,到如今言之痛心。贵州虽厉行禁烟,而烟籍人士尚占很大数目。这种习惯的养成是不是革命? 这是反革命。能革除这类习惯就是革命。

科学是求真理,革命是求幸福,二者并行不悖。要达这两种目的,统需要伟大的爱,即孙中山先生所谓忠孝仁爱的"爱"字。十六七世纪的科学家 Bruno 为什么情愿烧死在十字架? Kepler 和 Copernicus 为什么情愿贫苦终身而不愿相信地在天之中心呢? 就是他们爱真理。孙中山先生一生革命,有一次他的信徒邵元冲先生问他终身有没有嗜好。他想了想才说道:"我没有旁的嗜好,我惟一的嗜好就是革命。"中山先生四十年奔走革命,冒万死以赴之,为什么呢? 就是他爱我们中华民族,所以他不惜牺牲一切。贵校前任代理校长蒋百里有言道(在《国防论》第七篇"美术与宗教"里),爱量之大小是不可测度的,而牺牲精神却正是爱量之寒暑表。古来的英雄、大革命家、大科学家,统有伟大爱的表示,这从他们牺牲精神可以看出来。

科学之方法与精神*

在新近出版英国裴纳 Bernal(今译为贝尔纳,英国科学学创始人。编者注)著《科学在社会上之功用》一本书里,有一章专讲各国科学发达的状况。讲到中国,他说:"在最近几年来,中国在科学上才有独立的贡献。在历史上大多数时候,中国是全球三四个伟大文化中心之一,而且以艺术和政治论,常为这几个文化中心最进步的一个。但何以近代科学和工业革命不首见于中国,而反见之于西欧呢? 这是很饶有兴趣的一个问题。"继续他又说:"中国文化的背景略微地改造,可成为非常良好科学工作的园地。以中国人治学严谨的态度,忍耐的习惯,中庸的德性,可以预期中国将来对于科学的贡献,决不在欧美之下。"这段话好像太恭维中国了。对于历史之事实,裴纳赞扬中国并未超出实在情形,这是吾人当仁不让、居之无愧的。但是,近代科学必能在中国有远大的前程吗? 要回答这问题,就不能不回溯近代科学在西洋发达的历史,和其精神与方法。

近代科学的起源,在西洋亦不过三百年前的事。在十六世纪以前,一部《圣经》和亚里士多德的著作,控制了欧洲人的一切行动与思想。这时候,欧洲的人生观以为宇宙内一切乃上帝所创造,人为万物之灵,地球在宇宙之中,日月五星及恒河沙数的星宿,统统绕地球而行。凡是怀疑这类人生观,以及违背《圣经》和亚里士多德之主张者,就是大逆不道。从公元二世纪以迄十六世纪,"地球为万物中枢说"成了牢不可破的信仰,无人敢置一词。直到十六世纪初,波兰人哥白尼

---

* 1941年5月9日。本文为作者在"科学近况讲演"中的演讲词。

始创了"日为中枢"说。当时宗教和神权势力弥漫全欧,哥白尼《天体的运行》这部书,到他去世才敢出版,但哥白尼并没有确实证据,可以打破地球为万物中枢的学说,他断定地球绕太阳而行,是一种推想,一种理论。推翻"地球为万物中枢"的学说,掀起欧洲思想界革命,全靠十六七世纪几位先知先觉的科学家。其中最重要的四位是开普勒、培根、伽利略和牛顿。

在叙述上面几位科学先驱的工作以前,不得不讲一讲近世科学的方法。所谓科学方法,就是科学上推论事物的分类。亚里士多德分推论为三类,就是(一)从个别推论到个别。如说这物有重量,就推想到那物也有重量,这称类推法。(二)从个别类推到普遍。如说这物有重量,那物也有重量,就推论到所有对象统有重量,这称归纳法。(三)从普遍推论到个别。假如我们断定万物统有重量,就推论到某一物亦必有重量,这称演绎法。这三种推论中,第一种用不着多少理智,而第二、三种却因为有概括的观念,必须用理智。高等动物如猫、狗之类,和年幼的小孩,统能类推,但不能演绎或归纳,这期间的分别,十九世纪英国哲学家穆勒已经指示我们了。科学方法可说只限于归纳法与演绎法。以大概而论,数学上用的多是演绎法。而实验科学如化学、生理等所用的多是归纳法。二加二等于四,二点之间最短的距离是直线,统是显而易明的原则,从这原则可以推论到个别的事物。亚里士多德和千余年来他的信徒,均应用演绎法以推论一切。这种方法一推论到数目字以外天然复杂现象,即有困难。如亚里士多德以为天空星球皆为天使,必能运动不息而循正轨,惟运行于圆周上,始能循环不息。从上两项原则,因得结论,所有星辰的轨道必为正圆的圆周。亚里士多德的信徒断定日月五星等各循一正圆圆周以绕地球,就是从这样演绎法推论得来的。

最初主张用归纳法的人,要算培根。他并主张观测以外加以有系统的试验,详尽的记录,梓行出版,以公诸世,此即培根之所谓新法。培根虽提倡归纳和试验,但他自身并未实用。首先用归纳法来证明亚里士多德错误的,是开普勒。他的老师第谷,在丹麦和波兰天文台尽毕生之力,测定星辰的位置。第谷死后,开普勒继续他老师的工作。从他们师生三十多年所观测火星的位置,决定火星的轨道,绝非为正圆而为椭圆。太阳并不在轨道中心而在椭圆焦点之一。这才使开普勒怀疑亚里士多德的不足恃,而成为哥白尼"日为中枢"说的信徒,开普勒的行星运行的三大定律,不久也就成立了。

同时,在当时科学的发源地意大利,伽利略正用自造的望远镜以观察天体,发现了木星之外有四座卫星和金星之有盈亏朔望,与古代传统学说,全不相符。他在比萨塔上的试验,更是轰动一时的。据亚里士多德的学说,凡事物自空中落下,重大者速而轻微者缓。伽利略的试验,证明了一磅重的铅球和一百磅重的铅球,从 179 英尺高的塔顶落下,是同时到达地面的。伽利略的试验不但证明了亚里士多德的错误,而且发现物体下降时之加速度是有一定规律的。这类收获完全是归纳法和应用实验的成效。牛顿更进一步,在一六八二年将开普勒的行星运行的三条定律和伽利略的动力定律综合起来,成立了万有引力的定律。亚里士多德许多学说之不足信,和地球为万物中枢学说之不能成立,到此已无可疑义了。二千年来传统思想的遗毒,到此应可一扫而空。不过思想革命和政治革命一样,要收效果必得要相当年代。从哥白尼的《天体的运行》一书问世(一五四三年),迄牛顿万有引力定律的成立,中间经过了 139 年,欧洲人的宇宙观可说到此才拨云雾而见青天,近世科学的基础,亦于此时奠定了。

近世科学又称归纳科学或实验科学,但是科学家从事工作,演绎法与归纳法必得并用。有许多结果,一定要用演绎法才能得出来。譬如讲到日食的预告吧,从归纳法我们可以断定一个不透明的物体,走到一无光体与有光体之间,则无光体上必将投有黑影。但是几百年以前,天文学家就可以算出民国卅年九月廿一日中午左右,我国沿海从福建福鼎一直到西北兰州、西宁这一条线上,统可以见到日全食,那是要应用演绎法算出来的。又如开普勒何以能知火星轨道非正圆而为椭圆,牛顿何以能从开普勒的三条定律,来发现万有引力定律,这都是从演绎法得来的。相反,数学上有许多简单方程式,如甲加乙等于乙加甲,须得用归纳法来证明的。从此可以晓得近世科学,须是归纳、演绎二法并用,才能收得相得益彰之效。

至于有计划的实验,是归纳法最有效的工具,而为我们中国所没有的。实验和单纯的观测法不同。单纯的观测是要靠天然的机缘,譬如日全食,我国黄河、长江流域从明嘉靖廿年(公元一五四一年)以来,到如今没有见过,四百年来,本年是破天荒儿第一遭。若是全靠天然的机遇的话,天文学家要等四百年之久,不然就得跑遍全球,但至多也不过隔二三年才见到一次。天文学家往往跋涉数千里以求得几分钟的观测,遇到日全食的时候,刚巧阴翳蔽日,飒然而返,这是常有的事。自从前数年李侯(今译为李奥。编者注)发明了冠层器(即日冕仪,太阳望远镜的一种,为法国人李奥发明。编者注)后,日全食可以用人工制造了。人为的实验,不仅可以将时间次数随意增加,而且整个环境亦可以操诸吾人之手。譬如要证明疟疾是蚊子传带来的,我们一定要控制环境,使我们不但能确定所有生疟疾的人统曾经某一种疟蚊咬过,而且要晓得疟蚊所带的细菌,从蚊子身上传到人身血液中的循环、发育的步骤,和对于病人生理上的影响。惟其这样,才能断定病的来源,对症下药。自从十九世纪中叶帕斯德、科克几位细菌学专家把几种重要的传染病祸根弄清以后,接着李斯德发明消毒方法,以及近三四十年来人造药品的发现,欧美人口的死亡率大为减退。美国人在华盛顿时代平均寿命 36 岁,一八五○年为 40 岁,一九○○年 48 岁,到一九四○年便增到 65 岁,英、法、德各国近百余年来平均寿命亦有同样的增进。若是我们相信寿长是一种幸福的事,那这就是实验科学对于人类幸福最显著效果之一了。

但是提倡科学,不但要晓得科学的方法,而尤贵乎在认清近代科学的目标。近代科学的目标是什么? 就是探求真理。科学方法可以随时随地而改换,这科学目标,蕲求真理,也就是科学的精神,是永远不改变的。了解得科学精神是在蕲求真理,吾人也可悬揣科学家应取的态度了。据吾人的理想,科学家应取的态度应该是:(1)不盲从,不附和,一以理智为依归。如遇横逆之境遇,则不屈不挠,不畏强御,只问是非，不计利害。（2）虚怀若谷，不武断，不蛮横。（3）专心一致，实事求是，不作无病之呻吟，严谨整饬，毫不苟且。这三种态度，我们又可用几位科学先进的立身行己来证明的。

在十六七世纪地球为万物中枢学说之被推翻，是经过一番激烈的论战，牺牲了多少志士仁人，才能成功的。一六〇〇年，布鲁诺因为公然承认哥白尼太阳为中枢的学说，而被烧死于十字架上，即其一例。伽利略为了撰写《两种宇宙观的论战》一书，偏袒了哥白尼学说，而被罗马教皇囚禁于福禄林，卒以古稀之年，失明而死。开普勒相信太阳为中枢之说，终身贫乏，死无立锥之地。这是近代科学先驱探求真理的代价。这种只问是非、不计利害的精神，和我们孙中山先生的革命精神很相类似。认定了革命对象以后，百折不挠，虽赴汤蹈火，在所不辞。这种求真的精神，明代王阳明先生亦曾剀切言之。他说道："学贵得之于心。求之于心而非也，虽其言之出于孔子，不敢以为是也，而况其未及孔子者乎。求之于心而是也，虽其言之出于庸常，不敢以为非，而况其出于孔子者乎？"他与陆元静的信里，又曾说道："昔之君子，盖有举世非之而不顾，千百世非之而不顾者，亦求其是而已，岂以一时之毁誉而动其心哉。"此即凡事以理智为依归之精神也。但阳明先生既有此种科学精神，而何以对于近世科学一无贡献呢？这是因为他把致知格物的办法，完全弄错了。换言之，就是他没有懂得科学方法。他曾说："众人只说格物依晦翁，何曾把他的说用去。我着实曾用过工夫。初年与钱友同论作圣贤。要格天下之物，如今安得这等大的力量。因指亭前竹子去格看。钱子早夜去穷格竹子的道理。竭其心力至于三日，便致劳成疾。当初说是他精力不足，某因自去穷格，早夜不得其理，七日亦以劳致疾。遂相与叹圣贤是做不得的。无他大力量去格物了。"从现在看来，不懂实验科学的技巧，专凭空想是格不出物来的。但是，科学方法与科学精神比，则方法易于传授，而精神则不可易得。阳明先生若生于今世，则岂独能格竹子之物而已。

科学家的态度，一方面是不畏强御，不受传统思想的束缚，但同时也不武断，不凭主观，一无成见，所以有虚怀若谷的模样。世称为化学鼻祖的濮尔（今译为波义耳。编者注）说他真确能知道的东西，可说是绝无仅有。有人问牛顿，他在科学上的发明哪一件最有价值。他答道，在自然界中，他好像是一个小孩，在海滨偶然拾得一块晶莹好看的石片，在他自己固欣赏不释手，在大自然界，不过是沧海的一粟而已。但是有若干科学家的态度，并不是那么虚心。十九世纪末叶英国物理学家的权威开尔文就是一例。在那时，开尔文与其侪辈以为物理学上重要的理论与事实，统已大体发现了，以后物理学家的工作，不过是做点搜残补缺而已。他自认为生平杰作《地球年龄》这篇论文里，他以太阳辐射的力量，来估计太阳和地球的年龄，若是太阳里面发热的力量和煤一样强，地球的年龄至多也不得过四千万年。当时地质学家以海水所含的盐分和地面上水成岩的厚度来估计，生物学家以动植物进化的缓速作估计，统以为地球年龄非数万万年不为功。开尔文很武断地把他们的论断加以蔑视。到了一八九五年伦琴发现了X光线，一八九八年居里夫人发现了镭，不久物理学上大放光明，新发明之事实迄今不绝。据近来物理学家的估计，原子的能力，若能利用的话，要比同量的煤大五百万倍。所以地球的年龄可以尽量地延长，而开尔文的估计，不得不认为错误了。

妄自尊大的心理，在科学未昌明时代，那是为各民族所同具的。我们自称为中华，而把四邻的民族，称为南蛮、北狄、东夷、西戎，从虫从犬，统是鄙视的意思。欧西罗马人亦有这类轻视傲慢的态度，到如今欧洲民族中尚存有斯拉夫、赛比亚等名称，这在古代文化先进的民族藐视后知后觉的民族，夜郎自大，并不足怪。但在人类学已经昌明的今日，竟尚有人埋没了科学的事实，创为优等民族的学说，如德国纳粹领导下所提倡的诸提种学说，而若干科学家尚起而附和之，则是大背科学精神了。

科学家的态度，应该是知之为知之，不知为不知，丝毫不能苟且。近代科学工作，尤贵细密，以期精益求精，与我国向来文人读书不求甚解、无病亦作呻吟的态度却相反。这与我国古代科学之所以不能发达，很有关系的。如以诗而论，诗人之但求字句之工，不求事实之正确，我国向来司空见惯不以为奇。如杜工部《古柏行》"孔明庙前有老柏，柯如青铜根如石。霜皮溜雨四十围，黛色参天二千尺。"想来杜甫生平不曾用过量尺。又唐人钱起诗"二月黄莺飞上林"。唐代首都在长安，黄莺是一种候鸟，至少要阴历四月底才到长安，这句诗里的景色，无疑是杜撰的。唐诗如此，现代的诗何尝不如此。诗固然要工，但伟大的作品，无论是诗文、音乐，或是雕刻，必须真善美三者并具。法国科学家邦开莱说道："惟有真才是美"。照这样的标准看来，明、清两代的八股文没有一篇可称美的。我国八股遗毒害人不浅，到如今地方政府做户口农产的调查，各机关的地图测量，往往是向壁虚造，敷衍法令，犹是明清做八股的态度。这种态度不消灭，近代科学在中国决无生存之理。试看西洋科学家态度何等谨严，开普勒的怀疑亚里士多德，只在火星轨道不为正圆而为椭圆，在中国素来就没有这种分辨。牛顿的万有引力定律，一六六五年已胸有成竹了。可是因为那时地球经纬度测量的错误，以为每度只有六十英里。因此他估计地球直径只有三千四百三十六英里，而地球吸引月亮之力所生的加速度，只有每分钟十三呎九，而非理想上应有的每分钟十六呎，所以他就不敢发表。直等到一六八二年，法国人皮卡德测定地球上一度的距离为六十九哩一，使牛顿所估计地球吸月亮之力正与其理想相吻合，他才敢把万有引力的定律公诸于世。所幸近年来教育注重理工，受了科学训练洗礼的人们，已经慢慢地转移风尚。各大学研究院科学作品固希望其多，而尤希望其能精。因惟有这样，才能消灭我们固有的八股习气，亦惟有这样，才能树立真正的科学精神。

邦开莱在他的《科学之基础》一书里，有这样一番话："科学事业之目的，在于求真理。只有求真理，才值得科学家的一番努力。当然，我们应该拼命去解脱人生的痛苦，但解脱痛苦是消极的。世界若是灭亡，不是我们的痛苦统解脱了吗？科学家之所以欲人人衣暖食饱者，无非欲使人人能有闲工夫去深思熟虑，以求真理耳。"邦开莱于民国初年去世了，迄今三十年，两经欧洲大战，科学的发明，使欧亚两洲不在战线上的人，也饱尝了颠沛流离逃避轰炸的痛苦。邦开莱若能复活于今,不知作何感想。香港大学工程教授司密斯氏近在《远东工程杂志》上著文谓:"言念将来,中国人爱好和平与崇尚学术之风气不致改变,则在中国科学与工程之发达,不特能惠及一国,亦且大有造于世界。"云云。其所期望于吾人者,正与裴纳相似。爱好和平为中国人之特性。而科学愈发达,则战争愈狰狞可怕,愈使世界不得不实现和平。如何能使将来的世界,一方面近代科学仍能继续发达,而一方面却又可实现和平,这是目前极严重的一个问题,而亦是我们中国应该有特殊的贡献的一个问题。

为什么中国古代没有产生自然科学 *

为什么中国古代没有产生自然科学这个问题，近两年来很引起人们的注意。不但国人有许多议论发表，即欧美人士亦注意到这个问题。各人的意见虽有不同，但归纳起来，大多数以为中国古代没有产生自然科学，并不是因为中国人先天的没有这种能力，而是由于我国历史上环境不适宜的缘故，在《科学与技术》期刊上，陈立先生《我国科学不发达之心理分析》一文里的结论是："中国科学之不发达，我曾溯源于：（一）拟人思想的泛生论；（二）没有工具思想的直观方法；（三）没有逻辑；（四）没有分工；（五）客观与主观的混淆；（六）理智的不诚实等等。但这一切我都指出，系反映着客观社会的组织，在宗法阶段的社会，便只有宗法社会的思想。"

去年浙江大学夏令讲习会，钱宝琮先生《吾国自然科学不发达的原因》演说里，有这样几句话："我国历史上亦曾提倡过科学，而科学所以不为人重视者，实因中国人太重实用。如历法之应用早已发明。对于地圆之说，亦早知之。然因不再继续研究其原理，以致自然科学不能继续发展，而外国人则注重实用之外，尚能继续研究，由无用而至有用，故自然科学能大有发展。为什么我国民族太注重实用呢？实由地理、社会、文化环境使然。中国为大陆文化，人多以农业为主，只希望能自给自足之经济。"

同样，中英科学合作馆英国李约瑟博士，在民国三十三年湄潭举行

---

* 1945 年 8 月 22 日。本文为作者 1945 年 8 月 22 日在浙江大学暑期演讲会上的演讲词。

中国科学社成立三十周年纪念大会演讲里,亦以为近世科学之不能产生于中国,乃以囿于环境即地理上、气候上、经济上和社会上的四种阻力。地理方面,中国为大陆国,向来是闭关自守,固步自封,和西方希腊、罗马、埃及之海洋文化不同。气候方面,亦以大陆性甚强,所以水旱灾患容易发生,不得不有大规模的灌溉制度;而官僚化封建势力遂无以扫除。中国经济和社会方面,秦朝以来,官僚士大夫专政阶段停留甚长,社会生产少有进展,造成商人阶级的没落,使中产阶级人民无由抬头,初期资本主义无由发展。而近世科学则与资本主义同将产生。

抗战前数年,德籍犹太人维特福格尔在他的研究中国社会的著作中,有一段专讲"中国为什么没有产生自然科学"。他开始提出一个问题,他说:"半封建主义的欧洲,在经营规模并不大于中华帝国,甚至往往小于中华工业生产的基础上,完成了许多的科学发明和贡献。这一切显然是表示了初期资本主义的各种特征,狂热地催促小资产阶级去积蓄势力的环境下所完成的。拉狄克在《中国历史上的根本问题》中曾经指出:欧洲产业革命以前的西欧社会关系,和中国的这种关系有某种根本的差别。若不承认这种见解,则中国环境既和欧洲产业革命以前的环境一样,那为什么不引起了科学的萌芽和科学的发展呢?"对于这个问题,他的答案是:"除了历史科学、语言科学和哲学而外,中国只在天文学和数学方面得到了真正科学上的成就。而就整个情形看来,那和工业生产的形成有关的自然科学,不过停滞于搜集经验法则的水准罢了⋯⋯汉代或汉代以前的中国,为什么在数学上和天文学方面达到了较高的水准? 假定这些科学的产生,是建筑在各种大规模的治水工程和水利工程上的社会秩序需要上,那么,只有这个时代才是这些科学的成立时期吧?"接着他说:"中国思想家们的智力,并没有用在那可以形成机械学体系的各种工业生产问题上面,并没有把处理这些问题作为根本的紧急任务,这个远东大国的根本智能,集中到了其他的课题,即农业秩序所产生的,及直接和农业秩序有关的,或在观念上反映着农业秩序的各种课题。"他的结论是:"他们在这里还不能够从亚细亚社会和欧洲社会的关联中,检讨亚细亚社会为什么不能以解体过程中的欧洲中世纪的半封建主义那样的方法和程度,去推进大规模的工业经营。我们仅仅确认这个事实:即是精密的自然科学的停滞,是和这种工业上的停滞互相平行的……中国自然科学各部门所以只有贫弱的发达,并非由于偶然,而是那些妨碍自然科学发达的障碍所必然造成的结果。"

上述四位作者对于本问题的结论,统归根到中国旧社会之不适宜于产生自然科学。钱宝琮、李约瑟和维特福格尔三位先生一致主张,是农业社会的制度在作梗;陈立先生的意见是由于宗法社会的组织。两者的意见实是二而一。因为宗法社会只有以农业为经济核心时才能维持,才能发展。

据京都大学教授森谷克己的意见,宗法社会的功能是:(一)祭祀祖宗;(二)逢年逢节时合族的聚餐;(三)亲族的丧服;(四)同宗不婚的习惯,而最重要的是(五)它的经济功能,即古时所谓"兄弟异居而同财,有余则归之于宗,不足则资于宗",一族内财产之有无相通办法。(《中国社会经济史》,中华书局,一九三六年版。原注)森谷克己又说:"在中国原始的姓之社会的诸职能,在宗法下是很多保存着的。在这里就出现了中国社会进化之一特性。"农民安土重迁,可以和邻县邻村的人老死不相往来,所以容易保持宗法社会制度。到了工商业逐渐发达,天下之大,随处可为家庭,宗法社会的制度,即无以维持。《吕氏春秋·尚农》篇对于这点说得很透彻,"民农则产复;其产复则重徙;重徙则死其处,而无二虑……民舍本而事末,则其产约;其产约,则轻迁徙;轻迁徙,则国家有患,皆有远志,无有居德。"人民到皆有远志无有居德的时候,宗法社会决难维持了。

我们若承认了中国古代自然科学之所以不发达,是由于中国社会农业势力之伟大,和工商业之不发达,接着就发生第二个问题:为什么在中国历史上,农业社会能保持这种压倒的势力如此之久?英国拉斯基教授说:"政治哲学必须以历史哲学为基础。历史上一个国家、一个民族的兴衰存亡,治史者各有各的观点。类皆持之有故,言之成理。或者以为出于天命,或一种不可阻抑的势力,如黑格尔即作如此观;或者以为由于天气之变动，如热带宜于独裁，温带宜于民主；亦有把历史当做几个伟大人物的成功或失败事业史观者……但是，经济生产方法的改进，最足以左右一切历史上的变动。"拉斯基又说："历史上变动最快的时代，亦就是经济生产方法变动最大的时代；历史上稳定的时代，亦即是经济生产方法比较固定的时代。"而且，他举了文艺复兴、产业革命和二十世纪初叶几个时期，作为欧洲生产方法变动最大时期，亦是思想最灿烂时期。我们从经济生产的观点来研究欧洲近世科学之兴起，方能了解十六七世纪欧洲科学之进步，决非偶然之事。一般人以为，近世科学起源于伽利略、牛顿几个伟大杰出人才，实是大误。自从一四九二年哥伦布发现新大陆以后，西欧工商业大为活跃。海洋中船只之驾驶，需要专门工程知识；贸易繁盛，金币不足应付；矿冶迅速发展，而开矿时又发生许多问题，亟待解决。在十五世纪末，欧洲已有了十六种机器为矿中去水的用途。航行发达，望远镜与罗盘针之制造日趋于精密。经纬之测定，又要天文知识。到一六六〇年左右，英国有一班学者，专门为了好奇心所驱使，来集会讨论研究一切事物，自宇宙以迄虫鱼。这就是英国皇家学会的起头。英国皇家学会之所以成立于十七世纪中叶，亦非偶然之事。因当时富商巨贾之特兴，造成了一个有闲阶级，时常往来旅行。他们的目的并不是孜孜为利，而是为求知心所驱使。这实为近世科学之开端。

我们了解近代科学和社会进化的关系，再来看我国历史上是否有一个时代可以奖励工商业的发达。初期资本主义的兴起，使中产阶级能起而与专制封建势力相抗衡，如同十六七世纪欧洲新兴势力之与封建宗教相奋斗呢？历览两三千年我国历史，只有在战国到西汉中叶一个时期有此可能性，而这个时期，亦是中国思想史、科学史上最灿烂的一个时期。马乘风《中国经济史》里说道："因为战国时代之经济发展，所以随之以政治组织和意识形态亦均活跃异常。在中国文化史上来看，除了近代欧化势力东渐以外，几乎找不出一个时代，能够与战国之百家怒鸣、万壑奔流相比。"张荫麟《中国史纲》中亦说："自从春秋以来，交通日渐发达，商业日渐进步，商人阶级在社会日占势力。儒家、法家虽统主张加以严厉裁制，但汉代统一中国后，一方面废除关口和桥梁通过税，一方面开放山泽，听任人民垦殖，给工商业以发展的机会。此时牛耕逐渐推行，加以政府的放任，蓬勃之气象，为此后直至海通以前，我国工商界没有超出过的。"在汉代文景二帝时候，商人的势力最大，当时富商往往也是大地主，专川泽之利，管山川之饶，他们的生活，据晁错说："衣必文绣，食必粱肉……因其富厚，交通王侯；力过吏势，以利相倾；千里遨游，冠盖相望，乘坚策肥，履丝曳缟。"继文景而君临帝国的汉武是一位好大喜功的人。自他即位后二年，即派张骞去西域。从建元六年到元狩元年，十六年间，专力排击匈奴，计九次出塞，所斩获人数在十五万人以上，把河西走廊改设武威、酒泉二郡。从元狩四年到太初五年，十七年中，又把南越、朝鲜、西南夷收为郡县。汉武开拓疆域，论时间与范围统是空前的，与西欧相比，这正如哥伦布发现新大陆，开辟了广大殖民地，使工商业大可发展。据张荫麟云："张骞使西域以后，各国继续报聘，为郡国英豪或市井无赖辟了新的出路。"照理论讲，文景之世商人势力既如此庞大，而接续汉武又开拓疆域，使工商业更有用武之地，那么初期资本主义就应该产生，而近代科学亦应该见萌芽了，但历史告诉我们，事实并不如此，这其中的原因又何在呢？

地理的环境是有关系的，若是西域不是一片荒漠，而是一块沃土，如欧洲的乌克兰或是茫茫大海如大西洋，那大概我们历史上的发展就要大不相同。但这种推想，不能解决目前所讨论的问题，灌溉的制度和君主专制政权之确立，是平行不悖的，但不是树立君主专制政权重要的因素。从战国时代魏西门豹凿十二渠，韩、郑国为秦凿泾水渠，蜀李冰等筑灌县水渠，直到汉武帝在关中凿六渠，这期间水利的事业的确大有发展。黑格尔、恩格斯、马克思和马札尔辈统主张水利工事的统制，建立了中国专制政权。李约瑟和维特福格尔亦多少抱这种见解。但建立秦汉专制政权的因素，决不只此一端，马乘风举出：（一）财政的管理及田赋的征收；（二）常备军之训练和调动；（三）各地执行民法和刑法的衙门；和（四）专门选拔为皇帝作愚民政策，为国家做辩护士的考试和选拔制度。这四者对于确立秦汉专制政权，统比灌溉水利事业更加有力量。

但究竟哪一种势力能最有效地建树了帝王的政权,摧残了商业的发展,毁灭了近代科学的萌芽呢？这我们不能不根据历史上的事实。在春秋时代,商业尚未发达,当时帝王并不感觉到商人夺取政权的威胁,所以《左传》有"务材顺农,通商惠工"之说;《国语》有"轻关易道,通商宽农"之语。那时,农工商尚不分厚薄高下。春秋时代经商的子贡,不失为孔子大弟子,太史公《货殖列传》称:"子贡结驷连骑,束帛之币,以聘诸侯。所至,国君无不分庭与之抗礼。夫使孔子名布扬于天下者,子贡先后之也。所谓得势而益彰者乎?"到了战国,铁器已普遍应用到农耕上;施肥的方法盛行,大规模的灌溉事业亦统建设起来;农业生产大大的增加,商业亦随之以活跃。自越之计然、秦之商鞅以后,重农抑商,以农为本、商为末之议论勃兴。汉代初期,工商业更有长足之进步。富商之衣食住,拟于王侯;收养豪杰,权倾人主。当时的知识阶级如贾谊、董仲舒之流,就统主张严厉地裁抑商人。但是,裁抑自裁抑,舆论自舆论,而文景之世,商业势力仍然继长增高。所以晁错叹息道:"法律贱商人,而商人已富贵矣;法律贵农人,而农人已贫贱矣。"汉武开拓疆土,本可使工商业更形繁荣,但是相反的,商业于汉武之世反形凋落。这是因为根据了重农抑商的政策。武帝厉行了三种制度,使商人统濒于破产。第一是商人加算,与听人告缗,始于元狩三年。明邱濬《正史正纲》卷四云:"古者关市之征,盖恶其专利,就征其税,非隐度其所积之多少,而取之也。武帝于元光五年,既算其行者之车,至是又并算民车,且及舡焉;凡民不为吏不为三老骑士,苟有轻车,皆一算。商贾则倍之,舡五丈以上者出一算。匿而能告者以半畀之。"匿而被告者称告缗。自告缗令施行后,据说中产以上的商人,大抵破产。第二是商人不得名田。汉初富商大贾,亦多为大地主,或投资农村,如蜀宛氏之规陂池。商人不得名田,即不得置产业,使商贾与大地主绝缘,商业资本遂以偏枯。第三是将当时最大的私人企业,盐和铁收归国营。这也是元狩三年的事,置盐官凡二十八郡,铁官凡四十郡;设有私铸铁器及鬻盐者,釱左趾,没入其器物。据《史记·货殖列传》,秦汉之交的几位大富翁,以职业而论,多为矿冶。我们把《货殖列传》的几个富翁，列举起来。猗顿用盐起家；郭纵以铁冶与王者相埒富；巴蜀寡妇清传丹穴，擅利数世，秦始皇为筑怀清；蜀卓氏用铁冶富秦破赵……至僮千人，田池财猎之乐拟于人君。此外，以冶铁致富者，尚有程郑、宛孔氏、曹邴氏。惟白圭以善观时变，如今日之投机家，操纵市场。宣曲任氏以窖藏致富，乃今所谓囤积居奇。此外则齐师史以运输致富，乌氏倮以畜牧致富。假定司马迁这统计可靠的话，那么以盐铁起家致富的，在当时富翁总数里，十一个中要占到七个。自盐铁归为国有，这类财产就要被收没了。从上面所叙述之事实看来，自春秋到汉初三百年中，我国商业有欣欣向荣的趋势，到汉武帝国势昌盛的时代，正应该继续发展，以达到像西洋初期资本主义的阶段，却为汉武帝重农抑商的经济政策所打断了。

从战国到汉初，一方面是工商业发达时期，一方面亦是中国思想上最灿烂的一个时期。诸子百家各种学说，统在此时出现，好比西方纪元前六百年到二百年时代的希腊。战国时代中国思想之所以突然解放，亦有其社会之背景。张荫麟说道："当封建时代的前期，贵族不独专有政权和田土，并且专有知识。闲暇和教育，是他们所独享的。在封建制度演化中，贵族的后裔，渐渐有降为平民的，知识遂渗入民间。"（《中国史纲》第六章）马乘风亦说："战国时代以前，知识是贵族所独占的，贵族与农奴处于绝对不同的生活状态之下。到了战国时代，因为阶级关系的变动，昔日隶属关系之羁绊，已被打破，所以平民而求知识就成为可能的事了。"（《中国古代经济史》第一册第二百六十一页）因为求知识之机会由上层阶级推广至于中层，甚至于下层阶级，思想就骤然解放，而突然发生异彩，一时学说并陈。但何以在这思想解放的时代，科学的思潮不能发展？对于宇宙的观感，天然事物的剖析，中国赶不上希腊呢？对于这一点，张荫麟先生亦有很好的解答。在《论中西文化的差异》（《思想与时代》第十一期）这篇文章里，他说道："中西文化的一个根本差异，是中国人对实际的活动的兴趣，远在其对于纯粹活动兴趣之上。以亚里士多德的《伦理学》和我国的《大学》、《中庸》来比，是极饶兴趣的事。亚里士多德认为至善的活动，是无所为而为的真理的观玩。至善的生活，是无所为而为地观玩真理的生活。《大学》所谓止于至善，则是为人君止于仁，为人臣止于敬，为人子止于孝，为人父止于慈，与国人交止于信。这差别还不够明显么？中国人讲好德如好色，而绝不说爱智、爱天；西方人说爱智、爱天，而绝不说好德如好色。"荫麟先生所指出这中西文化在价值意识的差异，是极重要的一点。荫麟先生很谦虚地说："我不知道有什么事实可以解释这价值意识上的差异。"据作者的意见，以为这也是因为中国社会一直以农业为核心的关系。

希腊社会曾经经过游牧时代。它是一个半岛，沿岸布满了无数的小岛，所滨的海是内海，而非大洋，和海外来往是很便利的，所以商业从头即易于发达。我们是一个大陆国家，长江以北沿岸极少岛屿，一入茫茫大海，就毫无归宿。从殷墟时候起，即以农为主要经济生产。中国有史以来，并不知用乳酪。天上星宿，只有龙、凤、牛、龟，而没有畜牧时代主要的产业：山羊或绵羊。中国古代是否经过一个畜牧时代是疑问，即使经过亦必年代很久远，或是时间很短促。从殷商到汉初，经过至少一千二百年以农业经济为核心的社会，其束缚人民的思想、习惯、个性的势力自然非常雄厚。以农业为中心的社会，它的人民个性的好处是诚朴、稳重、和平和坚忍；它的缺点是愚昧、自私、乏冒险心和不能合作。到如今，我们民族还仍然反映这种优点和缺点。《吕氏春秋·尚农》篇云："古先圣王之所以理其民者，先务于农；农非徒为地利也，贵其志也。民农则朴，朴则易用，易用则边境安，主位尊。民农则重，重则少私义，少私义则公私法立，力专一……民舍本而事末，则好智；好智则多诈；多诈则巧法令，以是为非，以非为是。"古代帝王就利用这理论来提倡重农抑商。农业社会势力大，求知之心不能发达，而科学思想亦无以发展。

照上面所讲，希腊古代求知之精神既如此充足，为何希腊亦只能发达科学到一定阶段，而近世科学亦终不能实现呢？这其中重要因素，是由于奴隶制度盛行于希腊。所以，古代希腊一班哲人，如发明几何学之毕达哥拉斯，主张原子论之德漠克利特以及苏格拉底、柏拉图辈，虽有闲暇以沉思其高尚之理想，而不愿胼手胝足以做实验。而近世科学，非手脑并用不行。英国拉伟教授说："有闲阶级思想上之努力，可以得到理论上之发展，但有闲阶级不愿动手。奴隶阶级可以做实际之工作，但不敢奖励使之了解高深之理论，埃及、希腊、罗马之所以对科学上、机械上贡献之有限度者，正以此数国社会上阶层之结构。"故据伟大哲学家亚里士多德之意见，生产劳动者不具有公民资格。希腊社会组织为有阶层的。希腊人之奴隶，即希腊人之机器。只需奴隶之代价便宜，即不需另觅代替品。反观我国社会情形，亦和希腊相似。孟子谓劳心者治人，劳力者治于人。士大夫阶级是劳心者，而农民苦力是劳力者。这样阶层机构，迄今还存在。长衫阶级以及学农学工的大学生，仍认动手做工为可耻，这种观念不改变，中国自然科学亦难望能发达。

归根起来讲，中国农村社会的机构和封建思想，使中国古代不能产生自然科学。而此种机构，此种思想，到如今还大部遗留着。人民一受教育，就以士大夫阶级自居，不肯再动手。在学校所习科目，只问其出路之好，待遇之丰，更不校量科目之基本训练如何，个人之兴趣如何。把利害之价值放在是非价值之上。而社会上一般提倡科学的人们，亦只求科学之应用。怪不得维特福格尔说："在现在的日益走向解体过程中的中国，上层阶级和最高官厅，也对于自然科学发生兴趣，加以奖励。但他们所怀抱的意义，和西洋完全不同，这是千真万确的事，谁也不能否认。"据容闳所著《西学东渐记》，谓：同治六年，曾文正公方初定捻匪回到上海，去就南京两江总督任，极注意于其亲自手创之江南制造厂。文正见之，大为欢喜。容闳因劝其设立兵工学校，以期中国将来不必需用外国机器及外国工程师，大为文正所赞许。从曾文正到现在，我们提倡科学已近八十年，而仍有人主张"西学为用，中学为体"或类似的谬论。希望原子弹之发现，能打破这班人的迷梦，而使中国科学入于光明灿烂的境界。

卅四年八月廿二日完稿于遵义

原刊于《科学》28卷第3期（1946年4月）

科学与世界和平 *

有人称第一次世界大战为科学家的战争,第二次世界大战为物理学家的战争。无疑的,近来发明的战争利器如原子弹、雷达、火箭、超声速度的飞机、优越力量的炸弹,全是科学家尤其是物理学家的把戏。因此,"国防科学"成了一个专门名词,尤其在纳粹时期的德国,一门科学的是不是值得提倡,有没有什么价值,全要看它和国防关系之大小。因此,科学和国防便成立不解之缘。好像科学的可贵,全在它能供给人们以残杀同类的利器。这并不是科学本性是凶恶的、狂暴的或是好杀人的,而是因为我们人类的不争气,内心怀了夺取霸权的心理才发生这类现象。若是人心统善良,那末科学很可以帮助人类,增进国际间情感,排除列强的困难,建立永久的世界和平。诸位,这并不是一个乌托邦的梦,我可进一步说,若是我们不要人类绝种,地球毁灭于这宇宙之内,我们必得利用科学来造成一个和平的世界。

过去科学上的发明,已经对于建立世界和平有很大的贡献。中国历史上的革命和混乱是有周期性的,而中国在历史上的人口增减也有周期性的。这在十七八年以前,中国科学社南京年会演讲里已经由马君武先生指点出了。李仲揆先生在上海苏韦培主编的《科学文艺》月刊上,亦曾说明中国历代兴衰存亡的周期性。大抵每朝开始的时候必有一期的初安和小康,继之以较长的承平时期;年久以后,人口增进,一遇到水旱灾荒就会弄得遍地土匪,不久到处流寇酿成革命,而开创另一个朝代。自汉以迄明清,统是如此。明末的徐光启早于英国的马

---

* 1947 年 8 月 30 日。

尔萨司（Malthus。今译为马尔萨斯，1766—1834。英国资产阶级经济学家、牧师和教授。其在代表作《人口原则》和《政治经济学原理》中提出了"马尔萨斯人口论"，人类必须控制人口的增长，否则，贫穷是人类不可改变的命运。编者注）一百多年已经指出人口的增进是依几何级数的，它的速度较食物的增进来得快，不加控制必会造成人口过剩的现象而酿成混乱和革命。中国历史上之多混乱，人口过剩不能不说是一个很大的原因。但在科学昌明的今日，马尔萨司的学说已需加以修正。一方面人口的增加可以人工的方法来限制，而食物的产量可用选种、肥料来增加。"马氏人口论"的应修正，在十九世纪中叶，已由安格尔指出了。科学不但可以免除地球有人满之患，而且可以增加财富，使家给人足，这于避免战争是不无小补的。

其次，卫生常识的增进，医药知识的进步，如维他命之发现，日光之利用等，对于人生健康大有裨益。精神之健全，必寓于体魄之健全。精神失常如希特勒者，一旦得志，便可为所欲为而以全体人类生命为孤注。故世界上卫生营养知识之增进，亦足以使人民趋向于和平大同之道。

近代科学家尚有一大贡献，亦足以拯救人民于水火使登衽席之上，这就是交通与通讯的改进。老死不相往来，闭关自守之民族往往流为夜郎自大。在山岭多的地方，相隔数十里言语即不能相通，易于引起误会。交通方便可以引起言语的统一，通讯方便可以引起意志的统一。无线电广播是一个统一意志的极大工具。言语上的统一和意志的统一，均可免除言语上的误会，意见上的分歧，使人民与人民，国家与国家减少冲突的机会。

所以科学对人生的三大贡献：增加生产，改造健康，和改善交通与通讯，照理统能使世界趋向和平。但是，近三十年来科学进步最快，而此时期中我们这辈子就眼见了两次世界大战，不久第三次大战也许就要爆发；这是什么缘故呢？有人就怀疑到科学进步太快了，我们人类控制物质的力量，远胜于我们控制自己的力量，物质科学该休假一二十年，使我们人类有喘息的机会。这种观念是错误的。我们所需要的倒并不是科学的休假,而是发展更多门类的科学,更多的人知道科学,科学家的更能本其科学的精神来研究科学。

(一)什么叫"科学家的更能本其科学精神来研究科学"呢? 第二次世界大战可以说是两种学说所造成。在东方是日本人的八纮一宇的学说("八纮一宇"是日军宣扬大东亚战争正当性的常用语,意为"天下一家"。"八纮"语出中国古籍《列子·汤问》:"……汤又问:'物有巨细乎?有修短乎?有同异乎?'革曰:'渤海之东不知几亿万里,有大壑焉,实惟无底之谷,其下无底,名曰归墟。八纮九野之水,天汉之流,莫不注之,而无增无减焉。'……"为树立天皇的宗教权威,日本统治者神武天皇下达"八纮一宇"诏书的神话,即完成"征服世间的四面八方,置诸于一个屋顶之下"的使命。编者注),在西方是纳粹的领袖主义。八纮一宇的学说以天皇相号召,支那人是劣等民族,大和魂是负天的使命来拯救到共荣共存的地位;领袖主义以日耳曼民族相号召,说日耳曼是天之骄子,其余的民族统好像我们古代的南蛮北狄,从虫从犬(犹太人的"犹"亦从犬),只配做奴才,二者可谓异曲同工。这种领袖民族的学说在赫胥黎、哈同、卡尔-桑德斯等三人合著《欧罗巴人》一本书里,早经道破其不合科学原理。但在日本和德国,不但有人类学家和生物学家随声附和,甚之物理学家、数学家也来助纣为虐。德国的物理学家 Lenard(林诺得,1920 年诺贝尔物理学奖获得者。编者注)著了一本《德国物理》,说犹太人绝对不能做科学工作(但事实上,德国人得 Nobel 奖金的,25%是犹太人)。又说爱因斯坦的"相对论"绝对不符事实。德国生物学家 Karl Brohmer 著了一本《国家社会主义生物学》,说社会组织要以纳粹德意志为榜样。日本的生物学家也把教科书修改了,以符合时行的政见。德国科学家当中,不乏守正不阿的人,如同 Heisenberg,Jordan,Sommerfeld,统被称为"白犹太人"。但有地位的科学家,如 Lenard 亦会埋没良心,投机如此,这真可为科学寒心。往者已矣,来者如何呢?在本年二月号《Discovery》月刊上,英国著名的遗传学家 Darlington 做了一篇文章叫《科学的革命》,讲到苏联列宁农业科学院院长 Lysenko(李森科)近来的著作,关于遗传学说完全以共产主义出发点来写的。把 T. H. Morgan 的遗传学说完全蔑视。科学是研求真理的,歪曲事实以迎合潮流取悦于世,这是投机取巧。抗战未结束以前,美国 M·I·T. 数学教授 Norbert Wicener 维纳氏做了一篇关于飞弹的文章。到抗战胜利后,有人向他索阅此文,他就拒绝了。他说:"我知道了广岛、长崎两枚原子弹,杀死了数十万无辜生灵以后,才觉得科学家已经把生杀予夺的权操在手上。发表科学上的消息,其责任如何重大,我不能不郑重加以考虑。"若使每个科学家能如 Wicener 那么郑重,世界生灵或不致再受涂炭吧? 在本年五月九日美国 ABC 广播电台广播说,政府已请到两百多关于火箭有经验的德国人予以自新的机会,并以做美国公民之资格来奖励他们,使他们继续研究火箭。国家并预备以二亿五千万美金巨款来做这工作。你想照 Wicener 的理论,这辈专家不尽是屠杀人民的刽子手吗?

(二)为什么需要更多的人知道科学呢? 近世科学进步如此迅速,已经使门外汉莫测高深,望洋兴叹。但惟其如此,一般人民尤其不能不具有点科学常识。如卫生常识、电气常识等。而对于宇宙观的常识,也不能人人具有,尤其是做社会或是国家领袖的人们,不能不具有。领导一个多数民众的领袖,而不知天高地厚、生物进化之过程、真理之永久不泯灭而妄自为尊大,为所欲为,以为一手可掩尽天下耳目,如希特勒其人,那没有不使生灵涂炭、天下鼎沸的。据地质学家说,人类在地球上不过五十万年,但自地球生成迄今已达十万万年。地球生命中,不过最后二千分之一之时间才有人类。在地球历史上看,人类无非一个初坠地的婴孩。地球本身是太阳系八大行星中比较小的行星,而在我们的宇宙里即是银河里,太阳是一千亿颗星中的一颗,还不能算大的。而全世界有多少像我们的宇宙呢? 这天文学家尚不能确定,只知道最近的一个宇宙——螺形星云离开我们八十五万光年。从威尔逊 100″ 天文镜中,估计可以看到二百万这类宇宙,若用 200″ 天文镜,估计可以看到八百万个。所以,我们在宇宙的地位是微乎其微。从这眼光来看历史上的战争,自刘项之争(巨鹿之战),以迄两次世界大战,岂非尽变成了蛮触之争,俗语所谓"螺蛳壳里做道场"呢？假使各国政治舞台上的人物统看透这点,世界何致再策划战争呢？

(三)什么叫发展更多门的科学呢？ 今年年初,著者在伦敦的时候,伦敦大学物理学教授 Prof. J. D. Bernal 说:本年英国政府补助科学的款项,是物理科学四千万磅,生物科学四百万磅,社会科学四十万磅。他虽是物理学家,可是言下甚是为社会科学、生物科学抱不平。英美的科学家,往往批评纳粹时期的德国太注意所谓 Wehrwissenschaft 国防科学。李约瑟在他所著的《历史在我们这边》这部书里说道:"德国科学的退步其故安在？一言以蔽之曰,国防科学而已。"英国政府给予科学研究的奖助金,物理科学十倍于生物科学,百倍于社会科学,虽是物理科学的设备比较昂贵,但是,大部分理由还是因为物理科学与国防有密切的关系。美国的情形更为显著。抗战胜利以后,美国军部继续津贴各大学研究与国防有关的问题,每年自数十万至数百万美金不等。可知英美科学家之讥笑纳粹德国注重国防科学,亦是五十步笑百步而已。有若干科学与国防无关,如优生学、遗传学、社会学等,相形之下,不免被漠视了。有人说物理科学是基本科学,基本科学解决了,其余的科学可随以进步。这是不错,但是人生最值得研究的还是人。若人类本身不改进,还是贪多无厌的争权夺利,物质的条件无论如何优越,仍然不会有和平。原子核可被击破之理论发明以后,美国 Manhattan 计划(曼哈顿计划,是 1942 年 6 月,由美国领头,有英国、加拿大参与的一项研究核武器的计划。该项目造出了人类历史上第一颗原子弹。曼哈顿计划的负责人为美国物理学家罗伯特·奥本海默;整个计划的经费是 20 亿美元。编者注)集了几千个科学家的殚精竭虑,总算把原子弹造成了。近来遗传学上发现了包含遗传性的 Gene,亦可以 X 光来击破。若是人类的劣根性如贪污、残忍、凶恶等等的性情,亦是由基因 Gene 来遗传的话,若是这类基因也可以各个击破,若是这类基因排除掉以后,人类细胞仍能存活,则我们人类就有统变成廉洁、仁爱、和善的民族的可能,那世界上还会有战争吗？基因的分裂是不是比原子核的分裂有一样重要性,而值得人们的注意呢？

总之，科学应该是平均发展的，不能以这门科学与国防有关才去发展它。假使我们要提倡一个特种目标，亦须选择对世界人类全体有益，于建立永久和平有助的才去提倡它。联合国教育科学文化会议去年十一月在法国巴黎开第一次大会，不久在墨西哥又要开第二次大会了。这个组织的约章里开宗明义就说"战争既发动于人心，故和平之壁垒，仍须建筑于人心……仅以政府间政治与经济协商为基础之和平，不能取得全世界人民一致永久而又真诚之拥护，故欲维持世界和平于不坠，必须植基于人类知识上及道德上之团结"云云。若是各国竞来提倡与国防有关之科学，同床异梦，尔诈我虞，我们如何能得到知识上及道德上之团结呢？

原刊于《国立浙江大学校刊》复刊第 163 期

（1947 年 9 月 10 日）

科学工作者之立场*

科学工作者在目前此种局势下，不但要在物质上应变，而且要在精神上应变，就是说，科学工作者应抱坚定之立场，追求真理。不论在何种社会环境之下，一切以真理为依归，决不指鹿为马，抹杀真理。

原刊于《国立浙江大学日刊》复刊新 104 号

（1949 年 1 月 19 日）"校闻"栏

---

* 1949 年 1 月 16 日。原文题目是《科学工作者协会杭州分会座谈会志盛》，篇名为编者所拟。

中国古代在天文学上的伟大贡献*

在世界各民族文化发达的过程中，天文学总是最早发达的一门科学。无论是农耕民族或是游牧民族，统要依照四季循环来安排他们的生活，决定他们的行动。浮海为生的民族，要在茫茫大海中知道方向，必须认识星宿和太阳的位置。人类的生活既逃不了空间和时间，所以凡是具有高度文化的民族，必须有丰富天文知识，古代天文学最发达的民族要算巴比伦、印度、希腊和中国。可是，过去资本主义国家谈天文学史的人，多推崇巴比伦和希腊，蔑视中国在天文学上的伟大成就。一方面固由于西洋写天文史的人，不懂得中国文字。但自命为中国通的人，也鄙夷中国古代天文学的成就而弗肯称道，如十九世纪中叶，英国传教士谌约翰著《中国古代天文学史》，把中国古来在天文学上的创造，统以为是传自印度和巴比伦，即是一个例子。也有少数学者，如《星辰考源》的作者荷兰人薛莱格，误解了中国的经典，把中国天文学史推到一万六千年前，以为西方天文知识多源于中国，这也未免过于夸张。我们若用实事求是的眼光来研究世界科学发达史，中国古代在天文学上的成就，自有其辉煌卓越的贡献，值得我们的探讨和宣扬。

中国古代天文学上的成就，有两点和巴比伦与希腊不同的。第一是注重实用。我们天文学上的成就，许多是为配合实际需要而得到的。在同一时期，我们的理论也许不比希腊高明，但是技术的应用上却超过了它。第二我们有悠久的历史，各时代继续不绝的有记录、有发现、有创造。我们若把中国天文学发达史分为三个时期，即（一）从

---

* 1951 年 2 月 25 日。

殷周到两汉三国；（二）从六朝到唐；（三）从五代到元明，则每个时代统有杰出的人才，在继续不绝的劳动着，才能创造我们古代在天文学上伟大的贡献。

在第一个时期，我们最大的贡献是在历学上。从殷墟时代起，我们已是农耕社会。一年四季寒来暑往的规律，对于农产品的培养、生长和收获是有决定性作用的。必得把握这寒来暑往的规律，才能把农产品搞好。稻麦五谷早种或迟种十天的差别，常会使农人一年辛苦的劳动变为成功或失败。过去，受了帝国主义宣传的毒素，总以为阳历是从西洋传来的，西洋古代历法要比中国来得精密高明，这是完全错误的。我们从甲骨文上可以看出，三千年前殷代已经有十三月的名称。《书经·尧典》说："朞三百有六旬有六日，以闰月定四时成岁。"所谓"三百有六旬有六日"就是阳历年，"以闰月定四时成岁"乃阴阳历并用。西洋在巴比伦时代或希腊、罗马时代，也夹用阴阳两历，和中国原是一样。不过同一时代，我们的历法要比希腊、罗马来得进步。《孟子·离娄》章说："天之高也，星辰之远也。苟求其故，千岁之日至，可坐而致也。"古人称冬至、夏至为日至。像孟子所说，在战国时代，我们测定阳历年的长短，已极有把握。西洋到了我们西汉末年的时候，历法还是非常纷乱，十八世纪法国文学家伏尔台（今译为伏尔泰。编者注）讽刺那时罗马历法说："罗马人常打胜仗，但不知道胜仗是在哪一天。"到罗马该撒皇帝（今译为凯撒大帝，罗马共和国末期杰出的军事统帅、政治家。公元前 100 年 7 月 13 日，出生于罗马。公元前 44 年，凯撒遭以布鲁图所领导的元老院成员暗杀身亡。编者注）定了儒略历，历法遂上了轨道。

阳历和阴历调和的困难，在于月亮绕地球和地球绕日两个周期的不能配合。月亮绕地球一周所需时间为 29.530 59 天，就是 29 天 12 小时 44 分 3 秒；地球绕太阳一周所需时间，为 365.242 216 天，即 365 天 5 小时 48 分 46 秒。两个周期不能相互除尽。中国古代农历把阴阳二历调和得相当成功。阴历月大三十天，月小二十九天。一年十二个月只三百五十四天，要比阳历年少十一天有余。每隔三年插一个闰月,却尚多了几天。但若十九个阴历年加了七个闰月,和十九个阳历年几乎相等。我国在春秋中叶,已知道十九年七闰的方法,要比希腊人梅冬发明这个周期,在时间上早一百六七十年。二十四节气,也是中国历的特点。节气完全跟太阳走的,可称阳历的一部分。二至二分(即夏至、冬至和春分、秋分。编者注)在春秋时候,已经知道了。其余二十个节气,到秦汉之间才完备。西洋到如今只有春分、夏至、秋分、冬至四个节气,并不像我们中国有立春、雨水、惊蛰等名称。这二十四节气于实用上,给一般老百姓以极大方便。明顾炎武《日知录》说:"三代以上人人皆知天文。七月流火,农夫之辞也;三星在户,妇人之语也;月离于毕,戍卒之作也;龙尾伏辰,儿童之谣也。后世文人学士有问之而茫然者矣。"春秋以前没有二十四节气,所以,人们的衣食住行统要看星宿的出没来决定,天文常识就很普遍。秦汉以后,有了节气月令,像"清明下种,谷雨下秧"这类谣谚和九九歌等流行以后,一般老百姓无需仰观天文了。

中国古代定一年四季的方法,最初以黄昏星宿的出没为主。《尚书·尧典》以鸟、火、虚、昴四宿为仲春、仲夏、仲秋、仲冬黄昏时之中星。殷墟甲骨文中已有"火"和"鸟"的星名。司马迁《史记》称古代有火正,专门观测大火的昏见。可见我国三千年前,春季黄昏大火即心宿第二星的初见,为一年中农业上的大事,季节由大火的昏见而决定。到了春秋中叶,我国历学有了显著的进步。依据日本人新城新藏氏的推断,这是由于在鲁文公宣公时代,即公历纪元前七世纪,已采用土圭来观测日影,以定冬至和夏至的缘故。希腊用土圭测定冬、夏至,始于纪元前六世纪的亚纳雪曼达,尚在我国之后数十年。春秋以后,秦用颛顼历,汉武帝时用太初历,统以三百六十五天又四分之一日为一岁,和罗马该撒皇所颁的儒略历同,但却比儒略历要早二百年到六十年。我们祖先能这样很早就定出一年四季正确的周期,和二十四节气分段的方法,使老百姓作息时间统有所遵循,这显示了二千年前,我们中国人的无上智慧,和继续观察不绝的努力。

除历学而外,我国古代可靠的天象记录,也多在世界各国之先。

不但时间最早，而且也最详尽。其中，日食是最受人注意的。大白青天，太阳忽然不见，满天星斗出现，这在古代是一件惊心动魄的事。为了要明白这道理，我们的祖先三千年前就不绝地在纪录和观测。我们即使把殷墟甲骨上所记的日食和《书经·胤征》、《书经·小雅》所载的日食因为年代不能确定不谈外，单《春秋》一书二百四十二年中，记有三十六个日食。其中，有三十二个已证明是可靠的。最早的是鲁隐公三年二月朔的日食，即在公元纪元前七百二十年二月二十二日。比西方最早可靠的记录，即希腊人泰耳所记的日食要早到一百三十五年。

彗星俗称扫帚星，是寻常肉眼所不常见的一种星。古代中外统相信扫帚星出现，同国家治乱、民生祸福有关。我国从春秋时候起，有彗星的记载；秦汉以后，更为详细。彗星当中有一颗很明亮的，西洋叫哈雷彗星，为了十七世纪英国天文学家哈雷而出名。哈雷在公元一六八二年看到此彗星后，他查西洋记录上在一六〇七年、一五三一年和一四五六年，也有同样彗星的出现，那时，牛顿的万有引力原理已为大家所公认，哈雷就断定这彗星和行星一样，也是绕太阳而行，它的周期是七十五年。四颗彗星原是一颗星，并且说：七十五年后，这同一彗星还要出现。在我国历史上，哈雷彗星的记载可以上溯到秦始皇时代。从秦王政七年（公历纪元前二百四十年），直到清初哈雷时代，这彗星出现，我们历史上全有记载，这证明了我们历史上记录天象的可靠性，统是二千年来，无数天文工作人员积年累月观测和记录的结果。日中黑斑是太阳上的一种风暴。因为风暴的温度，要比太阳旁的部分温度来得低，所以它的光芒也比较幽暗些。我们历史上，从汉成帝河平元年（公历纪元前二十八年）起，即有记载，一直继续到明清。在明末以前，西洋不知道日中有黑斑。著名天文学家刻白尔在一六〇七年五月间看到了日中黑斑，尚以为是水星凌日。不久以后，伽利略用天文镜来看太阳，西洋才知道太阳里有黑斑。这足以证明，我国天文学在明以前有许多地方是胜过西洋的。

我国有二十八宿，印度也有二十八宿。我们若把中国二十八宿和印度二十八宿相比较，知道中国二十八宿距星和印度相同者有角、氐、室、壁、娄、胃、昴、觜、轸九宿。距星虽不同而同在一个星座者,有房、心、尾、箕、斗、危、毕、参、井、鬼、柳十一宿。其距星之不同属于一个星座者,只有亢、牛、女、虚、奎、星、张、翼八个宿。而其中印度却以织女代我们的女宿,河鼓即牛郎,代我们的牛宿。从此可以知道,二者是同出于一源的。这二十八宿,究竟起源于中国还是起源于印度,从十九世纪初叶起,西洋人热烈地辩论了一百多年,不得结论。但从中国二十八宿以角宿为带头,和牛女两宿的变动看起来,二十八宿的发祥地,无疑是在中国。

二十八宿全部名称,虽到秦汉时代的《吕氏春秋》、《礼记·月令》、《史记·天官书》、《淮南子》等书里才看到,可是,《诗经》里已经有火、箕、斗、定、昴、毕、参、牵牛、织女诸宿之名。大概在周朝初年,已经应用二十八宿。到战国中期,楚人甘公、魏人石申,著有《甘石星经》。书中载有一百二十个恒星黄道度数和距北极的度数,从这些数目,可以断定这位置是战国中叶,即公元前三百五六十年所测定。西方古代最著名的《恒星表》要算多禄米的《恒星表》,在公元后二世纪所成,系抄录公历纪元前二世纪希普克斯观测的结果,其中载有一千零二十个恒星的位置。《甘石星经》所载的星数虽较少,但观测年代却早了二百年,而且精密程度也不相上下。西洋最早的《恒星表》是希腊亚里士多德和地莫切利二人合著的,也在《甘石星经》之后七八十年。到了东汉和多禄米同时的张衡,已知道中外之宫,常明者百有二十四,可名者三百二十,为星二千五百,而海人之占未存焉。张衡创浑天学说,作浑天仪,立黄赤二道,相交成二十四度。分全球为三百六十五度四分度之一。立南北二极。布置二十八宿及日月五星,以漏水转之。某星始出,某星方中,某星今没,和实际完全一样。其精巧为以前中外所未有。张衡不但对于天文有很好的成就,他还发明了候风地动仪。同时,他也是有数的文学家和艺术家。他死后,崔瑗为之撰碑,说他"数术穷天地,制作侔造化"。无疑地像张衡这样人,在任何时代,任何国家,统可成为一个凤毛麟角的人物。

在两汉的时候,我国和西域诸国陆路上有来往。到了晋朝以后,海路畅通,和印度、大食、波斯交通频繁。所以在第二个时期,从六朝到唐,六百年中,我们和印度、大食间的文化交流是很强大的。我们天文学从印度、大食吸取了不少经验,可是在这个时期天文学上最大的成就,仍是我们自己的创造。在晋成帝时候(公历三百三十年左右),虞喜比较古代星宿位置与当时不同,发现了岁差,定出每五十年春分点在黄道上要西移一度。这虽比西洋希普克斯的发现要迟到四百五六十年,但却比希普克斯的每百年差一度的估计为精密。到七世纪初,隋朝刘焯定岁差为七十五年差一度,则与实际已相差极近。但西洋同时尚牢守百年差一度的旧说。

在六世纪中,北齐的张子信,因为避乱到海岛上,花三十年工夫专以浑仪测候日月五星,发现一年中太阳的行动快慢和日月蚀的规律。他说:"日行在春分后则迟,秋分后则速。合朔月在日道里则日食,若在日道外虽交不亏。月望值交则亏,不问表里。"张子信这两种发明,于预告日食大有裨益。到唐明皇时代,僧一行和工人梁令瓒造黄道铜浑仪,以测量星宿的经纬度,发现了一桩重要事实,即把当时的星宿位置和古代相比,不但赤道上位置和离极度数,因为岁差的关系有不同,而且黄道上位置亦有不同。如建星古在黄道北半度,开元时测得在黄道北四度半。其余还有天关、天尊、虚梁、长垣等十余星,其黄道位置,已统和古代有异。若从此作进一步的推断,可以知道恒星本身在天上的位置在移动。此种移动可称为恒星本动。不过一行并没有用这类名称,他只说:"古历星度及汉落下闳等所测,其星距远近不同,但二十八宿之体不变。"恒星本动在西洋到十八世纪初叶英国哈雷才发现的。在唐开元的时候,我们在天文学上还做过一件大事,即是量子午线一度的长短。地球的大小,是人生渴想欲知的一件事。俗语说:"不知天之高,地之厚。"同时,也是天文学上一个基本数字。关于这个问题,古代希腊人很费一番心思来研究。因为他们几何学已有很好的根底,所以能得到相当精确的结果。在公历纪元前三世纪末,伊拉托思托尼在埃及亚力山大城,于夏至日中午测量太阳的高度,从这高度和亚力山大城离开北回归线的距离,他便算出地球一周是二十五万埃及里,比实际只多了百分之十八。这虽相当精确，总还是一个估计。我国从汉代以来，天文学家被《周髀算经》的唯心学派所误。周髀假托周公之说，以为天圆地方，圭表之影，千里差一寸，从汉到隋没有人能推翻这荒谬的理论，影响了我们天文学的进步。隋朝的刘焯是第一个人用事实来证明周髀影千里差一寸之不可靠。他上隋炀帝的书里说："今交爱之州，表北无影，计无万里南过载日，是千里一寸，非其实差……请一水工并解算术士，取河南北平地之所，可量数百里，南北使正。审时以漏，平地以绳。随气至分，同日度影。得其差率，里即可知。则天地无所匿其形，辰象无所逃其数。"刘焯这种进步的理论要隋炀帝实行，隋炀帝不听。这事搁了一百年，到唐开元十二年（公历七百二十四年），刘焯的主张终于实现了。太史监南宫说择河南平地，以水准绳墨引度距离。从黄河以北的滑州起，经汴州、许州、直到豫州，并量了滑州、开封、扶沟、上蔡四个地方的纬度。结果得出子午线一度之长是三百五十一里八十步（唐以三百步为里）。这是世界第一次实测子午线的长度。结果虽并不那么精确，可是在方法上是一个极大进步。西洋最早子午线的测量，是回教王阿尔曼孟于公历八百一十四年在美索伯达米亚地方举行的，已在南宫说的测量之后九十年了。这次子午线的测定，唐史虽无明文，但主动者，无疑是一行。一行俗姓张名遂，是唐初襄州都督郯国公谨之孙。曾在道士尹崇那边学天文，并在沙门普寂那边学梵历。但一行创的大衍历，却比唐初印度人瞿昙悉达的九执历高明得多。这可知我们古代天文学家一边吸取外国的经验，一边却在不绝地创造。一行在天文史上亦是一位杰出的人才。欧阳修《新唐史》竟不为之立传，即《旧唐书·一行传》亦极短略，统是因为他是方外，是一个僧人。幸而在《天文志》上，我们还能看到一行一生的工作和学说，我国古代士大夫这种封建的观念，不知道埋没了多少真才。

　　在第三个时期，即从五代到元明亦是六百年，我们在天文学上继续有不少光辉的贡献。在这个时期，我们最伟大的发现是指南针之应用于航海。普通不把指南针当做一种天文学上的器械，但是古代指南针和天文学很有关系。航海上罗盘却和星宿、太阳有一样的功用。讲指南针功效最早的纪录,见之于一位优秀天文家的著作中,即是北宋沈括的《梦溪笔谈》。《梦溪笔谈》说磁针能指南且微向东,以及四种如何能使磁针指南的方法。但并没讲到应用于航海。沈括死后不到二十五年即北宋宣和元年(公历一一一九年),朱彧作《萍洲可谈》,记广州蕃坊市舶。其中有"舟师……夜则观星,昼则观日,阴晦观指南针"等语,可知那时指南针用以航海已极普通。美国哥伦比亚大学前中文教授夏德著《中国古代史》,误引朱彧《萍洲可谈》之言,说指南针虽是中国发现,而利用罗盘航海却传自阿拉伯。他误会了那时中国来往商人所坐的船全是外国船。哈佛大学教授乔治沙汤著《世界科学史》,更附和其说,真所谓一知半解以误传误。他们不知道在唐朝以前,中国人海上来往,如法显、义净赴印度求经,概坐外国船。但唐以后,中国船已大有进步,船只结构和驾驶技术统在波斯、大食之上,即外国人来往亦坐中国船了。宣和五年,北宋要和高丽结好,派徐兢出使高丽,留了一个多月。回国后,写《宣和奉使高丽图经》上陈徽宗。其中,很生动地讲到指南浮针如何在风暴中应用着。徐兢是那时派往高丽的大使,他去时从宁波出发,有神舟二只,客舟六只。他所记的尽是亲身经历之谈。指南针应用于航海为中国之发现,乃确切无可疑的一桩事。西洋讲罗盘航海最早的书籍见于十三世纪初,在《萍洲可谈》和《高丽图经》之后约一百年。

沈括是我们历史上一位勤劳而富于创造精神和奋斗精神的科学工作者。他为了测定天空北极所在,花了三个多月工夫,夜夜观测,画了二百多张图,方知那时北极离开极星尚三度有余。冬天的一昼夜和夏天的一昼夜,并非均称二十四小时正。冬天地球靠近日点,昼夜稍长;夏天靠远日点,昼夜稍短。中国古代以漏壶定时刻,总以为冬夏不同,是水的关系。到沈括才知道冬夏日行有快慢。他说:"冬至日行速,故百刻而有余;夏至日行迟,故不及百刻。既得此数,然后覆求晷影莫不吻合。"沈括花了十几年工夫,做了一部晷漏的书,可惜这书今已不传了。沈括于历法主张抛弃一切前人之说,以节气定月,彻底为阳历,不管月亮的朔望,把闰月完全去掉。他说:"今为术莫若用十二月气为一年。直以立春之日为孟春之一日,惊蛰为仲春之一日,如此则四时之气常正。"这样彻底的一个阳历,较现行历法合乎农民使用。但在当时,这种主张是很受人的疯狂攻击的。二十年前,英国气象局局长萧讷伯有同样的计划,不过他把元旦放在阳历的十一月六号,即中国的立冬节。称其历为农历。到如今英国气象局统计农业气候和生产,是用萧讷伯农历的。沈括说:"予今此历论,尤当取怪怒攻骂,然异时必有用予之说者。"他料想不到九百年以后,他的历会在英国行起来的。

元朝的时候,中国版图扩充到了东欧,把西域各国也包括在内。所以在这时期,我们的天文学和历学又从西域诸国吸取了不少经验。元世祖至元四年,波斯人札马鲁丁进西域仪象,并造万年历。但不久,郭守敬创立授时历,以365.242 5天为一岁,和实际地球绕太阳一周的周期只差二十六秒,与目前世界所用格里阁莱历一岁周期相同。但授时历在元至元十八年(公历一二八一年)已应用,西洋则到一五八二年才开始颁发。格里阁莱历比授时历要迟三百年。郭守敬又制造了简仪、候极仪、玲珑仪、浑天象等十三种仪器,机巧精密胜过前人。一九四七年版《大英百科全书》,也承认郭守敬所制简仪等器,早于西洋丹麦天文家太谷氏所发明同样仪器计凡三百年。郭守敬又发起全国测量纬度的大事业。计东起高丽,西至凉州、成都、昆明,北至铁勒,凡二十七个地点,并立了二十二个测候所。这可称为中国古代天文学极盛时代。

从元郭守敬到明末徐光启三百年间,中国天文学无若何的进步。这可从明崇祯五年徐光启《日食奏议》中看出来。他说:"日食自汉至隋凡二百九十三,而食于晦日者七十七,晦前一日者三,初二者三,其疏如此。唐至五代凡一百一十,而食于晦者一,初二者一,初三者一,稍密矣。宋凡一百四十八,则无晦日,更密。犹有推食而不食者十三。元凡四十五,亦无晦食,犹有推食而不食者一,食而失推者一,夜食而书昼者一。至加时先后,至四五刻,当其时已然。至今遵用,安能免此。乃守敬之法,三百年来,世共推归,以为度越前代何也。高远无穷之事，必积世累时，乃稍见端倪。故汉至今千五百岁，立法者仅十有三家。盖于数十百年间一较工拙，非一人之心思知力所能黾勉者也。守敬集前古之大成，加以精思广测，故所差仅四五刻。比于前代，洵为密矣。若使守敬复生今世，欲更求精密，计非苦心极力，假以数年恐未易得。"

预告日食，在中国历代统当做一桩大事。预告日食技术的进步，很可以代表天文学的进步。我们天文学从两汉经唐宋元各时代统代有进步，为什么到明朝却会墨守旧法，停顿下来呢？清阮元作《畴人传》评量明朝人的成就说"明季士大夫率以空疏相尚"，又说"明代算学陵替习之者鲜"。大概明朝提倡科举，以八股文取士，使一般知识分子统把时间花在玄而又玄的八股文上，是一个大原因。明末顾炎武说"八股之害，甚于焚书"，并不言之过甚。到满清怕汉族的民族革命，更要利用八股文来做欺骗人民的工具，所以，虽是西洋天文学上有许多经验可吸取，但终清的一代，我们在天文学上却没有什么创造。在明弘治年间，意大利人哥伦布利用指南针发现了新大陆，引起了西洋十六七世纪时代工商业的繁盛，间接刺激近代科学的兴起。在徐光启时代，我们的天文学并不比西洋差多少，和徐光启同时的伽利略应用了天文镜，大大地推广了天文学家天空探视的范围，遂使我们在天文学的成就，望尘莫及。但是，我们回顾郭守敬以前张衡、虞喜、刘焯、一行、沈括等的伟大创造，以及千万天文工作人员积时累世的劳动成绩，我们很可以自信在人民政府所提倡爱祖国、爱人民、爱劳动、爱科学、爱公物的文教政策领导之下，给以相当的时间，我们的天文学和旁的科学一样，必会有更灿烂光辉的成就。

原刊于《科学普及工作》1951 年 3 月号

纪念尼古劳斯·哥白尼[*]

——在北京纪念四位世界文化名人大会上的演说

今年是近代科学的创始人、伟大的波兰科学家尼古劳斯·哥白尼逝世的四百一十周年，也是他诞生的四百八十周年。他对于神学、经济、艺术、医学、文学都有所成就，但他一生最大贡献是在天文学上。他根据实际观测和以前的记载，首创"地动学说"，给予统治了一千三百多年的托伦梅的"天动学说"以致命的打击。在哥白尼的时代，教廷当局所认可的"天动学说"成为正教教义的主要论据，任何不相信这学说的人就被目为异教徒。所以，哥白尼的学说动摇了欧洲中世纪神权论的基础，他在人类的反封建、反迷信、反唯心主义的斗争中，有着重要的贡献，因此，世界和平理事会号召全体进步人士在今年普遍举行纪念。

哥白尼生于十五世纪末（一四七三年），死于十六世纪中叶（一五四三年）。他所处的时代正是封建统治没落、资本主义兴起的时代，是新旧交替的时代，是文艺复兴和宗教革命的时代，是伟大的地理发现的时代。就如恩格斯所说："是一个前所未有的最伟大的进步的革命，是一个需要和产生巨人的时代。"和哥白尼同时的，有发现新大陆的哥伦布、艺术家和科学家达·芬奇、雕刻家米凯兰杰罗、画家拉斐尔、政治家兼科学家托马斯·摩尔，在这些巨人中间，哥白尼在当时并不能算是最著名的人物，但从对后世的思想上影响来说，哥白尼无疑的是最伟大的人物。他是科学向神权挑战第一人，他直接撼动了中世纪宗

---

[*] 1953 年 9 月 28 日。

教统治的理论基础——旧宇宙观。把科学从神学束缚中解放，而突飞猛进地发展起来。

当时欧洲人的宇宙观是亚里士多德和托伦梅的宇宙观。在这种宇宙结构中，地球占有了宇宙中的特殊地位，就是宇宙的中心，它既不自转也不环绕太阳做公转，而月亮、金星、水星、太阳、火星、木星、土星以及恒星等，都依次层层地绕着地球转动，这种宇宙观符合我们的直觉印象，但违反了天体运动的规律。因为实际上，地球是太阳系中一颗行星，它和其他行星统循着一样的规律绕太阳而转动的。托伦梅学说的理论是错的，所以他对天体运动，特别是行星的运动，不能作圆满的解释。天文观测愈来愈精确，这个学说就愈来愈站不住足了。当时，若干天文学家虽然知道这学说有许多不合理的地方，但没有人敢公然反对它。因为托伦梅的宇宙观，是依靠着亚里士多德的学说在中世纪的权威的，而在中世纪的人们把亚里士多德的每一句话都看成神圣的真理，只能引申，不敢辩驳。更主要的还有中世纪时最有权威的天主教廷，在尽力支持托伦梅的宇宙观。因为《圣经》上说，上帝创造一切都是为的人类，这种思想也需要把地球放在宇宙中的特殊地位。天主教廷常用"离经叛道"的罪名来威胁人们，这时要有极大勇气的人，才能摆脱宗教思想的束缚，敢于反抗这种压力。哥白尼就是这样的巨人。

哥白尼在十六世纪初，根据他对天文现象的观测，已经知道旧宇宙观是错误的，相信地球是一面自转一面绕着太阳转动，这样可以比较完满地说明当时认为行踪神秘的行星动态。在他和他的朋友通信中，已经明确地提出了他的宇宙观的概要，但是，他知道发表这种意见以后，会受到教会的迫害，因此，他稳步小心地进行工作，他努力把新宇宙观建立在科学的事实的基础上。一五〇五年，哥白尼从意大利回国后，他当过教廷的管理者，行过医，写过一篇论文论述弗劳恩堡地方货币混乱的情形，也领导过保卫祖国的斗争。但四十余年内，他始终坚持着天文的观测工作，他创造了当时最精确的行星位置表，写好了他《天体运行》这本书。这本书是全部用科学的事实武装起来的，所以他的朋友列提克斯说，就是亚里士多德看了这本书，也会放弃他自己的见解。在亲友们的督促下，哥白尼终于在临死前发表了他的著作。为了使他的书能够顺利发行，他以给教皇的一封信作为序言。在序言里，他说："假使有一知半解的人，并无数学知识，而根据《圣经》这一段或那一段，妄肆批评或者驳斥我的著作，我不但不预备答复他们，而且还要轻视这样的无知的见解。"哥白尼就这样直率而巧妙地向宗教的权威宣战了。

在他的宇宙论发表以前，就曾经遭到新教的开创者马丁·路德的攻击，骂他是疯子，以后天主教也注意这个学说的革命作用，异端裁判所便开始以严刑威胁相信"地动学说"的人们。意大利的哲学家布鲁诺相信而且宣传哥白尼的宇宙观，被活活烧死在十字架上；伟大的科学家伽利略也因为坚持信仰和传播"地动学说"，还被审讯和受到严刑的威胁。然而，真理是颠扑不破的，"地动学说"却由于科学家们的共同努力，一天比一天更巩固了。从开普勒、伽利略到牛顿，"地动学说"终于成了无可辩驳的真理。一六一六年，教皇宣布把《天体运行》列入禁书；到一七五七年被形势所逼，只好解除禁令；到一八二二年，教皇自己也只好承认了"地动学说"。科学终于以伟大的不可抑制的力量，战胜了神权。

哥白尼学说不但带来了天文学上的革命，也带给人们科学的实践精神。他告诉人们怎样批判旧的学说，怎样认识世界。他启示我们，要有勇气怀疑并批判人们认为神圣不可侵犯的历史著作和权威学说，而在观察自然实践中追求真理。他指导人们对事物的认识，不能停止在外表，而要通过实践和全面的分析，来深入事物的本质。譬如对天文现象的认识，就不能让直觉支配，以为地球不动，而要全面深入地观测研究全部行星的运行，才能得出正确的结论。哥白尼在人类思想上的影响也是极深刻的，就如恩格斯所说，他宣布了自然科学的独立，把科学从宗教的束缚中解放了出来，他粉碎了教会所提倡的"人类中心说"的宇宙观，推翻了亚里士多德以来地球在天空中的特殊地位，以事实证明地球和其他行星一样，都按同一规律运行，为正确的统一的宇宙观铺了一块重要的基石。德国大诗人歌德曾经这样评论过哥白尼的贡献:"哥白尼'地动学说'撼动人类意识之深,自古以来无一种创见,无一种发明,可与之比,当地是球形被哥伦布证实以后不久,地球为宇宙主宰的尊号,亦被剥夺了。自古以来,没有这样天翻地覆地把人类的意识倒转来过。因为若是地球不是宇宙的中心,那么无数古人相信的事物将成为一场空了。谁还会相信伊甸的乐园,赞美诗的歌颂,宗教的故事呢?"

哥白尼的伟大贡献,到了人民的时代才获得科学上应有的地位。资本主义国家出版的科学史,讲到近代科学的诞生时,多忽视哥白尼的创造,把哥白尼看做古代科学的继承者,而不是近代科学的创造者。甚至说他不过是毕达哥拉斯学派的后起门徒。这种理论是颠倒事实的反动理论。毕达哥拉斯学派是唯心论者,他们虽然主张地球绕太阳转动,但那是因为他们认为太阳是一团火,应该居于世界的中央。绕着火转的应该有十个行星,旋转时还要发出谐和的音调。因此他们的宇宙论充满了神秘的幻想。列宁批判他们的哲学是:"连结了原始的科学思想和类似宗教的荒诞怪想的神话。"而哥白尼是从实践出发,是把"地动学说"建立在精密的观测事实上。为了取得事实根据,他献出了一生的精力。他的学说是建立在坚固的基础上的,和毕达哥拉斯的思想,是有根本区别的。

革命导师恩格斯和斯大林,都充分估量了哥白尼在人类历史上的贡献。恩格斯把哥白尼看做是把科学从神权束缚中解放出来的革命战士,斯大林在提到科学的革命创造作用时,也以哥白尼的贡献为光辉的先例。哥白尼的努力和他的胜利鼓舞了为科学真理,为人类最美好的理想——共产主义理想——而斗争的一切人们,人们也永远不忘哥白尼的功绩。

今天,当我们为保卫和平、民主与自由而战斗时,我们更深深怀念这位为科学、为思想自由而贡献了光辉的一生的先驱者。

原刊于《光明日报》(1953 年 9 月 28 日)

谈阳历与阴历的合理化*

梁思成先生在 9 月 23 日的《人民日报》上提出一个合理化建议，要把现用案头日历上的节气如立春、立秋等从下半页移到上半页去，这倒是一个可以商讨的问题。

思成先生说做日历的人这样把节气放在下半页，是有点"故弄玄虚"，对这点我是有不同意见的。据我个人推想，日历上之所以这样安排，无非是一种传统的习惯。譬如今天是 10 月 30 日，日历上面是"——1963——，十月大，30，星期三"，这统是西洋历法传进来的数据，可说是新历。下面是"癸卯年，十四（日），九月大，九月二十三立冬"，这统是中国固有的东西，是旧历。我们要知道，中国旧历是一个阴阳并用历，不是纯粹的阴历。西洋人只知有夏至、冬至、春分、秋分，没有立春、立秋、寒露、霜降等名目。因为他们根本不知道有所谓二十四节气。从公元前 46 年，罗马该撒建立阳历以来，除稍改动外，西洋各国应用已达 2 000 年之外，一年中春、夏、秋、冬四季统以太阳为转移，所以西洋也没有二十四节气的需要。只有我们旧历以阴历为主，所以才有附设二十四节气的必要，以使农民及时地知道清明下种、谷雨栽秧，所以日历如此安排，并不是故弄玄虚。

为了进一步商讨，我们不能不简单地谈一谈新历和旧历的发展过程。

从历法的发展史来看，所有古老文化的国家，如埃及、巴比伦、印度、希腊、罗马和我国，最初统是用阴历的。因为月亮的盈亏朔望周期

---

* 1963 年 10 月 30 日。

非常明显，所以把 29 天或 30 天称为一个月，把 12 个月称为一年，便成为古老国家最初的年历。但是阴历一月之长，即月亮绕地球周期约为 29 天半，而太阳年一年之长，即地球绕日的周期约为 365 天又四分之一日。如以 12 个月为一年，只有 354 天或者 355 天，与太阳年相差几乎 11 天。过 10 多年，就有 6 月降霜下雪、腊月挥扇出汗、冬夏倒置的毛病。古代国家农业慢慢地发展以后，就发现纯粹用阴历历法，月份和春、夏、秋、冬四季，农业节候配合不上，为了解决这阴、阳历的矛盾，古代有两种办法：一种办法是放弃阴历月亮盈亏作为计算月份方法，而以太阳回归年即 365 又四分之一天为一年，把年分为 12 个月，平年 365 天，闰年 366 天，4 年一闰。这是公元前 46 年西洋罗马所采取的办法。另一办法，是找出阳历年的日数和阴历月的日数两者之间的最小公倍数，这就是我国古代颛顼历的十九年七闰的办法。因为阴历的 235 个月的日数却等于 19 个阳历年的日数。据日本天文学家新城新藏的考据，十九年七闰的办法，是我国春秋时代已经应用的。我们古代从早的颛顼历以及汉朝太初历、四分历，统是依照此法安排的。但这一安排，虽可以调和阴阳历，不至于冬夏倒置，但平年 354 天，闰年 384 天，一年中节气仍然可以相差一个月，对于农业操作安排上仍然不够精密，所以到了战国末年，又建立二十四节气，和阴历相辅而行。到了东汉时代又发现一节一气尚有 15 天多的间隔，才又创立一年七十二候。这是我们旧历发展的经过。现在思成先生所提出的问题是：二十四节气是阳历不应该挂到阴历的账上去。但从历法的发展看，恰恰是我们旧历是阴历才有把节气注明的必要。照思成先生的建议，可以避免一般人以二十四节气为阴历的误会，但却有把旧历和新历混淆不清的缺点。

从思成先生对于日历的合理化建议，我们可以进一步来问，我们旧历既已过时，为什么不直截了当完全用新历即西洋现行的格里高里（Gregory）历法呢？困难在于旧历在我国已应用了二千四五百年。首先，我国占人口大多数的农民有了二十四节气已能初步把握农时，没有不便的感觉。在这点上，思成先生的建议可以起一定作用，使农民慢慢地了解现行新历比旧历的优点。其次，人民群众从幼年时代朝夕所企望而富有诗意的节日，如除夕、春节、上元灯、寒食踏青、端午龙舟、中秋赏月、重九登高等一旦废除，不免可惜。三则各种宗教，如佛教、喇嘛教、伊斯兰教等重要纪念日，也是用阴历来计的。四则潮水的涨落是跟阴历为进退的，所以从事渔业和海洋航业的人，阴历还是有用。最后，现用阳历也不是尽善尽美，为了合理化，有彻底改革历法的需要。

新历即现行阳历的缺点在哪里呢？有人以为格里高里历是纯粹阳历，其实不然。它和我们旧历一样也是阴阳历并用，不过以阳历为主罢了。在我们日历上如今天 10 月 30 日，便写着"十月大，30，星期三"。这星期三就是从阴历来的。以 7 天为期的礼拜，是与太阳毫不相干的。古代犹太人从新月初上起就数到 7 天、14 天、21 天和 28 天，作为 4 个周，并要每周休息一天。7 天一礼拜制从犹太逐渐分布到基督教和伊斯兰教各国，在现行格里高里历里，星期仍是一个重要组成部分。

格里高里历最不合理的地方，就是这 7 天为一周的星期。因为 7 既不能把一个月的数字 30 或 31 除尽，也不能把一年的天数 365 或 366 除出一个整数。阳历年平年有 52 个星期多一天，闰年多 2 天。这样月份牌得每年改印，甚至影响工厂、学校和机关作息时间的安排。若是改成 10 天为一周或 6 天、5 天为一周，那就便当多了。更可怪的是旧历虽是阴历，但我们节气如清明、谷雨却是阳历。而西洋的若干节气如所谓外国清明（耶稣复活节），因为宗教传统的关系，反而用阴历。

新历月份大小的安排和月份称呼也是不合理的。在 6 月以前单月月大、双月月小，7 月以后又是单月月小、双月月大，容易引起混乱。同时，1 月份有 31 天，而平年 2 月份只 28 天，相差 3 天之多，工厂发工资、计房租，各月平均计算就显得不公平。在统计上，如气象学上计算各月的雨量，1 月份和 2 月份就不能同样看待。目前西洋月名的称呼，从 9 月至 12 月，无论英、德、法、俄各国文字均属名不符实。所以，如此种种不合理的原因,统是由西洋历史上传统的习惯所遗留下来的。在罗马该撒皇朝以前,罗马历法原来用的是阴历,一年12个月,月大和月小间隔着。月的名称也是5月、6月、7月、8月和中国一样依次排列,但历法极为混乱。十八世纪法国文学家伏尔泰曾说:"罗马的将军们常在疆场上打胜仗,但是他们自己也搞不清楚许多胜仗是哪一天的。"待公元前46年该撒当权时,根据埃及天文学家索西琴尼斯的建议改用阳历,把单月作为月大31天,双月作为月小30天,在平年2月份减少1天为29天,并把原来的11月改为岁首,把原来1月推迟成为3月,依次类推,而且把原来的5月的名称Quintilis改为July,即今日之阳历7月,以纪念该撒(Julius Gaesar)。据传说该撒死后,其外甥奥古斯都(Au-gustus,即屋大维)执政,当上罗马帝国的第一任皇帝。他把原来的6月(Sextilis)改称为奥古斯都(August),即今之阳历8月。又以8月原是月小,从2月那边移来一天把8月也变为月大,使2月在平年只剩了28天。又将8月以后的单月改为月小,双月改为月大,但是,8月以后的月名依旧保存该撒改历以前的名称,所以,阳历9月至今西文仍称为7月,10月仍称为8月,如英文9月是September,这Sept在拉丁文中是7的意思。

这样名称错乱、月份大小不齐,又加上不合理的7天为一星期的办法,实在很有改进的必要。过去,在西洋曾有成百上千的人主张改历,但始终因为限于习惯,积重难返,加以天主教、耶稣教会种种规章,总无法受到重视。在法国大革命时代,曾一度改用法兰西共和历。这共和历一年365又四分之一天,以秋分为岁首,每年12个月,每月30天,以一旬为一礼拜。每年年终平年有5天,闰年有6天为休息日。这是依照法国当时数学家孟箕和天文学家拉葛兰奇的提议而订定的。这比较现行阳历确是很大改进。但法国革命失败后,共和历也只应用了14年工夫,于1806年年初便被废除了。

在二十世纪科学昌明的今日,全世界人们还用着这样不合时代潮流、浪费时间、浪费纸张、为西洋中世纪神权时代所遗留下来的格里高里历,是不可思议的。近代科学家已提了不少合理的建议,英国前钦天监（皇家天文学家）琼斯甚至写进天文学教科书中来宣传改进现行历法的主张，但是，2 000 年颓风陋俗加以教会的积威是顽固不化的，不容易改进的。

原刊于《人民日报》

中国近五千年来气候变迁的初步研究 *

前言

一、考古时期（约公元前 3000—公元前 1100 年）

二、物候时期（公元前 1100—公元前 1400 年）

三、方志时期（公元 1400—公元 1900 年）

四、仪器观测时期

结论

摘　要

历史时期的世界气候是有变迁的。非常丰富的中国历史文献为研究我国古代气候创造了极为有利的条件。作者根据历史和考古发掘材料，证明我国在近五千年中，最初二千年，即从仰韶文化时代到河南安阳殷墟时代，年平均温度比现在高 2 ℃左右。在这以后，年平均温度有 2～3 ℃的摆动，寒冷时期出现在前 1000 年（殷末周初）、400 年（六朝）、1200 年（南宋）和 1700 年（明末清初）时代。汉唐两代则是比较温暖的时代。温度的高低考虑到古代的竹子、梅花、橘子和荔枝分布地区的变化，更重要的是根据一地方当代物候的数值，例如江河的结冰与开冻，地面上霜降与结冰，植物的抽芽、出叶、开花和结果，候鸟的春来秋往。其日期测定后，与古代同样物候数值相比较，就可以推算出古今温度的差异。这种气候变迁是全世界性的。气候变冷时先从太平洋西岸开始，由日本、中国东部逐渐向西移到西欧。温度回升时则自西向东行。最近丹麦哥本哈根物理研究所以同位素 O^{18} 测定格

---

* 1973 年 2 月。

陵兰岛上近万年来冰川结成冰时水的温度,与我国近五千年来从历史材料分析得出温度变迁的结论大致相符。充分认识历史上气候的变迁情况并掌握其规律,"古为今用",对气候的长期预报是有所补益的。

前　言

中国古代哲学家和文学家如沈括(1031—1095)、刘献廷(1648—1695)对于中国历史时期的气候无常,早有怀疑。但是他们拿不出很多实质性的事实以资佐证,所以后人未曾多加注意。直到现世纪二十年代,"五四"运动即反帝反封建运动之后,中国开始产生了一种新的革命精神:一部分先进分子引入马克思列宁主义,建立中国共产党,领导中国人民进行新的革命斗争。在这种新形势下,近代科学也受到推动和扩展,例如应用科学方法进行考古发掘,并根据考古发掘材料,对古代历史、地理、气象等进行研究。殷墟甲骨文首先引起一些学者的注意,有人据此推断:在三千年前,黄河流域同今日长江流域一样温暖潮湿。但在国民党反动统治下,成绩毕竟是有限的,或因材料不足,而作了错误的判断。例如,近三千年来,中国气候经历了许多变动,但它同人类历史社会的变化相比毕竟缓慢得多,有人不了解这一点,仅仅根据零星片断的材料而夸大气候变化的幅度和重要性,这是不对的。当时,我也曾根据雨量的变化去研究中国的气候变化,由于雨量的变化往往受地域的影响,因此很难得出正确的结果。

只是在中国共产党领导下,1949 年中华人民共和国成立后,建立了许多工厂、人民公社和研究机关,为科学研究创造了广阔的境界。更重要的是,我们有马列主义、毛泽东思想的理论指导,解除了对西方资产阶级科学家和权威主义思想的束缚,我国科学事业得到蓬勃的发展。

毛主席教导我们:"在生产斗争和科学实验范围内,人类总是不断发展的,自然界也总是不断发展的,永远不会停止在一个水平上。因此,人类总得不断地总结经验,有所发现,有所发明,有所创造,有所前进。停止的论点,悲观的论点,无所作为和骄傲自满的论点,都是错误的。其所以是错误,因为这些论点,不符合大约一百万年以来人类社会发展的历史事实,也不符合迄今为止我们所知道的自然界(例如天体史,地球史,生物史,其他各种自然科学史所反映的自然界)的历史事实。"二十世纪初期,西欧的气象学界权威奥地利的 J·Hann 教授(汉恩。1839—1921。奥地利气象学家、气候学家。1865 年毕业于维也纳大学,1866 年,创办奥地利气象学会《气象》杂志,并任主编。1877 年,任维也纳中央气象台台长兼大学教授。1890 年,首次发现 3~4 千米处存在暖高压,并首先指出气旋中有冷空气存在。1904 年,获英国皇家气象学会西蒙斯纪念金质奖章。著有《大气圈和水圈》、《气候学大全》、《气象学教程》、《气候图集》。编者注)以为在人类历史时期,世界气候并无变动。这种唯心主义的论断已被我国历史记录所否定,从下面的论述就可以知道。

在世界上,古气候学这门学科好像到了二十世纪六十年代才吸引着地球物理学家的注意。在六十年代,曾举行过三次古气候学的世界会议。在这几次会议上提出的文章,多半是关于地质时代的气候,只有少数讨论到历史时代的气候。无疑,这是由于在西方和东方国家中,在历史时期缺乏天文学、气象学和地球物理学现象的可靠记载。在这方面,只有我国的材料最丰富。在我国的许多古文献中有着台风、洪水、旱灾、冰冻等一系列自然灾害的记载,以及太阳黑子、极光和彗星等不平常的现象的记录。1955 年,出版了席泽宗的《古新星新表》一文,文中包括十八世纪以前的 90 个新星。这篇文章出版以后,极为世界上的天文学家所重视。1956 年,中国科学院出版两卷《中国地震资料年表》,包括公元前十二世纪到 1955 年之间的一千一百八十次大地震。这一工作,除了为我国的社会主义建设提供不可缺少的参考而外,中外地震学家都非常欢迎这两卷书。

在中国的历史文件中,有丰富的过去的气象学和物候学的记载。除历代官方史书记载外,很多地区的地理志(方志),以及个人日记和旅行报告都有记载,可惜都非常分散。本篇论文,只能就手边的材料进行初步的分析,希望能够把近五千年来气候变化的主要趋势写出一个简单扼要的轮廓。

根据手边材料的性质,近五千年的时间可分为四个时期:即一、考古时期,大约公元前 3000 至公元前 1100 年,当时没有文字记载(刻在甲骨上的例外);二、物候时期,公元前 1100 年到公元前 1400 年,当时有对于物候的文字记载,但无详细的区域报告;三、方志时期,从公元1400 年到公元 1900 年,在我国大半地区有当地写的而时加修改的方志;四、仪器观测时期,我国自 1900 年以来开始有仪器观测气象记载,但局限于东部沿海区域。气候因素的变迁极为复杂,必须选定一个因素作为指标。如雨量为气候的重要因素,但不适合于做度量气候变迁的指标。原因是在东亚季风区域内,雨量的变动常趋极端,非旱即涝;再则邻近两地雨量可以大不相同。相反地,温度的变迁微小,虽摄氏一度之差,亦可精密量出,在冬春季节即能影响农作物的生长。而且,冬季温度因受北面西伯利亚高气压的控制,使我国东部沿海地区温度升降比较统一,所以本文以冬季温度的升降作为我国气候变动的惟一指标。

一、考古时期(约公元前 3000—公元前 1100 年)

解放后二十多年来,我国考古学家在我国的不同地区进行了广泛的发掘。西安附近的半坡村是一个最熟知的遗址。根据 1963 年出版的报告,在 1954 年秋天到 1957 年夏天之间,中国科学院考古研究所在这个遗址上,进行了五个季度的发掘,大约发掘了 10 000 平方米的面积,发现了 40 多个房屋遗址,200 多个贮藏窖,250 个左右的墓葬,近 10 000 件的各种人工制造物。根据研究,农业在半坡的人民生活中显然起着主要作用。种植的作物中有小米,可能有些蔬菜;虽然也养猪狗,但打猎捕鱼仍然是重要的。由动物骨骼遗迹表明,在猎获的野兽中有獐(又名河麂,Hydropotes inermis)和竹鼠(Rhizomys sinensis)……书中认为,这个遗址是属于仰韶文化(用同位素 C^{14} 测定为约5600—6080 年前),并假定说,因为水獐和竹鼠是亚热带动物,而现在西安地区已经不存在这类动物,推断当时的气候必然比现在温暖潮湿。

在河南省黄河以北的安阳,另有一个熟知的古代遗址——殷墟。

它是殷代(约前1400—前1100年)故都。这个遗址是十九世纪末被发现,1928年以后开始系统发掘。那里有丰富的亚化石动物。杨钟健和德日进(P. Teilhar de. Chardin。1881—1955。法国古生物学家。从1923年至1946年,先后八次来华,在中国地层、古生物、区域地质研究中作出过重要贡献。曾与中国政府合作绘制中国地图,参与对史前文明的研究,还参加了周口店"北京人"的发掘工作。编者注)曾加以研究,其结果发表于前北京地质调查所报告之中。这里除了如同半坡遗址发现多量的水獐和竹鼠外,还有貘(Tapirus indirus Cnvier)、水牛和野猪。这就使德日进虽然对于历史时代气候变化问题自称为保守的作者,也承认有些微小的气候变化了。因为许多动物现在只见于热带和亚热带。

　　然而,对于气候变化更直接的证据,是来自殷代具有很多求雨刻文的甲骨文上。在二十多年前,胡厚宣曾经研究过这些甲骨文,发现了下列事实:在殷代时期,中国人虽然使用阴历,但已知道加上一个闰月(称为第十三个月)来保持正确的季节,因而一年的第一个月,是现在的阳历的一月或二月的上半月。在殷墟发现十万多件甲骨,其中有数千件是与求雨或求雪有关的。在能确定日期的甲骨中,有137件是求雨雪的,有14件是记载降雨的。这些记载分散于全年,但最频繁的是在一年的非常需要雨雪的前五个月。在这段时间内,落雪很少见。当时安阳人种稻,在第二个月或第三个月,即阳历三月份开始下种,比现在安阳种地下种要到四月中,大约要早一个月。论文又指出,在武丁时代(前1324?—前1365年?)的一个甲骨上的刻文说,打猎时获得一象。表明在殷墟发现的亚化石象必定是土产的,不是像德日进所主张的,认为都是从南方引进来的。河南省原来称为豫州,这个"豫"字就是一个人牵了大象的标志。这是有其意义的。

　　一个地方的气候变化,一定要影响植物种类和动物种类,只是植物结构比较脆弱,所以较难保存;但另一方面,植物不像动物能够移动,因而作气候变化的标志或比动物化石更为有效。对于半坡地层进行过孢子、花粉分析,因花粉和孢子并不很多,故对于当时的温冷情况,不能有正面的结果,只能推断当时同现在无大区别,气候是半干燥的。1930—1931年,在山东历城县两城镇(北纬35°25′、东经119°25′)发掘龙山文化遗址。在一个灰坑中找到一块炭化的竹节,有些陶器器形的外表也似竹节(龙山灰坑中发现一块炭化竹节,系根据当时参加遗址发掘的尹达同志的转达。龙山文化出土的一部分陶器器形似竹节,系夏鼐同志面告)。这说明在新石器时代晚期,竹类的分布在黄河流域是直到东部沿海地区的。

从上述事实,我们可以假设,自五千年前的仰韶文化以来,竹类分布的北限大约向南后退纬度从1°至3°。如果检查黄河下游和长江下游各地的月平均温度及年平均温度,可以看出正月份的平均温度减低3℃～5℃,年平均温度大约减低2℃。某些历史学家认为,黄河流域当时近于热带气候,虽未免言之过甚,但在安阳这样的地方,正月平均温度减低3℃～5℃,一定使冬季的冰雪总量有很大的不同,并使人们很容易觉察。那些相信冰川时期之后气候不变的人,是违反辩证法原则的。实际上,历史时期的气候变化同地质时期的气候变化是一样的,只是幅度较小而已。现代的温度和最近的冰川时期,即大约一二万年以前时代相比,年平均温度要温暖到摄氏七八度之多,而历史时期年平均温度的变化至多也不过二三度而已。气候过去在变,现在也在变,将来也要变。近五千年期间,可以说仰韶和殷墟时代是中国的温和气候时代,当时西安和安阳地区有十分丰富的亚热带植物种类和动物种类。不过气候变化的详细情形,尚待更多的发现来证实。

二、物候时期(公元前1100年—公元前1400年)

谈物候时期以前,我们先解释一下什么是物候,什么是物候学,简单说来,物候学就是没有观测仪器时代的气象学和气候学。在温度表(发明于1593年)和气压表(发明于1643年)发明以前,人们不知道如何量气温和气压。在那以前,人们要知道一年中寒来暑往,就要用人目来看降霜下雪,河开河冻,树木抽芽发叶、开花结果,候鸟春来秋往,等等,这就叫物候。研究这类现象关系的就是物候学。我国劳动人民,因为农业上的需要,早在周初,即公元前十一世纪时便开创了这种观测。如《夏小正》、《礼记·月令》均载有从前物候观察的结果。积三千年来的经验,材料极为丰富,为世界任何国家所不能企及。

随着周朝建立(前 1066—前 249 年),国都设在西安附近的镐京,就来到物候时期。当时官方文件先铭于青铜,后写于竹简。中国的许多方块字,用会意象形来表示,在那时已形成。由这些形成的字,可以想象到当时竹类在人民日常生活中曾起了如何的显著作用。方块字中如衣服、帽子、器皿、书籍、家具、运动资料、建筑部分以及乐器等名称,都以"竹"为头,表示这些东西最初都是用竹子做成的。因此,我们可以假设,在周朝初期气候温暖,可使竹类在黄河流域广泛生长,而现在不行了。

气候温和由中国最早的物候观测也可以证实。新石器时期以来,当时住居在黄河流域的各民族都从事农业和畜牧业。对于他们,季节的运行是头等重要的事。当时的劳动人民已经认识到一年的两个"分"点(春分和秋分)和两个"至"点(夏至和冬至),但不知道一个太阳年的年里确有多少天。所以,急欲求得办法,能把春分固定下来,作为农业操作的开始日期。商周人民观察春初薄暮出现的二十八宿中的心宿二,即红色的大火星来固定春分(《左传》襄公九年"晋侯问于士弱曰,吾闻之宋灾,于是乎知有天道,何故? 对曰,古之火正,或食于心,或食于咮,以出内火,是故咮为鹑火,心为大火。陶唐氏之火正阏伯,居商丘,祀大火,而火纪时焉。相土因之,故商主大火。"见《春秋左传正义》)。别的小国也有用别的办法来定春分的。如在山东省近海地方的郯国人民,每年观测家燕的最初来到以测定春分的到来。这种鸟类在农家住宅的顶棚上筑巢,它们的来去很容易观察。《左传》提到郯国国君到鲁国时,对鲁昭公说,他的祖先少皞在夏、殷时代,以鸟类的名称给官员定名,称玄鸟为"分"点之主,以示尊重家燕(《左传》昭公十七年"秋,郯子来朝,公与之宴。昭子问焉,曰:少皞氏鸟名官,何故也? 郯子曰:吾祖也……我高祖少皞,挚之立也,凤鸟适至,故纪于鸟,为鸟师而鸟名。凤鸟氏历正也,玄鸟氏司分者也。"见《春秋左传正义》)。这种说法表明,在三四千年前,家燕正规地在春分时节来到郯国,郯国以此作为农业开始的先兆。我们现在有物候观察网,除作其他观察外,也注意家燕的来去。根据近年来的物候观测,家燕近春分时节正到上海,十天至十二天之后到山东省泰安等地。郯居于上海与泰安之间。据威尔根生(E. S. Wilkinson)在他的《上海鸟类》一书中写道:"家燕在 3 月 22 日来到长江下游、上海一带,每年如此。"显然,三四千年前家燕于春分已到郯国,而现在春分那天家燕还只能到上海了。把这两个地点的同一时期(1932—1937 年)温度比较一下(见表一)看一看它们有多少差别,那是有意义的。

表一　郯城、上海平均温度比较表(℃)

地　　点	纬度(北)	经度(东)	海拔(米)	正月	二月	三月	年平均
郯城	34°38′	118°26′	20.0	−1.4°	1.0°	6.6°	14.1°
上海	31°32′	121°26′	7.0	3.2°	4.2°	8.1°	15.6°
差数	3°6′			4.6°	3.2°	1.5°	1.5°

表一列出的结果,正好同上面考古时期用竹子分布区域变化的方法所得的结果是一致的。

周朝的气候,虽然最初温暖,但不久就恶化了。《竹书纪年》上记载周孝王时,长江一个大支流汉水,有两次结冰,发生于前 903 和前 897 年。《纪年》又提到结冰之后,紧接着就是大旱。这就表示公元前第十世纪时期的寒冷。《诗经》也可证实这点。相传《诗经·豳风》是周初成王时代(前 1063—前 1027 年)的作品,可能在成王后不久写成。豳(邠)的地点据说是一个离西安不远,海拔 500 米高的地区。当时一年中的重要物候事件,我们可以从《豳风》中的下列诗句中看出来:

八月剥枣,十月获稻。

为此春酒,以介眉寿。

接着又说:

二之日凿冰冲冲,三之日纳于凌阴,

四之日其蚤,献羔祭韭,九月肃霜。

这些诗句,可以作为周朝早期,即公元前十世纪和十一世纪时代,邠地的物候日历。如果我们把《豳风》里的物候和《诗经》其他国风的物候，如《召南》或《卫风》里的物候比较一下，就会觉得邠地的严寒。《国风·召南》诗云："摽有梅，顷筐塈之。"《卫风》诗云："瞻彼淇奥，绿竹猗猗。"梅和竹均是亚热带植物，足证当时气候之和暖，与《豳风》物候大不相同。这个冷暖差别一部分是由于邠地海拔高的缘故，另一方面是由于周初时期，如《竹书纪年》所记载过有一个时期的寒冷，而《豳风》所记正值这寒冷时期的物候。在此连带说一下，周初的阴历是以现今阳历的十二月为岁首的，所以《豳风》的八月等于阳历九月，其余类推。

周朝早期的寒冷情况没有延长多久，大约只一二个世纪，到了春秋时期(前770—前476年)又和暖了。《左传》往往提到，山东鲁国过冬，冰房得不到冰；在前698、590和545年时，尤其如此(见《左传》鲁桓公十四年、鲁成公元年、鲁襄公廿八年，均载"冬无冰"。编者注)。此外，像竹子、梅树这样的亚热带植物，在《左传》和《诗经》中，常常提到。

宋朝(960—1279年)以来，梅树为全国人民所珍视，称梅为花中之魁，中国诗人普遍吟咏。事实上，唐朝以后，华北地区梅就看不见。可是，在周朝中期，黄河流域下游是无处不有的，单在《诗经》中就有五次提过梅。在《秦风》中有"终南何有？有条有梅"的诗句。终南山位于西安之南，现在无论野生的或栽培的，都无梅树。下文要指出，宋代以来，华北梅树就不存在了。在商周时期，梅树果实"梅子"是日用必需品，像盐一样重要，用它来调和饮食，使之适口(因当时不知有醋)。《书经·说命》篇下说："若作酒醴，尔惟麴糵；若作和羹，尔惟盐梅。"这说明商周时期，梅树不但普遍存在，而且大量应用于日常生活中。

到战国时代(前475—前222年)，温暖气候依然继续。从《诗经》中所提粮食作物的情况，可以断定西周到春秋时代，黄河流域人民种黍和稷，作为主要食物之用。但在战国时代，他们代之以小米和豆类为生。孟子(约前372—前289年)提到只北方部族种黍。这种变化，大约主要由于农业生产资料改进之故，例如铁农具的发明与使用。孟子又说，当时齐鲁地区农业种植可以一年两熟(《孟子·告子上》"今夫荞麦……至于日至之时皆熟矣。虽有不同,则地有肥硗,雨露之养、人事之不齐也。")。比孟子稍后的荀子(约前313—前238年)证实此事。荀子说,在他那时候,好的栽培家,一年可生产两季作物(《荀子·富国》篇:"今是土之生五谷也,人善治之,则亩数盆,一岁而再获之。"见王先谦《荀子集解》,商务印书馆,1936年)。荀子生于现在河北省的南部,但大半时间在山东省工作,山东之南江苏之北,近年来直到解放,在淮河北部习惯于两年轮种三季作物,季节太短,不能一年种两季(根据江苏省1964年气象资料)。二十四节气是战国时代所观测到的黄河流域的气候而定下的。那时把霜降定在阳历十月廿四日。现在开封、洛阳(东周都城)秋天初霜在十一月三日到五日左右。雨水节,战国时定在二月廿一。现在开封和洛阳一带,终霜期在三月廿二日左右(根据中央气象科学研究所1955年资料。按战国时代原来所定二十四节气,雨水在惊蛰之后,到前汉才把雨水移到惊蛰之前。但无论如何,目前终雪总在战国时代雨水节之后。汉改雨水、惊蛰的先后顺序,详见宋王应麟《困学纪闻》284页)。这样看来,现在生长季节要比战国时代长三四十天。这一切表明,在战国时期,气候比现在温暖得多。

到了秦朝和前汉(前221—24年),气候继续温和。相传秦吕不韦所编的《吕氏春秋》书中的《任地篇》里,有不少物候资料。清初(1660年)张标所著《农丹》书中曾说道:"《吕氏春秋》云:'冬至后五旬七日菖始生。菖者,百草之先生也。于是始耕。今北方地寒,有冬至后六七旬而苍蒲未发者矣。'"照张标的说法,秦时春初物候要比清初早二三个星期。

汉武帝刘彻时(前156—前87年),司马迁作《史记》,其中《货殖列传》描写了当时经济作物的地理分布:"蜀汉江陵千树橘……陈夏千亩漆;齐鲁千亩桑麻;渭川千亩竹。"按橘、漆、竹皆为亚热带植物,当时繁殖的地方如橘之在江陵,桑之在齐鲁,竹之在渭川,漆之在陈夏,均已在这类植物现时分布限度的北界或超出北界。一阅今日我国植物分布图,便可知司马迁时亚热带植物的北界比现时推向北方。前110年,黄河在瓠子决口,为了封堵口子,斩伐了河南淇园的竹子编成为容器以盛石子,来堵塞黄河的决口(见《史记·河渠书》)。可见那时河南淇园这一带竹子是很繁茂的。

到东汉时代即公元之初,我国天气有趋于寒冷的趋势,有几次冬天严寒,晚春国都洛阳还降霜降雪,冻死了不少穷苦人民。但东汉冷期时间不长。当时的天文学家、文学家张衡(78—139年)曾著《南都赋》,赋中有"穰橙邓橘"之句,表明河南省南部橘和柑尚十分普遍。直到三国时代曹操(155—220年)在铜雀台种橘,只开花而不结果(唐李德裕《瑞橘赋·序》:"昔汉武致石榴于异国,灵根遐布……魏武植朱于铜雀,华实莫就。"见《李文饶文集》卷二十),气候已比前述汉武帝时代寒冷。曹操儿子曹丕,在225年,到淮河广陵(今之扬州)视察十多万士兵演习,由于严寒,淮河忽然冻结,演习不得不停止。这是我们所知道的第一次有记载的淮河结冰。那时气候已比现在寒冷了。直到第三世纪后半叶,特别是280—289年的十年间达到顶点,当时每年阴历四月(等于阳历五月份)降霜。这种寒冷气候继续下来,280—289年的十年间,每年阴历四月(等于阳历五月份)降霜。直到第四世纪前半期达到顶点,在336年,渤海湾从易黎到营口,连续三年,全部冰冻,冻上可以来往车马及三四千人的军队。徐中舒曾经指出,汉晋气候不同,那时年平均温度大约比现在低2℃～4℃。

南北朝(420—580年)期间,中国分为南北,以秦岭和淮河为界。因南北战争和北部各族之间的战争不断发生,历史记载比较贫乏。南朝在南京覆舟山建立冰房,是一个有气候意义的有趣之事。冰房是周代以来各王朝备有的建筑,用以保存食物新鲜使其不致腐烂之用的。南朝以前,国都位于华北黄河流域,冬季建立冰房以储冰是不成问题的,但南朝都城在建业(今南京),要把南京覆舟山的冰房每年装起冰来,情形就不同了。问题是冰从何处来。当时黄淮以北是敌人地区,不可能供给冰块;人工造冰的方法,当时还不可能;如果南京冬季温度像今天一样,南京附近的河湖结冰时间就不会长,冰块不够厚,不能储藏。在1906—1961年期间,南京正月份平均温度为＋2.3℃,只有1930、1933和1955年三年降低到0℃以下。因此,如果南朝时代南京的覆舟山冰房是一个现实,那末,南京在那时的冬天要比现在大约冷2℃,年平均温度比现在低1℃。

大约在533—544年,北朝的贾思勰写了一本第六世纪时代的农业百科全书《齐民要术》,很注意当时他那地区的物候性质。他说:"凡谷:成熟有早晚,苗秆有高下,收实有多少……顺天时,量地利,则用力少而成功多。任情返道,劳而无获。"这本书代表了六朝以前中国农业最全面的知识。近来的中国农业家和日本学者都很重视这本书。贾思勰生于山东,他的书是记载华北——黄河以北的农业实践。根据这本书,阴历三月(阳历四月中旬)杏花盛开;阴历四月初旬(约阳历五月初旬)枣树开始生叶,桑花凋谢。如果我们把这种物候记载同黄河流域近来的观察作一比较,就可认清第六世纪的杏花盛开和枣树出叶迟了四周至两周,与现今北京的物候大致相似。关于石榴树的栽培,这本书说:"十月中以蒲藁裹而缠之,不裹则冻死也。二月初乃解放。"现在在河南或山东,石榴树可在室外生长,冬天无需盖埋,这就表明六世纪上半叶河南、山东一带的气候比现在冷。

第六世纪末至第十世纪初,是隋唐(581—907年)统一时代。中国气候在第七世纪的中期变得和暖,650、669和678年的冬季,国都长安无雪无冰。第八世纪初期,梅树生长于皇宫。唐玄宗李隆基时(712—756年),妃子江采苹因其所居种满梅花,所以称为梅妃。第九世纪初期,西安南郊的曲江池还种有梅花。诗人元稹(779—831年)《和乐天秋题曲江》诗,就谈到曲江的梅(《元微之长庆集》卷六《和乐天秋题曲江》诗云:"十载定交契,七年镇相随。长安最多处,正是曲江池。梅杏春尚小,菱荷秋已衰……")。与此同时,柑橘也种植于长安。唐大诗人杜甫(712—770年)《病橘》诗,提到李隆基种橘于蓬莱殿。段成式(约803—863年)《酉阳杂俎》说,天宝十年(751年)秋,宫内有几株柑树结实一百五十颗,味与江南蜀道进贡柑橘一样。宋乐史《杨太真外传》说得更具体。他说,开元末年江陵进柑橘,李隆基种于蓬莱宫。天宝十年九月结实,宣赐宰臣一百五十多颗。武宗李炎在位时(公元841—846年),宫中还种植柑橘,有一次橘树结果,武宗叫太监赏赐大臣每人三个橘子。可见,从八世纪初到九世纪中期,长安可种柑橘并能结果实。应该注意到,柑橘只能抵抗-8 ℃的最低温度,梅树只能抵抗-14 ℃的最低温度。在 1931—1950 年期间,西安的年绝对最低温度每年降到-8 ℃以下,二十年之中有三年(1936、1947 和 1948 年)降到-14 ℃以下。梅树在西安生长不好,就是这个原因,用不着说橘和柑了。

唐朝时代,生长季节也似乎比现在长。大约在公元 862 年,樊绰写的《蛮书》中说:曲靖以南(北纬 24°45′,东经 103°50′),滇池以西,人民一年收获两季作物,九月收稻,四月收小麦或大麦。现在曲靖一带的农民很难照样耕种,因为他们发现生长季节太短,不得不种豌豆和胡豆来代替小麦和大麦(根据云南省气象局 1966 年资料)。

唐灭亡后,中国进入五代十国时代(907—960 年)。在此动乱时代没有什么物候材料可以作为依据。直到宋朝(960—1279 年)才统一起来,国都建于河南省开封。宋初诗人林逋(967—1029 年)隐居杭州,以咏梅诗而得名。梅花因其一年中开花最早,被推为花中之魁首,但在十一世纪初期,华北已不知有梅树,其情况与现代相似。梅树只能在西安和洛阳皇家花园中及富家的私人培养园中生存。著名诗人苏轼(1037—1011 年)在他的诗中,哀叹梅在关中消失。苏轼咏杏花诗有"关中幸无梅,赖汝充鼎和"之句。同时代的王安石(1021—1086 年)嘲笑北方人常误认梅为杏,他的咏红梅诗有"北人初未识,浑作杏花看"之句。从这种物候常识,就可见唐宋两朝温寒的不同。

十二世纪初期,中国气候加剧转寒。这时,金人由东北侵入华北代替了辽人,占据淮河和秦岭以北地方,以现在的北京为国都。宋朝(南宋)国都迁于杭州。1111 年第一次记载江苏、浙江之间拥有 2250 平方公里面积的太湖,不但全部结冰,且冰的坚实足可以通车。寒冷的天气把太湖洞庭山出了名的柑橘全部冻死。在国都杭州落雪不仅比平常频繁,而且延到暮春。根据南宋时代的历史记载,从 1131 年到 1260 年,杭州春节降雪,每十年降雪平均最迟日期是四月九日,比十二世纪以前十年最晚春雪的日期差不多推迟一个月。1153—1155 年,金朝派遣使臣到杭州时，靠近苏州的运河，冬天常常结冰，船夫不得不经常备铁锤破冰开路（金蔡珪《撞冰行》：“船头传铁横长锥，十十五五张黄旗。百夫袖手略无用，舟过理棹徐徐归。吴侬笑问吾曹说：‘昔岁江行苦风雪，扬槌启路夜撞冰，手皮半逐冰皮裂。’今年穷腊波溶溶，安流东下闲篙工。江东贾客借余润，贞元使者如春风。”见金元好问编《中州集》卷一，中华书局，1962 年版）。1170 年，南宋诗人范成大被派遣到金朝，他在阴历九月九日即重阳节（阳历 10 月 20 日）到北京，当时西山遍地皆雪，他赋诗纪念。苏州附近的南运河冬天结冰，和北京附近的西山阳历十月遍地皆雪，这种情况现在极为罕见，但在十二世纪时，似为寻常之事。

第十二世纪时，寒冷气候也流行于华南和中国西南部。荔枝是广东、广西、福建南部和四川南部等地广泛栽培的果树，具有很大经济意义的典型热带果实之一。荔枝来源于热带，比橘、柑更易为寒冷气候所冻死，它只能抵抗 −4 ℃左右的最低温度。1955 年正月上旬，华东沿海发生一次剧烈寒潮，使浙江柑橘和福建荔枝遭受到很大灾害。根据李来荣写的《关于荔枝龙眼的研究》一书，福州（北纬 26°42′，东经119°20′）是中国东海岸生长荔枝的北限。那里的人民至少从唐朝以来就大规模地种植荔枝。一千多年以来，那里的荔枝曾遭到两次全部死亡：一次在 1110 年，另一次在 1178 年，均在十二世纪。

唐朝诗人张籍（约 767—约 830 年）《成都曲》一诗，诗云：“锦江近西烟水绿，新雨山头荔枝熟。”说明当时成都有荔枝。宋苏轼时候，荔枝只能生于其家乡眉山（成都以南 60 公里）和更南 60 公里的乐山，在其诗中及其弟苏辙的诗中，有所说明。南宋时代，陆游（1125—1210年）和范成大（1126—1193 年）均在四川居住一些时间，对于荔枝的分布极为注意。从陆游的诗中和范成大所著《吴船录》书中所言，第十二世纪，四川眉山已不生荔枝。作为经济作物，只乐山尚有大木轮围的老树。荔枝到四川南部沿长江一带如宜宾、泸州才大量种植。现在眉山还能生长荔枝，然非作为经济作物。苏东坡公园里有一株荔枝树，据说约一百年了。现在眉山市场上的荔枝果，是来自眉山之南的乐山以及更为东南方的泸州。由此证明，今天的气候条件更像北宋时代，而比南宋时代温暖。从杭州春节最后降雪的日期来判断，杭州在南宋时候（十二世纪），四月份的平均温度比现在要冷1℃～2℃。

日本虽与我国隔有辽阔达四百公里的日本海，但日本所记的物候仍能与我国物候相对比。日本保存有很可宝贵的物候观察记录。第九世纪以后，日本的皇帝和封建主，历年在西京花园设宴庆祝日本的樱花盛开，庆祝日期均有记载，直到十九世纪为止。

在大约一千年的记载中，京都樱花开花的平均日期，以第九世纪最早，以第十二世纪最迟。在这段时间，中国气候和日本气候的变化是一致的。但到十七世纪，在我国正值明末清初，气候非常寒冷，而日本的樱花反而比现在开得早，原因何在，迄今尚不能解释。

第十二世纪刚结束，杭州的冬天气温又开始回暖。在1200、1213、1216和1220年，杭州无任何的冰和雪。在这时期，著名道士邱处机（1148—1227年）曾住在北京长春宫数年之久。于1224年寒食节作《春游》诗云："清明时节杏花开，万户千门日往来。"（元李志常撰《长春真人西游记》卷一，38页。见《榕园丛书》）可知那时北京物候正与北京今日相同。这种温暖气候好像继续到十三世纪的后半叶，这点可从华北竹子的分布得到证明。隋唐时代，河内（今河南省沁阳市）、西安和凤翔设有管理竹园的特别官府衙门，称为竹监司；南宋初期，只凤翔府竹监司依然保留，河内和西安的竹监司因无生产取消了。元朝初期（1279—1292年），西安和河内又重新设立"竹监司"的官府衙门，就是气候转暖的结果。但经历了一个短时间又被停止（《元史·食货志》："至元二十九年（1292年）怀（庆）、孟（津）竹课，频年斫伐已损，课无所出"云云），只有凤翔的竹类种植继续到明代初期才停（见陕西《盩厔县志·古迹》，清乾隆时修）。这一段竹的种植史，表明十四世纪以后即明初以后，竹子在黄河以北不再作为经济林木而培植了。

十三世纪初和中期比较温暖的期间是短暂的，不久，冬季又严寒了。根据江苏丹阳人郭天锡日记，1309年正月初，他由无锡沿运河乘船回家途中，运河结冰，不得不离船上岸（元《郭天锡日记》。杭州浙江省图书馆有手录稿,仅存 1309 年冬天两个月的日记。见《知不足斋丛书》第一集)。1329 年和 1353 年,太湖结冰,厚达数尺,人可在冰上走,橘尽冻死。这是太湖结冰记载的第二次和第三次(元陆友仁《砚北杂志》卷上)。蒙古族诗人迺贤(1309—1352 年)的诗集中,有一首诗,描述 1351 年山东省白茅黄河堤岸的修补和同年阳历 11 月冰块顺着黄河漂流而下,以致干扰修补工作。黄河流域水利站近年记载表明,河南和山东到十二月时,河中才出现冰块(见表二)。可见迺贤时黄河初冬冰块出现要比现在早一个月。

表二　近年来黄河结冰的日期

地　名	河南省花园口	山东省洛口
观测年份	1951,1955,1956	1922—1929,1933—1936,1951—1958
冰块最初出现的平均日期	阳历 12 月 9 日	阳历 12 月 21 日
冰块最后出现的平均日期	2 月 16 日	2 月 21 日
河水结冰的平均日期	1 月 14 日	1 月 5 日
河水开冻的平均日期	1 月 26 日	2 月 1 日

迺贤居住北京数年,在他的关于家燕的一首诗中(同上(《京城燕》自注:"京城燕子,三月尽方至,甫立秋即去。"编者注),慨叹家燕不过是一个暂时的过客,"三月尽(阳历四月末)方至,甫立秋(阳历八月六、七日)即去",停留那样短的时间,同现在的物候记载相比来去各短一周。从上述的物候看来,十四世纪又比十三世纪和现时为冷。第十三四世纪时期,我国物候的变迁和日本樱花物候又是相符合的。

气候的寒温,也可以从高山顶上的雪线高低来断定。气候冷,雪线就要降低。在十二三世纪时,我国西北天山的雪线似乎比现在低些。《长春真人西游记》记述邱处机应成吉思汗邀请,由山东经蒙古、新疆到撒马尔罕,于 1221 年 10 月 8 日(阳历)路过三台村附近的赛里木湖。邱处机在一首诗中,把这个地方称为"天湖"。且说:"大池方圆二百里,雪峰环之,倒影池中,名之曰天池"(元李志常撰《长春真人西游记》卷一,16 页,见《榕园丛书》)。这个湖的海拔高度是 2 073 米,而围绕湖的最高峰大约再高出 1 500 米。作者于 1958 年 9 月 14 日和 16

日两次途经赛里木湖时，直至山顶并无积雪。当前，天山这部分雪线位于 3 700～4 200 米之间，考虑到邱过这个地方时的季节，如山顶已被终年雪线所盖，则当时雪线大约比现在较低 200 到 300 米。中国地貌工作者，近年来在天山东段海拔 3 650 米高处，发现完全没有被侵蚀，看来好像是最近新留下来的终碛石。这可能是第十二世纪到十八世纪的寒冷时代所遗留，即西欧人所谓的现代"小冰期"。中国十二三世纪（南宋时代）的这个寒冷期，似乎预见欧洲将要在下一二个世纪出现寒冷。依据苏联人的研究，在欧洲部分的俄罗斯平原，寒冷期约在1350 年开始；在欧洲中部的德意志、奥地利地区，H. Flohn 以为 1429到 1465 年是气候显然恶化的开始；在英格兰，H. H. Lamb 以为 1430、1550 和 1590 年英国饥荒，都因天气寒冷所致。由此可见，中国的寒冷时期，虽未必与欧洲一致，同始同终，但仍然休戚相关。可能寒冷的潮流开始于东亚，而逐渐向西移往西欧。

三、方志时期（公元 1400—公元 1900 年）

到了明朝（1368—1644 年），即十四世纪以后，由于各种诗文、史书、日记、游记的大量出版，物候的材料散见各处，即使搜集很少一部分，已非一人精力所能及。幸而此种材料大多收集在各省各县编修的地方志中。我国地方志有五千多种。这些地方志，除仪器测定的气候记录外，对于一个地区的气候提供了很可靠的历史资料。上节所述的物候材料只限于生物方面的证据，如气候对于植物生长和动物分布的关系，以及对于当地人民农业操作的影响，只能作为提示，很少直接证实气候确与现在不同。天气灾害直接与气候有关，当我们有以往的气候资料与现在的气候资料作比较时，我们就更有证据了。

各种气候天灾中，我们以异常的严冬作为判断一个时期的气候标准。如平常年里不结冰的河湖结了冰，这是异常的事情。全世界在热带的平原上是看不到冰和雪的，一旦热带平原冬天下雪结冰，这也是异常的事情。本节所讨论的就是这两种异常气候的出现。中国三个最大的淡水湖是鄱阳湖，面积 5 100 平方公里，洞庭湖 4 300 平方公里，太湖 3 200 平方公里。这三个湖均与长江相连。鄱阳湖和洞庭湖位于北纬29°左右,太湖位于北纬31°～31°30′之间。对于河流冰冻,我们以江苏省盱眙的淮河和湖北省襄阳汉江为标准。南京地理研究所徐近之曾经根据这些河湖周围地区的方志,作了长江流域河湖结冰年代的统计和近海平面的热带地区降雪落霜年数的统计,两种统计一共用了六百六十五种方志。对于热带地区的降雪只参考了广东省和广西壮族自治区的方志。云南热带地区因海拔太高不包括在内。

从两系列表内可以看出,在这五百年中,我国的寒冷年数不是均等分布的,而是分组排列。温暖冬季是在 1550—1600 年和 1720—1830 年间。寒冷冬季是在 1470—1520、1620—1720 和 1840—1890 年间。以世纪来分,则以十七世纪为最冷,共十四个严寒冬天,十九世纪次之,共有十个严寒冬天。虽然所列中国的江湖均位于北纬 29°～32°之间的亚热带地区,降雪日期限于热带地区,但表内所示的寒温程度也互相吻合。这是因为三个湖和淮汉二河的结冰,和广东、广西的降雪,都来源于西伯利亚或蒙古的特别的严冷寒流之故。根据中国科学院大气物理研究所叶笃正的调查,这种寒潮主要是欧洲阻塞高压的分裂而向东移动的结果。

同日本诹访湖的记载作一比较,中日两地的气候是近于一致的。两系列都表明,十七世纪的严冬较多,只是日本严冬开始和结束的年代比中国提早四分之一世纪左右。例如诹访湖在十七世纪 1626—1650 年已开始寒冷,而在中国则要到 1651—1675 年才寒冷。诹访湖在十五世纪末叶已很寒冷,而中国要到十六世纪初才寒冷,但到了十九世纪后半叶出现不调和的现象:当时中国甚严寒,诹访湖则异常温暖。这种不协调的情况,作者认为和达清夫《日本之气候》一书中所提到的下列现象是值得注意的。他说,在诹访湖记载期间,有一温泉喷出大量温水灌入诹访湖,这或许是使诹访湖温暖,影响到以后期间的冬季都不结冰。诹访湖面积只有 14.6 平方公里,所以易受一些地方因素的影响。

以中国冬季温度的趋势同欧洲的冬季温度的趋势作比较,其一致性比同日本的一致性更小。在欧洲,1150 和 1300 年之间的温和冬季是最显著的,而中国十二世纪却是严冬最常见的世纪。中国在十七世纪的寒冷冬季与欧洲的俄罗斯、德国和英国却相同,但不是发生于同一个十年之中。两地寒冷冬季与温和冬季均维持五十年的光景,且互相转换,这倒是一致的。半个世纪寒温更迭出现,中国如此,欧洲也如此。这与总的大气交流变化着的形势有关系,尤其与上面提到的阻塞高压的多少和强弱有关。

上面我们只谈到十五世纪到十九世纪期间冬季的相对寒冷,下面准备说一下这段期间的气候变化对于人类和动植物的影响。在这个期间,有一件事似乎是很清楚的,即这个五百年(1400—1900 年)的最温暖期间内,气候也没有达到汉唐期间的温暖。汉唐时期,梅树生长遍布于黄河流域。在黄河流域的很多方志中,有若干地方的名称是为了纪念以前那里会有梅树而命名的。例如陕西鄜县(北纬 36°,东经109°20′。古称鄜州,今为富县。编者注)西北三十余里有梅柯岭,因唐时有梅树故名(《鄜州志·山川》,清道光时修)。山东平度(北纬 36°55′,东经 120°45′)的州北七里有一小山,称为荆坡,据说曾种了满山梅树(《莱州府志·山川》,清乾隆时修。并见《平度州志·山川》,清道光时修)。目前鄜州、平度均无梅。河南郑州(北纬 34°50′,东经 113°40′)西南三十里有梅山,高数十仞,周数里,闻往时多梅花故名(《郑州志·舆地志》"山川"条)。现已无梅。解放后,郑州市人民政府在郑州人民公园栽种梅树已获得成功。郑州在 1951—1959 年期间,每年绝对最低温度在—14 ℃以上,可以说是目前梅树的最北极限。

作为参考,这里提一下欧洲种葡萄的历史。1100—1300 年间,英格兰南部和德国部分地区,葡萄园广泛分布。由于以后的严冬,特别是 1430 年的严冬最低温度降到—20 ℃至—25 ℃,葡萄种植就完全停止了。这寒冷期间一直延到二十世纪初才开始回暖。1920—1950 年期间,年平均温度上升半度至一度,生长季节同十八世纪相比延长了二三周;葡萄、杏、桃这类果品作物,在英格兰南部又种植起来了。英国物候的最长纪录是 Norfolk(诺福克郡,位于英国英格兰东部。编者注)地方 Marshall 家中五代子孙继续观测的记录,从 1736 年开始直至

1925 年,计 190 年之久。初春银莲花开花,在 1891—1925 年期间要比 1751—1785 年早开 21 天之多。可知英国二十世纪初比十八世纪温暖得多。

在这五百年间,我国最寒冷期间是在十七世纪,特别以 1650—1700 年为最冷。例如唐朝以来,每年向政府进贡的江西省橘园和柑园,在 1654 和 1676 年的两次寒潮中,完全毁灭了(叶梦珠编《阅世编》,载叶静渊《中国农学遗产选集》上编 45 页,四类第十四种"柑橘")。在这五十年期间,太湖、汉水和淮河均结冰四次,洞庭湖也结冰三次。鄱阳湖面积广大,位置靠南,也曾经结了冰。我国的热带地区,在这半世纪中,雪冰也极为频繁。

在这五百年间,我国物候材料浩繁,非本文所能总结。为了与十四世纪以前的物候材料作比较,这里只选择最冷的十七世纪的两种笔记中所见的物候材料加以论述。一种是《袁小修日记》,是明万历三十六年至四十五年(1608—1617 年)间,袁小修留居湖北沙市附近的日记;另一种是清杭州人谈迁著的《北游录》,叙述 1653—1655 三年间本人在北京的所见所闻。这两本书,详细记载了桃、杏、丁香、海棠等春初开花的日期。从这两个人的记载,我们可以算出袁小修时的春初物候,与今日武昌物候相比要迟七天到十天。谈迁所记北京物候与今日北京物候相比,也要迟一二星期。更可注意的是,十七世纪中叶,天津运河冰冻时期远较今日为长。1653 年,谈迁从杭州来北京,于阳历十一月十八日到达天津时,运河已冰冻;到十一月二十日,河冰更坚,只得乘车到北京。1656 年,阳历三月五日,谈迁由京启程返杭时,北京运河开始解冻。根据谈迁的记述,可知当时运河封冻期一年中共有 107 天之久。水电部水文研究所整理了 1930—1949 年,天津附近的杨柳青站的记录表明,这二十年间,运河冰冻平均每年只有 56 天,即封冻平均日期为 12 月 26 日,开河平均日期为 2 月 20 日。而据谈迁《北游录》所说,那时北京运河开河日期是在惊蛰节,即阳历 3 月 6 日,比现在要迟十二天。从物候的迟早,可以算出两个时间温度的差别。据物候学上"生物气候学定律":在春初,在温带大陆东部,纬度差一度或高度差 100 米,则物候差四天。这样就可从等温线图中标出北京在十七世纪中叶冬季要比现在冷 2 ℃之谱。

四、仪器观测时期(从 1900 年开始)

风向仪和雨量计在明朝以前就应用了,到 1911 年,当时的中国政府才建立正规气象站。新中国成立后,气象事业空前发展,一个完好的气象预报站网已遍及全国各地。1900 年以前,中国只有极少数地方有气象记录。明朝初期,量雨器分布于全国不同地区,1424 年,朱棣(明成祖)下令地方长官每年向朝廷报告雨量,借以估量各个地区的农业生产,但此事不久即流于形式,以后也就停止了。

清代(1644—1911 年),北京、南京、杭州和苏州有雨日的记载。北京从 1724 到 1903 年的记载,现在仍保存于故宫。这些记载只记录降雨时间的始末,没提数量;只凭肉眼观察,而非仪器测量。1932 年,曾对这些记载作过一次分析,并写成报告发表。根据这个报告,由秋季初次降雪到春节末次降雪的平均日期,得出结论是,1801 到 1850 年期间,比其前 1751—1800 年期间和其后 1851—1900 年期间为温暖。

1593 年,意大利伽利略发明气温表。其后不久,耶稣会教士就把气温表引进中国。十八世纪中叶,耶稣会教士钱德明(Jesuit Amiot)测量了 1757—1762 年的北京每日最低温度和最高温度,其结果发表于法国杂志中。大约一百年后,在 1867 年,圣彼得堡俄罗斯科学院派遣 H. Fritsche(傅烈旭,北京地磁气象台台长。俄罗斯著名科学家,1883 年回国。编者注)到北京建立气象与地磁站。他在北京工作十六年,著有《东亚气候》一文。这些论文使我们知道北京十八世纪和十九世纪期间的年平均温度和月平均温度。严格来讲,这些旧资料不能与现代的气象记载相比较,因为观测时间和仪器安置方法等同现在均不相同(如钱德明所用的温度计,尚是列氏刻度的寒暑表)。由于这些资料是我们仅有的十八九世纪的气温记载,所以只能依照其原有数值。

从统计来看,以冬季三个月来讲,二十世纪中期的温度有显著的暖和。十二月、一月和二月的平均温度是−2.8 ℃,较 1875—1880 年期间的高 0.9 ℃,比十八世纪中期高 1.4 ℃。但 1954—1964 年间的夏季三个月的平均温度,却比前两个期间的温度显著降低。这可能由于近年来中国东部大陆性气候减低,而海洋性气候增强,因为沿东亚海岸海洋上风速加大,增加海洋的影响之故。在北美洲东北部沿海近年也有这种趋势;大西洋沿岸洋流因南北温度差别加大而增加活力,使南北向的风速增大,遂使加拿大东北部冬季增温而夏季减暖。

在我国,北京是最早有温度表测定空气温度的,但记载不完全,中间有很大的间隙。除北京外,上海、香港和天津也有长时间的空气温度记载。

从上海九十年左右的气温记录中,可以看出,十九世纪最后二十五年期间的温度为最低,1940 年为最高。以上海和同纬度的阿拉伯埃及共和国的亚历山大和开罗两地,在同一期间滑动的十年平均温度(1900 年最低,1936 年最高)相比,可以发现在下降或衰退期间,上海比开罗早,气候有向西移动的趋势;在上升期间,上海比开罗迟,气候出现向东移的趋势。

上海八十多年左右期间的气候趋势,有些上下摆动的幅度达 0.5 ℃至 1 ℃,这是有很大的经济意义的。它直接影响植物和动物的生长,间接控制病虫害的发生,以及农业操作、农业生产都可能受到影响。所以,重温一下过去的气候史,掌握气候的变化规律,预见将来气候的变化趋势,这对能动地改造客观世界具有重大意义。

在英格兰,G. Manley 曾对英格兰中部 1680 到 1960 年的温度记载,按季和年的十年滑动平均作过研究。发现从 1680—1690 年低温期间开始,气温有上升的趋势。1880 到 1950 年期间,温度上升趋势尤其明显。此后,温度有点下降。与上海、天津相比,英格兰的冬季温度在 1930 年以后,当天津、上海冬季温度尚在继续上升的阶段,而英格兰的气温则表现下降的趋势。从 1260 年到 1814 年,伦敦泰晤士河完全结冰共 23 次。其中最坚厚而可乘车马通行的是在 1309—1310 年和 1688—1689 年的冬天。从 1814 年以后,泰晤士河没有完全冰冻过。苏联列宁格勒(该市于 1703 年 5 月 27 日由俄国沙皇彼得一世下令建造,名为圣彼得堡。苏联成立后,为纪念领导者列宁于十月革命时曾于该市发动革命,1924

年,在列宁逝世后,苏联政府将其改称列宁格勒。1991 年,苏联解体,经市民投票,恢复圣彼得堡之名。编者注)有 1765 年以来两百多年的气候记录。列宁格勒地球物理总台把这记录作了年滑动平均温度的研究,证明在此期间,列宁格勒年平均是 3.9 ℃,最冷的十年是 1780—1789 年,平均年温是 2.8 ℃;而最热的十年是 1927—1936 年,平均年温是 5.4 ℃。以世纪而论,则以十九世纪上半期为最冷。从 1890 年以后温度一直在总平均以上。由此可知,从仪器记录所得出气候变迁,在欧洲各国比较一致,而与我国则在时间上有先后。

中国近八十年左右期间,温度变迁已使天山雪线和冰川的进退受到影响。根据 1960—1963 年,中国科学院冰川雪线测量队的调查,证明在 1910—1960 年的五十年期间,天山雪线上升 40～50 米,西部天山的冰川舌后退 500～1 000 米。东部天山的冰川舌后退 200 到 400 米。同时,森林线的上限也升高一些。调查结果认为,现在覆盖在天山高峰的冰川是历史时代寒冷期间的产物,大约是 1100—1900 年的寒冷期所成,而不是第四纪冰川期的残余。

十年滑动的平均曲线,使我们看出了一个地方的气候变化趋势,其缺点是它掩盖了个别的严冬。下面我们就天津、上海和香港三地,最近七八十年中的五个最寒冷冬季的平均温度作比较分析,列表三。

表三　天津、上海和香港最寒冷冬季的平均温度(℃)

	冬季	1	2	3	4	5
天津	1890—1965 平均温度—2.2	1956—1957 −5.5	1935—1936 −5.2	1910—1911 −4.8	1896—1897 −4.6	1894—1895 −4.4
上海	1873—1965 平均温度 4.6	1892—1893 1.9	1944—1945 2.2	1918—1919 2.6	1877—1878 2.8	1935—1936 3.0
香港	1884—1941 1946—1964 平均温度 16.0	1892—1893 13.7	1917—1918 14.1	1884—1885 14.3	1886—1887 14.5	1924—1925 14.6

最低的平均冬季温度,虽然通常作为整个季节寒冷的最有代表性的标准,但同植物和人类遇着的最大天灾不总是符合的。在这段期间

内,最严酷的天气,在华中和华东发生于 1955 年正月,但是没有列入表三中。因为在 1955 年,严酷的正月,接着就是温暖的二月,因此整个冬季,温度不是最低。

1955 年正月期间,有连续从西伯利亚来的寒潮,华中、华南许多地方的绝对最低温度的纪录被打破了,如表四所示:

表四　1955 年正月华中、华南的绝对最低温度(℃)

华中	华南热带
安徽正阳关　−24.1	广东汕头　0.4
江苏徐州　−16.7	广西南宁　−2.1
湖北汉口　−14.6	海南定安　−0.3
江苏南京　−14.0	海南阳江　−1.4

这一年,正阳关附近的淮河,从一月一日至二月十五日结冰;汉水从一月一日至二月二十日,也结冰二十天;洞庭湖从一月三日至六日,完全结冰三天。这是二十世纪洞庭湖、汉水和淮河结冰唯独一次有记载的事情。这个月的寒潮沿着京汉铁路走,因此,在这条道路上,温度降低是最大的。太湖在华东只是部分结冰。中国热带很多地方,甚至海南岛的南部都下了霜。数十万亩的热带树木被冻死,广东的冬红薯这年完全毁灭了。

在这个期间,另一次严重寒潮入侵是在 1936 年 2 月,受寒潮影响最严重的是天津。当时天津港口和海河出口处,从二月初到三月初都结了冰。这是当地老年人毕生的记忆中所没有过的,而且在此以后未再发生过。天津港封冻的原因是什么呢? 第一,由于 1936 年一月和二月的极端低温,平均温度,一月为−6.7 ℃,二月为−4.4 ℃,比历年平均温度低 2.5 ℃和 2.7 ℃;第二,是由于东风的频数达 28.3%,阻挡浮冰入海;第三,是由于 1936 年二月,天津有过量的雪(1891—1949 年期间二月最大的雪)。在经济上,天津港口封冰,估计损失四百万银元。

为什么有些冬季气候温和寒潮很少,而有些冬季寒潮过多而成灾害? 如果严重寒潮季节在一定期间再次发生,那么,这种周期性是什么原因呢？有些气象学家相信，太阳黑子的周期与气候的周期有关系。日本和达清夫（1902—1995。爱知县人。著名的地球物理学家。1956年至1963年担任日本气象厅长官。1949年，当选为有声望的日本学士院院士，后来担任该院院长。编者注）认为，十九世纪日本稻类作物，由于夏季低温而生长不好的几年，似与太阳黑子最大的几年一致。波兰的A. Kosiba认为"北半球的极端严冬，是同太阳最活动的亦即太阳黑子最高年有严格的相关"。但是，这种相关，只是在短期内一个地区有效。如中欧的极端严寒冬季，在很多情况下，与北极地区的极端温暖冬季是同时发生的。

看一下本文的表三，就可以看出天津、上海和香港的最寒冷冬季，均正好发生于1957和1893年，正是太阳黑子最大的年中，这似乎支持了和达清夫和Kosiba的观点。但是，如果我们顺着线索，追溯到十九世纪和十八世纪最寒冷的冬季和最寒冷的年代，把它们同太阳黑子最大的年相比，我们就可看出它们并非总是一致的。在表三中，如以上海而论，像1945和1878年这样寒冷的年份，实际见于太阳黑子最小的年中，总之，太阳的活动，如太阳黑子的多少，虽影响到地面上的气候，但其关系相当复杂，到目前我们还没能探索出一个很好的规律出来。

结　论

四十或五十年前，欧美大多数正统气候学家相信，气候在历史时代是稳定的。根据当时的主要权威奥地利的Julius Hann的意见，如果有一个地方作了三十年的温度记载或四十年的降雨记载，我们就能给那个地方建立起一个标准。这个标准能够代表历史上过去和将来若干世纪的温度和雨量。这种见解，已为世界近数十年来收集的气象资料所否定。在我国，古代作家如《梦溪笔谈》的作者沈括，《农丹》的作者张标和《广阳杂记》的作者刘献廷，均怀疑历史时代气候的恒定性，且提出各朝代气候变异的事例，记载于上述书籍中。毛主席在《中国共产党在民族战争中的地位》一文中说道："我们这个民族有数千年的历史，有它的特点，有它的许多珍贵品。对于这些，我们还是小学生。今天的中国是历史的中国的一个发展；我们是马克思主义的历史主义者，我们不应当割断历史。"对于中国气候的发展史，中国的文献是一个宝库，我们应当好好地加以研究。

本文的研究，仅仅是一个小学生的试探，试图窥探中国的悠久气候史。在中国这样辽阔的面积上和五千年这样悠久的岁月里，人们易于在浩如烟海的二十四史和五千多部方志中找不出头绪而有所迷失。因此，误解和矛盾是难免的，特别在考古时期和物候时期所提的事实，尤其如此。

本文对我国近五千年来的气候史的初步研究，可导致下列初步性的结论：(1)在近五千年中的最初二千年，即从仰韶文化到安阳殷墟，大部分时间的年平均温度高于现在 2 ℃左右。一月温度大约比现在高 3 ℃～5 ℃。其间上下波动，目前限于材料，无法探讨。(2)在那以后，有一系列的上下摆动，其最低温度在前 1000 年、400 年、1200 年和1700 年；摆动范围为 1 ℃～2 ℃。(3)在每一个四百至八百年的期间里，可以分出五十至一百年为周期的小循坏，温度范围是 0.5 ℃～1 ℃。(4)上述循环中，任何最冷的时期，似乎都是从东亚太平洋海岸开始，寒冷波动向西传布到欧洲和非洲的大西洋海岸。同时也有从北向南趋势。

我国气候在历史时代的波动与世界其他区域比较，可以明显看出，气候的波动是全世界性的，虽然最冷年和最暖年可以在不同的年代，但彼此是先后呼应的。关于欧洲历史上的气候变迁，英国 C. P. E. Brooks(布鲁克斯。英国气象学家。1926 年，他将地球的气候状态分为"无冰期"和"含冰期"。编者注)是二十世纪前半期最有成绩的作者。我们把他所制的公元三世纪以来欧洲温度升降图与中国同期温度变迁图作一对照，就可以看出，两地温度波澜起伏是有联系的。在同一波澜起伏中，欧洲的波动往往落在中国之后。如十二世纪是中国近代历史上最寒冷的一个时期，但是在欧洲，十二世纪却是一个温暖时期，到十三世纪才寒冷下来。如十七世纪的寒冷，中国也比欧洲早了五十年。欧洲和中国气候息息相关是有理由的。因为这两个区域的寒冷冬天，都受西伯利亚高气压的控制。如西伯利亚的高气压向东扩展，中国北部西北风强，则中国严寒而欧洲温暖。相反，如西伯利亚高气压倾向欧洲，欧洲东北风强，则北欧受灾而中国温和。只有当西伯利亚高压足以控制全部欧亚时，两方就要同时出现严寒。

挪威的冰川学家曾根据地面升降的结果，做出近一万年来挪威的雪线升降图。雪线的升降与一地的温度有密切关系。一时代气候温暖则雪线上升，时代转寒，雪线下降。以我国五千年来气温升降与挪威的雪线高低相比，大体是一致的，但有先后参差之别。在殷、周、汉、唐时代，温度高于现代；唐代以后，温度低于现代。挪威雪线也有这种趋势。但在战国时期，前 400 年，出现一个寒期为中国所无。尚有一点须指出，即雪线高低虽与温度有密切关系，但还要看雨量的多少和雨量季节的分配，所以，不能把雪线上下的曲线完全来代表温度的升降。

最近丹麦首都哥本哈根大学物理研究所 W. Dansgaard 教授，在格陵兰岛上 Camp Century 地方的冰川块中，以 O^{18} 的放射性同位素方法，研究结冰时的气温，结果是：结冰时气温高时，O^{18} 同位素就增加；气温增加 1 ℃，O^{18} 就增加 0.69‰。

从三国到六朝时期的低温，唐代的高温到南宋、清初的两次骤寒，两地都是一致的，只是时间上稍有参差。如十二世纪初期格陵兰尚有高温，而中国南宋严寒时期已开始。但相差也不过三四十年，格陵兰温度就迅速下降至平均以下。若以欧洲相比，则欧洲在十二三世纪天气非常温暖，与中国和格陵兰均不相同。若追溯到三千年以前，中国《竹书纪年》中所记载的寒冷，在欧洲没有发现，到战国时期，欧洲才冷了下来。但在 S. G. Johnsen 和 W. Dansgaard1972 年 2 月 25 日《Nature》（《自然周刊》。1869 年创刊，是全球最著名的两大科技期刊之一。编者注）周刊上所发表的图表中就可以看出，距今三千年前格陵兰曾经一次两三百年的寒冷时期，与《竹书纪年》的记录相呼应。到距今二千五百年到二千年间，即在我国战国秦汉间，格陵兰却与中国一样有温和的气候。凡此均说明格陵兰古代气候变迁与中国是一致的，而与西欧则不相同。格陵兰与中国相距二万余公里,而古代气候变动如出一辙,足知这种变动是全球性的。我认为这是由于格陵兰和我国纬度高低不同,但统处在大陆的东缘,虽面临海洋,仍然是大陆性气候,与西欧的海洋性气候所受大气环流影响不相同。加拿大地质调查所在东部安大略省(北纬50°,西经90°)地方用古代土壤中所遗留的孢子花粉研究,得出的结果,也是距今三千年至二千五百年前有一次寒冷时期,但嗣后又转暖的情况,与中国和格陵兰相似。我国涂长望曾研究"中国气温与同时世界浪动之相关系数",得出结论:中国冬季(十二月至二月)温度与北大西洋浪动的相关系数是正的,虽是指数不大,换言之,即中国冬季温度与北美洲大西洋岸冬季温度有类似的变化。总之,地球上气候大的变动是受太阳辐射所控制的,所以,如冰川时期的寒冷是全世界一律的。但气候上小的变动,如年温1℃~2℃的变动,则受大气环流所左右的,大陆气候与海洋气候作用不同,在此即可发生影响。

本文主要用物候方法来揣测古气候的变迁。物候是最古老的一种气候标志;用氧O^{18}和O^{16}的比例来测定古代冰和水的古气温,是1947年W. D. Urry的新发现,而两种方法得出的结果竟能大体符合,也证明了用古史书所载物候材料来做古气候研究是一个有效的方法。我们若能掌握过去气候变动的规律,则对于将来气候的长期预报必能有所补益。本文只是初步探讨,对于古气候说明的问题无几,而所引起的问题却不少。我们若能以马列主义、毛泽东思想为理论指导,贯彻"古为今用"的方针,充分利用我国丰富的古代物候、考古资料,从古代气候研究中作出周期性的长期预报,只要努力去做,是可以得出结果的。

第五辑　人生之调养

地理对于人生之影响 *

上星期六（四月二十九日），任叔永先生讲《科学与近世文化》，里面说："科学最显著的功用，在能制裁天然。制裁天然的第一个难题，却是距离。"任先生所说的距离，实在就是我今天所要讲的地理范围之内。中国常有"人杰地灵"一句俗调，把人放在地的前面，这或由于尊人起见，但绳之以科学眼光是不合的。因为地灵随有人杰，我们何尝听见过南北两极或赤道里边出过人杰呢？

十八世纪以前的地理课本，都注重于形势、名胜、疆域一方面，换一句话，地理两字，在那时候，全是政治地理的代名词，简直少有人讲及地理与人类的关系。十八世纪以来，研究地理的渐次转移他的目光，到地理与人的关系上去。法国有孟德斯鸠，德国有 Alexander von Humboldt 和 Carl Ritter（亚历山大·冯·洪堡和李特尔，两人同为近代地理学创建人。编者注），但人文地理的鼻祖，要推德国地理家 Ratzel（拉采尔，1844—1904。历任《科隆日报》记者、慕尼黑技术专科学校和莱比锡大学教授。近代人文地理学奠基人之一。编者注）了。他在十九世纪末叶，曾著《人文地理》一书，把地理与人文之关系，讲得很透彻。里面大意是：地面上有各种地形，各种气候；无论哪一种地形或气候，对于人生必有一定的影响。人生因所处的地位不同，人的性情体格，不得不适应环境而变迁。因此，便生出文化程度高低的差异。推其原因，不外两种：一、环境关系；二、遗传性关系。对于第二层，下

---

* 1922 年 5 月 6 日。本文是作者于 1922 年 5 月 6 日，在南京中国科学社春季演讲会上的演讲记录稿。

次秉农山先生将有详尽的讲解。今天所要讲的，便是环境——最普遍最重要的环境，就是地理。现再把地理对于人生所生的影响分做二类：一、地形；二、气候。

地形、气候对于人生的影响，很是显而易见。譬如我国本部人民同属汉种，但南方人与北方人的体格，已有不同。像粤东一带的居民，其体格小，不如北方几省人伟大，且性情都比较好动，富冒险性，而缺耐久性。就是满洲人与西伯利亚之东胡人，虽属同种，但因为气候、地理上的关系，文化程度差得很远。英伦三岛，以北方苏格兰人躯干为最大。上海之印捕（即印度巡捕，俗称"红头阿三"。编者注），看来很宏壮，但不得看做全印度人民都是这样。因为他们是印度北方本若（或译为旁遮普）省人，印度南方人却矮小得多。可见，同种的人，在异样环境之下，久而久之，其性情体格，便会生出差别起来。

现在，我先讲地形对于人生的影响。但地形又可把它分做四层来讲：（甲）山岭；（乙）平原；（丙）河流；（丁）海洋。

（甲）山岭

（一）山地对于生理　南美秘鲁国，有一部居民，常住在一万五千呎（即英尺。编者注）高山之上，所以，他们的肺量非常发达。但一旦移居平地，不上几个月便害肺病而死。反转来说，在平原上人民到了山地，也有许多不便。英国人初次到西藏探险，目的尚未达到，大部分的人，统害不消化症，半途而返。因为西藏地势高峻，气压减低，水不到摄氏寒暑表一百度，便会沸腾起来。因此，有许多食品，如马铃薯之类，就不能煮得很熟。英国人肠胃，不适于此种环境生活，就要失其常态了。又如南美洲巴拉圭，国内巴拉圭河上的居民，惯于操舟为生，所以臂力很大。但两脚没有力气，不惯登山，凡此种种，都因地理之影响。五官肢体，因受影响之不同，互为消长。就是达尔文所说：此种环境的影响，若年代久远之后，不仅关于本身，且可以传到后代。

（二）山地之于交通　地形主要的组织是山川，山多的国家，不利于交通，每做传播文明的障碍物。把中国来做个例：中国素讲闭关自守的，所以，能保全这种主义的原故，不过因它三面是山，一面是海。

北方有外兴安岭和阿尔泰山；西方有天山、昆仑山和帕米尔高原；南方有世界最高之山岭像喜马拉雅山；东面便是一望无际的东海、黄海和太平洋。在海禁未开以前，比长江有如天限，对于偌大之太平洋，自然是"望洋兴叹"，不敢"问津"了。所以，把便利不过的海洋，同高耸云霄的喜马拉雅山，一样看做传播文明的障碍物。

至于山脉做交通的梗阻，更不消说得了。我国同印度虽是比邻，但从前来往，统是绕道间接的。汉明帝时，佛法入中国，是借道西域方面。晋朝的法元，从南洋到印度，舍近就远，不外是因有喜马拉雅山的阻隔。

山脉阻绝交通，不但要看山脉的高低，而且山脉的断续，亦有关系。喜马拉雅山之所以能把中印交通完全隔绝，一方面果然因为它是世界最高的山脉，一方面也是因为它连绵一致，没有残缺低矮的地方，可以叫人超越。

欧洲阿尔卑斯山，横亘东西，但它所以不致把南北交通隔离到尽绝，无非因为那山组里面的最高峰 Mt. Blanc（即勃朗峰。编者注），亦不过 15 780 呎。且内中还有三条蹊路，最著的便是 Brenner Pass（即布伦纳罗山口，在奥意边界，是穿越阿尔卑斯山的最低、最重要隘口之一。编者注）。因此，意大利、瑞士和德意志三国，依然能互通声息。从前，罗马帝国所以能扩张它的势力到德意志、法兰西和英伦三岛，也无非全仗这三条小路。

（三）山地对于人口 多山的国家，土地总是贫瘠。其原因不外是山地泉流湍急，地面泥土受泉水的冲荡，容易洗去。因此，泥土非常浅薄，使草木无立足之地。草木既不能孳生，人口自然稀少了。

就是在山上的气候，亦不宜于人口的蕃殖。意大利南方 Sicity（即西西里岛，是地中海最大的岛屿。编者注）里面的 Mt. Etna（即埃特纳。编者注），是地中海旁岸的一座火山，有一万多呎高。山下宜种橘子、柠檬等副热带植物；但一到二千五百呎以上，只合种温带植物，如葡萄、玉蜀黍之类；四千呎以上，只能于夏季种植小麦、大麦；到了六千呎以上，仅能给寒带植物生长；到了九千呎以上，终年积雪了。

所以，凡是山岭之国，食物不甚丰富，土地难施改良。要谋生存，只有叫人口减少。山地人口稀少的原因，就在此。譬如以中国而论，人口密度最大在黄河和长江的三角洲上。因为这一带没有什么高山峻岭，人口因此加密。据最近调查，平均江苏每方哩（英美制长度单位，一哩等于5 280英尺，合1 609米。现在写作"英里"。编者注）人口六百二十人，山东六百八十人。但到山岭众多的省份，人口就减少了。云南每方哩只有七十八人，甘肃七十二人。西藏更少，每方哩只有十四人。贫瘠地方，要保持现在些少人口，尚十分困难。将来人口增加，自然更难摆布了。于是，又想出移民和一夫一妻制两个方法，来减少人口。

欧洲Alps（即阿尔卑斯。编者注）山里面的居民，夏季回到本土耕种，冬季便到法、意两国名都大邑近旁去做工。挪威、意大利的山地居民，竟向海外迁移，散居南北美洲一带，不想再回本土。

前面都是讲的山地对于人生的不便。其实，山地亦不是完全没有好处。你看什么金矿、煤矿，藏匿在山地者居多。所以，南美洲Bolivia（即玻利维亚。编者注）国的居民，百分之七十二住在六千呎以上的高地，亦是因为该地矿脉丰富的缘故。其次，供给木材。像现在江苏所用的木料，大部还取给于江西、湖南山上。此外，山岭还有一种特殊功用，在能保存弱小民族。

小亚细亚的亚美尼亚地方，居欧亚交通要道。从前，希腊和波斯有甚战争，此地总是首当其冲。若不是那地多山，遇战争时，做他们的逃藏薮，居民恐早叫歼绝。因而，他们看山地当做"世外桃源"，平原居民，反不及山地的稠密。此外，像亚洲的不丹国，土地仅占一万七千方哩；欧洲瑞士仅一万六千方哩，夹在西班牙、法兰西之间的Andorra（即安道尔。编者注），仅一百方哩；意大利Apennine（即亚平宁。编者注）山中的San Marino（即圣马力诺。编者注）国，仅二十方哩。世界上面积最小的国家，是在法境Alps山里面的摩纳哥国，地方仅占八方哩，有常备军七十人。这些小国，依然能保持他们国家的存在，岂不全靠那山岭的障蔽。人家得了它，没有多大用处；没了它，亦没有多大亏损,所以能苟延残喘么?

高地能影响人民的生活状况,人口多寡,种族保存,在上面一一述过,下面要讲的便是平原。

(乙)平原

平原的好处,大概人人都能知道。但是,给人民利益究竟到如何程度?影响一国文化的力量到底多大?这便是我们所要讨论的。

平原利益,大半在交通便利。我且先把欧、亚、非三洲来比较一下。亚洲平均高度三千三百呎,欧洲一千零八十呎,非洲二千零六十呎。照这样看来,亚洲地面最高,非洲次之,欧洲最低。地面高就是多山岭,不但河流湍急,难使舟楫,而且,河流与河流之间,隔有山脉,难叫运河凿成一气。如亚洲西伯利亚有三条河流,流入北冰洋。因中间夹着阿尔泰山、兴安岭几条大山脉,不能和黑龙江、黄河联络起来。南北交通,便生阻力。印度的恒河、中国的雅鲁藏布江,不能与珠江、长江打成一气,也是因中间有山脉横亘的缘故。欧洲平地较多,几条大河,都有人工运河把它们联属。所以,在地中海与北海,黑海与波罗的海,里海和白海之间,交通便利,商业兴盛。非洲平均高度,虽在亚洲下面,但因那地既无甚大山脉,也没甚广阔平原,不像亚洲一方面有耸入云霄的高山,一方面又有黄河流域平原、长江流域平原、西伯利亚平原和恒河、印度河流域一带平原。非洲几乎全部统是三四千呎的高原,故它的文化程度,反赶不上亚洲,相差得很远。

交通便利,就能使人民言语统一。欧洲瑞士国,面积不过江苏三分之一,但国内通行语言有四种。西面近法,便通行法语;北面近德,便通行德语;南面近意,便通行意大利语;第四种便是罗马语。而且,在这四种言语里面,又各分做若干种方言,口音各各不同。计德语有三十五种,法语十六种,意语八种,罗马语五种。莫非因为瑞士是山岭之国,交通不便的缘故?欧洲俄罗斯地面占全洲的大半,但是,通行言语不过两种,无非因为欧俄是一望无涯的平原。即中国各处,亦是如此。譬如,以浙江省而论,严、台、处等地,山岭崎岖,多数人民,就足不出里门一步,老死不相往来,往往隔一个山头,言语便不相通;杭、嘉、湖呢？因为地面平易，不但三处言语相通，就与苏省江南一带，言语也差不多。

上面说过，高地非完全有害；谈到平原，亦非完全有利益的。一国建筑于广漠无垠的平原上面，各地风俗习惯都是一样，失其相互切磋、相互增益的功用，文化程度反没有什么进步。好像俄国，据有全欧平原的一半，又据亚洲西伯利亚大平原，国内文化，反是充满守旧精神。

上面又曾说，山岭偏僻所在，能保存弱小民族，转过来说，就是平原之地，容易造成广大国家。俄国西历一千五百八十年以前，还限于乌拉尔山以西。后来，不过借 Yermask 一人的力量，带几千哥萨克兵，不上八九十年，至西历一千六百六十年，扩张领土到太平洋岸白令海峡。倘中间有高山峻岭，哪里有这样容易事情？

以上把陆地一部分讲过，现须述它的河流和海洋。

（丙）河流

河流之于运输事业，不待我来讲解，诸位早已明白。我们且看中国北方几省，处处都是康庄大道；南方几省，陆路不很讲究。南京和汉口，商业来往，不可说不忙碌，但到今还没有筑铁路的提议。可见南方运输事业，都注重在河流一方面。那河流的重要，显而易见了。其最重要的地方，在能使大陆与海洋衔接，把内地许多出产，独体发展的风俗习惯，携带到海外去，再把海外所特有而内地所缺乏的带回来，相互仿效，互相提携。河流促进文化的好处，就在这里。但在河流多的所在，往往像"鱼忘于水"的模样，竟不觉它的紧要。至于沙漠干燥之地，他们看待水草河流，有如西方乐土。所以，在海禁未开以前，欧亚交通，都取道于小亚细亚地方的踢尔河及阿母河两条河。新疆气候干燥，地方多山，因此也把河流看重起来，所以，新疆各道的名称，统是以河流为名，像伊犁道、和阗道、阿克苏道一类都是。非洲埃及，尼罗河位置在撒哈拉沙漠里面，但河流经过之处，土地非常肥沃，居民较别处更加繁盛，所以河流在干燥的地方，功用更大。

河流最紧要的一部，就是河口。像欧洲来因（今译为莱茵。编者注）河至荷兰入口，法、德两国，时刻想占作己有。所以，法国从路易十四把法国疆域推至来因河东岸以后，直至拿破仑的时候，因为要争取河口，和人战斗。当时他曾说："来因河下游的肥土，半从法国境内带下去，所以，法国应有管理来因河口的权力。"德国哲学家 Treitschke（特雷契克。编者注）也曾说："德国能得管理来因河口，胜吃面包。"两国争这地盘，既这样剧烈，何以至今仍留在一个小小的荷兰国手里呢？这全起于英国人的妒忌心，他以为法、德任何一国，据有这河口，都足以危及英国政策，倒不如交给弱小荷兰国去看管，还比较好些。

波兰国国土规划，完全根据威尔逊总统的民族自决主义。凡俄、德两国以前割据波兰的国土，愿属之何国，听本土人民投票公决。独Vistula（维斯瓦河，又称维斯图拉河。全长 1 068 千米，是波兰同时也是中欧和波罗的海水系第一大河流。编者注）河口，居民多德国人。然而，凡尔塞和议席上，竟纳波兰要求划归波国。其理由不过因 Vistula 上游，都是波兰国土，若河口叫德人管住了，无异扼其咽喉，不是将来波兰，事事须仰人鼻息吗？

其他像因 Schelde（斯海尔德。编者注）河的河口，惹起比利时、荷兰的争论。美国因为要密士失比（今译为密西西比。编者注）河河口，不惜一千五百万巨金，向法国收买路易那省；俄罗斯占据黑龙江北岸，就择肥而噬，把河口据为己有。好说世界各国大问题，一半起在河流身上。讲到此地，不免便要感想到我中国。我中国所有的好口岸，都被外人占据了。现今英美人又借了发展长江水利的好题目，在上海创设了一个浚浦局，一意要想管理长江口岸。国人若不再早早看破，打消他们的奸计，长江虽在中国，恐怕多半权利多要归"万国公有"了。

河流组织里面，杂有湖泽。湖的大部分利益，概在灌溉。然像美洲五大湖，能把大西洋和芝加哥的交通联络起来。就像中国太湖、洞庭湖，除掉灌溉利益之外，还有一部分的航利。所以，湖泽的利益，也是同河流差不多。

（丁）海洋

河流刚已讲过，下面要讲到海洋。海洋中流处不必讲它，要讲的在沿海地方，比较上关于人民的影响重要一些。

海禁未开以前，人民心理，不是说海外再没有别的地方，就是视海洋为畏途，仿佛看海洋是交通的大阻碍。现时却不然了。一地方文化程度的高低，反要和海岸线长短做个正比例。欧洲平均每二百方哩占海岸线一哩，亚洲每五百方哩占一哩，非洲每七百方哩占一哩。欧洲占海岸线最长，非洲最短，所以，目前欧洲文化要算在三者之上，非洲文化在三者之下。

再看，以前通都大邑，大半筑在内地。现今且逐渐移到沿海地方来了。总计美国城池居民在十七万五千以上的，共二十个：五个沿密士失比河，五个在五大湖沿岸，沿海的倒有九个，在内地的只有一个，就是京都华盛顿。这华盛顿不放在沿湖沿海的地方，是有特别用意的。中国现有人口二十五万以上城池十九个：一个沿运河，两个沿黄河，七个沿长江，沿海的亦有九个。凡能使多数人民寄足的地方，经济状况必较别地宽裕，文化亦将逐渐演进，那末，海岸影响人民是很大了。

但海岸可分为两种：（一）坦直平易，沿海少岛屿，如中国上海以北一带便是；（二）残缺深入，沿海多岛屿，如上海以南一带便是。前一种大概是由地面上升而成，后一种是由地形下降而成。同是滨海居民，因海岸折直不同，趋向也就两样。挪威海岸多曲折，居民便于浮海，渔业因此发达。希腊、福尼基两国人民，海外最初就发见他们的踪迹，亦不过因居沿海，且海岸多曲折，而土地瘠薄之故。而德国北部、法国西部，海岸几平坦，情形就变更。一般居民，居在土地平易的沿海，只想耕耘种植，不望海外跑。中国亦有同样的例子。舟山群岛以南，海岸线残缺不齐，有像犬牙，影响所及，叫宁波人习于贸易，福建人专入海军，广东人远趋南洋，比之山东、直隶、奉天一带沿海老死户下，能力大得多哩。

凡沿海各地，容易和外人接触地方，本土语言，每易造成一种混合体。像上海有所谓"洋泾浜"。土耳其语、意大利语产出一种混合语体。非洲南部有土语和英语合并的叫做 Nigger English（黑人英语。编者注）。其他通都大邑、商务繁盛区域，几莫不能少有这种现象。地利之能改易习惯风俗,可见一斑。

今天演讲题目的第一部分——地形,已经约略讲完。那末,现在要开首讲第二部分——气候了。诸位要知道,人类颜色的不同,非原始人类固有的。印度棕色人种,原是阿利安种——白种。因身处烈日之下,要保身体的健康,皮肤表面不得不生有一种颜色来抵抗,久而久之,变做先天的遗传性了。马来半岛人种,美洲土人,面部很像黄色人种,人种学家说是蒙古利亚种散布出去,因地方气候不同,所以,从黄色变做红色了。各色人种,相去有这样的距离,其颜色上生差别。还有一说,最奇的就是南部意大利人,较它的北部亦要黑些,非但颜色上生差别,就是体格上亦分出大小。中国国内对于这种没有详细的调查,留学生曾经有一次调查。大概山东、直隶一带同学,平均要比南方人民高一寸八分哩。体格上既有高下,嗜好亦各不同。盖他们生长在这气候不同地方,生物都两样,自然只能随地所好了。

世界最冷地方,恐怕要推西伯利亚东北边的维克扬斯克了。冬季最冷的时候,到华氏零下九十度! 就是正月天气,平均总也在华氏零下五十四度。你们想,南京今年一月二十日,气候冷至华氏十度,已经算是三十年来最冷的一天了,要在西伯利亚算得什么? 然而,那地气候虽这样严寒,依然有人民住下。

美国加省死谷,夏季的天气可算得最热了。酷热的时候,温度总在华氏一百三十度左右。去年南京七月天气,曾到华氏九十八度,一时觉得很难过,然在美国那地亦有居民。可见极冷极热所在,人类都能忍耐得,但要望它发达,可就难了。一般惯热带之人,便忍受不得在温带冬季的气候。像非洲黑人,不能好好生长在华氏四十度以下的天气;又像惯居温带之人,不能打熬热带和寒带的天气。像白种人,住下印度二三年,必须回国一次。又在非洲西海岸,有叫做“白人之墓”的称呼。凡此种种,足见人类抵抗力薄弱。但我中国人不在此例! 世界严寒酷热地方,可说都有中国人的踪迹。中国因政府不良,教育不兴,一般侨外同胞大半落于下职。然而,像开巴拿马运河的时候,外国的人,所不能打熬的,我中国人民独能“孜孜不辍”,做工的效率,毫不减少。这便是外国人所以看做"黄祸"的一点,亦是我中国人希望将来发展的一线曙光呵!

气候的要素可分做温度和雨量两种。温度高低,雨量多寡,于一国文化发展很有关系。譬如寻常植物,像小麦、大麦,必有华氏五十度的天气才得生长。稻子与茶叶所须温度更高。若冬季平均温度在二十度以下,就不能种稻子;冬季平均温度在四十度以下,就不能种茶。人类的食料,既大部取给于植物,畜类牛羊猪马,又靠植物度日,所以,植物能否蕃殖,为我们人类生死存亡的一个大关头。若温度太低,五谷不能滋生,人民谋生太难,只求度过好日子就算了,哪里还有从容不迫的时间去研究各种学术呢?别说去研究学术,哪里有这些求之不尽的出产品,来供给逐渐繁多的民族呢?结果,弄得西伯利亚人口率不得增加,北美北部的爱斯基摩人的文化,依旧迟留在渔猎时代。不但气候寒冷,不适于文化的进步,就是气候过热的地方,亦同样有阻止人民竞进的潜力。一因动植物生长过易,用不着人民花心思、才力去打算,已经供给足够了,那人民心思、才力既没有用着处,自然没有进步。像非洲南部的"木客",还是全顺着天然过他们的日子。二因生理上的关系,法国民族在欧洲亦可说是奋发有为了,但一到西南印度洋 Mauritius(毛里求斯。编者注),便志气萎垂,和土人同病。英人在印度、在非洲,亦有同样的趋势。可见文化不发达,不是全系人种关系,所处的位置,亦有极大的影响。

那末,极寒极热两带,都不是文化舞台。文化舞台,当在温带。温带既没有像寒带的这样严寒,足遏灭动植物的生长,又没像热带的这样酷热,助动植物生长太快,叫人坐而得食。温带有适合的温度,虽不至于使动植物完全不能生长,但若不好好假以人工培植,加上一番垦殖喂养的工夫,专是袖手旁观的这样过去,可也要做饿死首阳山的同伴了。于是,使人民存在着一种希望与忧惧,一步步底迫他们前进。

但虽是同居一温带之下,因距海洋的远近,在大陆东西的方位不同,气候便有两样。地理家因就分出"大陆气候"和"海洋气候"两种。大陆气候,雨量稀少,寒暑变更剧烈。在夏则酷热,在冬则寒冷。海洋气候比之慈母，无论冬季、夏季，昼间、夜里，都是给居民一点和蔼可亲的温和之气。现今且把欧亚两洲实地来比较一下：

欧亚虽说两洲，实属一洲。不过，因为温带多西风，欧洲在大陆西面，满受海洋的影响，故为海洋气候。亚洲在大陆东面，受不着海洋影响，故为大陆气候。伦敦在北纬五十一度三十分，冬天正月气温，平均合华氏表三十八度一分。中国黑龙江的瑷珲，在北纬四十九度五十分，与伦敦纬度相差有限，但正月平均在华氏表零下五度四分。又如罗马，在北纬四十一度五十分，正月气温，合华氏表四十四度二分。北京纬度较低，平均在三十九度五分，正月平均合华氏表只有二十三度五分。瑷珲和北京，可看做"大陆气候"的代表；伦敦和罗马，可看做"海洋气候"的代表。相互比较下来，可见得中国冬天，要比欧洲冷得多。

这冬天的冷暖，同文化又有什么关系？要晓得沿海各口岸，每受天气寒冷的影响，入冬便封冻江面，商船不得泊岸，于一国经济上，实有重大的不便。所以，俄国自从大彼得以后，惟一目的就是要得一终年不冻的港。因为这个缘故，时想南下。在十九世纪中叶，与英、法、土耳其有克利米之战；二十世纪初叶，又有日俄之战。耗费金钱，牺牲人命，莫非为要一终年不冻的港口。

欧洲与亚洲相比，亚洲最北的终年不冻港口是秦皇岛，在北纬四十度；欧洲最北的终年不冻港，是挪威的卑仁港，在北纬六十度。照这样看来，欧洲已便宜了二十度的纬度。假使欧洲天气亦同亚洲一样，凡是北纬四十度以北的沿海港口，到当天一概冰冻起来，那末，法国的马塞，德国的汉堡，英国的伦敦、利物浦，一年当中有四五个月冻僵在冰里，它的商业、工业、交通还能够发达？

能使动植物生长，温度固宜适当，雨量亦应调节。使植物能得充分发达，每年平均须有二十吋至八十吋的雨量。过少，要成沙漠现象；过多，植物生长太快，亦不适耕种。有这个标准，我们回头去看民国九年，北方几省，何以成旱灾。北京常年雨量，平均总有二十六吋，但在那年仅得十一吋，适合沙漠中状况。再看江苏，去年何以歉收？江苏常年八月里面，平均雨量是五吋；去年八月，因为经过二次的台风，雨量增至十吋半，结果弄得田亩变成一片汪洋，到处灾荒满目，闹成目前江苏经济恐慌的现象。

今天讲题到此已算结束。下次，是由秉农山博士演讲"人类天演"问题，于地理上不无关系，所以，在此再讲些人类关于地理学的进化。

人类最初发祥地，当在南洋群岛爪哇一带。因为原始人类，既不能利用天然，更无力生长在生物稀少的寒带，只有就近热带，凡事仰给于天然，才能度得无知无觉的快乐生活。但若要说到进化，这班人民早先失败，所以，古代文化最发达地方，于非洲在它的北部尼罗河流域，于亚洲在黄河流域和小亚细亚。美国耶鲁大学教授恒丁登说：一国文化高低，视气候而定。一个地方气候变化没有一定，那地文化才有进步。因为凡居这种环境之下，不得不想出种种方法，做"未雨绸缪"的预备。可见：环境在一方面逼迫人民劳其手足，困其心志，在他方面就叫你有发展地步，这才能在文化舞台上占一位置。我中国既为世界文化发祥地之一，而且，地形、气候，统有保持文化先进国的优势，欲达到这个目的，只在人民努力做去。这责任不在别人，就在我们一辈子。

原刊于《史地学报》(1922 年 11 月)2 卷 1 号

天气和人生 *

天气这个题目，是人人日常所谈到的。在人们相见的时候，开始就道寒暄，寒暄就是温度的冷暖；讲叙说话，叫做谈天，谈天就是谈谈天气；作诗的人离不掉风月。如陆放翁诗里面，每四首诗当中，总有一首讲天气的。天气这个题目，在我们谈吐之中占这样重要地位，这是什么缘故呢？就是因为天气和人类生活关系极其密切，差不多一刻都不能离。最切近生活的像衣、食、住、行四件事，没有一件事是不受到天气影响的。现在就把这四件事来分别说一说：

衣　衣服的功用，就是可以使人们去抵抗那不适宜的天气。因为人类的体温，是要能够维持在一定平面上的——平均在华氏表九十八.六度或摄氏表三十七度，若是温度太高或太低，对于身体统是不利的。但是，人类并不像禽兽，有自然的毛皮来保护体温，所以，若是没有衣服的话，在温带或是寒带里，人类简直是无法生存的。据人种学家的学理，也说人类最初是发源在热带地方，到了衣服发明以后，才能向着温带、寒带地方发展去的呢。据德国 Rubver 医生的研究，人身上着了普通衣服而后，可以减少发散热量的百分之四十七。所以，人们虽是生活在寒带里，着了衣服的肉体环境，恍如在热带里温度三十三度（摄氏度）这种地方。就是世界上各地方衣服的不同，虽然一部分原因是随着历史的进化，但是最重要的原因，还是在于要适应天气环境。譬如中国服装和欧洲的服装就大不相同，中国衣服是富于弹性，在夏天穿着夏布衣服，冬天穿着狐裘毛褂，而且重裘叠袄，有时甚至可以加

---

* 1934 年 3 月 9 日。本文是作者 1934 年 3 月 9 日在中央广播无线电台的演讲词。

到七八件衣服;欧洲人衣服没有多少伸缩的余地,他们一年四季所差的不过是一件外套。这就是因为欧洲的天气是海洋性气候,冬夏温度相差并不过大;我们中国的天气是大陆性气候,冬夏温度就大不相同,所以西装在中国实在只宜于春秋两季。可是在长江同黄河流域的春秋季候很短,如此看来,西装衣服在中国是并不十分相宜的。就是在美国的东部,也是同样的不相宜。至于西装和中装形式的不同,中装是斜襟的,西装是直襟的,这也多少与天气有点关系。在地中海和西欧地方,冬季以西南风居多,并不过冷;在我国冬季多西北风,就需要斜襟衣服,才能抵御那寒冷的西北风呢。雨量分布的多寡,也能影响到人类的衣着。在我国北方,如济南和北平地方的洋车夫,无论如何的穷困,统是着鞋袜的;在长江流域多雨量的地方,洋车夫因为着了鞋袜,容易潮湿,就赤足着草鞋,反而在卫生上是比较好些。到了雨量更多的南洋地方,温度很高的环境里,普通人都不着袜子,只有病人才着袜子呢。

食 五谷、牲畜的分布,都是随着气候而定的。所以,人们吃的东西,不能不靠天气,南方人食米,北方人食麦,这是个很明白的例子。而且,在温度高的热天时候,我们所需要的滋养料,尤其是产生热量的食物,像脂肪和糖之类,比冬天要少得多。佛教是发源在热带里的印度地方,所以十分的要主张素食了。

住 营造居室,也是人类生活上防御抵抗天气的一种方法。在英国人起初到美洲去殖民的时候,因为北美洲东方天气的恶劣,失败过好几次。第一次成功,在一六二○年有一百○二个 Pilgrim 教的人,乘了 May Engtand(五月花号船)到达 New England 的 Plymouth(普利茅斯,位于美国马塞诸塞州。编者注)地方,但是因为衣服的缺少和房屋的不适宜,才过第一个冬季,这一百○二个筚路蓝缕的人竟死亡了一半,可知房屋的建筑,必须适应一个地方的天气。在北方寒冷地方的窗壁屋面造得非常紧密,以避寒风的侵入,我们只要比较北平和南京房屋的屋面,就晓得北方的屋面要比南方的紧密得多。多雪的地方像欧洲西部,他们的屋顶角度都是极大的,使雪可以不堆积在上面,才不至于压坏房屋。我国冬季少雪,所以屋顶角度都是不过三十度。建筑房屋,我们都喜欢门窗朝南,这里面也有二层与天气有关的原因,一则因为南向朝阳比较卫生,二则夏天多南风、冬天多北风。所以南向房屋,既可以在夏天得到需要的流通空气,在冬天又可以避去寒风的侵袭。但是,这种原因一到热带地方就不再存在,一到南半球,所有的房屋就应该北向了。天冷的地方如格陵兰的爱斯基摩人,他们用雪造房子,用冰当窗户。天热的地方如波斯德西兰(今译为伊朗德黑兰。编者注),每个房子统有地窟,一到夏天炎日可畏的时候,人们就蛰居地窟中过生活。日本西部冬天多雪,街道上积雪高过于人,可以使交通断绝。所以,他们房子的屋檐,统统凸露出在街面上好几尺,以便冬天雪多的时候,行人可以在屋檐下来往。甚至于我们家庭所撰贴的门联,也和气候有关。譬如在北方一带,有种很普通的门联写着"天钱雨至,地宝云生",像这种句调,在南方人看来极是触目生奇的,这就可以表示在黄河流域一带,雨量稀少,而人人都有如大旱之望云霓的感想。

行 我国南人行船、北人骑马,南方多运河、北方到处康庄大道,这无非因为南方多雨、北方干燥的缘故。在普通送别的时候,我们总是祝望着旅行的人能"一路顺风",单就长江上下游而论,帆船的数目何止万千,一年中所用的风力总要抵到烟煤数万至数十万吨呢,这也可见风与行旅的关系了。西洋人在轮船未发明以前,船只的行驶也全靠风力,他们在大洋中行船,最怕到赤道附近的无风带,因为无风带是要耽搁路程日期的。在东亚季风带内,夏天吹东南风,冬天吹西北风,所以在两晋、唐、宋、元、明的时候,中国要和印度、波斯、阿拉伯等处来往,去的时候,必在冬天;回来的时候,要在夏天,才可以得到顺风。在晋朝安帝时候,有位法显和尚,他自从长安出发到中印度,在他回国的行程中,他到耶婆提(耶婆提为古国名。故地在今印度尼西亚爪哇岛或苏门答腊岛,或兼称此二岛,是古代中西海上交通线上的要地。编者注)正在十二月中,东北季风盛行的时候。因为没有顺风,所以他就停留了五个月。等到四月间有了西南季风,才回国。就是哥伦布出发往美洲,也是靠着风力,因为他在信风带里有东北风吹向美洲,若是他在北大西洋遇到西风，那就要比较的困难了。即是现代的飞机来往，也是要依赖风力的，所以在飞机上升以前，先要问明气象台，在哪一层的气流才是顺风，随飞着到什么高度。在温带里面，西风比东风多，所以环绕全球或是飞渡大洋的人，总是从西向东的多，因为从东向西就要遇着逆风了。第一次飞渡太平洋成功的是美国人 Pangbom 和 Herndon（潘伯恩和赫恩登。编者注），他们先飞渡大西洋，经过莫斯科、柏林、西伯利亚到日本，在一九三一年十月三日，才从东京出发，经过四十一小时三十一分钟的时间，飞渡四千四百五十八英里的路程，回到美国的西岸。这样绕大圈子来飞渡太平洋，也无非要避掉逆风罢了。

以上所讲，单就天气和衣、食、住、行四项的影响而论。其实，天气对于一个民族的哲学、文艺、美术和国民性，也统有关系。今天因为限于时间，只好从略了。

原刊于《国风》（半月刊）1934年第4卷第8期

气候与人生及其他生物之关系 *

一、气候和衣食住

气候和人生关系之密切，从衣食住各方面统可以看出来。先看衣罢。

俗语有句话，叫"急脱急着，胜如服药"。这就表示穿衣裳之厚薄多少，须随天气而定，所谓夏葛冬裘，依季节而变换，这是很明白的。以鞋袜而论，山东、平津一带的苦力，如黄包车夫统是有鞋袜的，所谓不愧于齐鲁礼仪之邦。一到长江流域，一般苦力就双足着草鞋，因为长江流域雨量多，到处是水田，普通苦力穿了鞋袜是行不通的。在北洋军阀时代，一般北方兵士到长江一带来，对于穿草鞋的习惯，引为一桩苦事。到了两广一带，雨水更多，草鞋一浸水就不易干，于是就一变而通行木屐，赤了足穿木屐，在多雨而闷热的岭南，是很适于环境的。可惜，现在有钱的人多穿皮鞋，皮鞋极不通风，在两广遂流行一种足趾湿气病，这类为欧美所无，西医无以名之，遂名之曰：香港足。这就表示穿着不适应环境，是会出毛病的。

自从欧洲文化东渐以来，西装在我国渐渐通行了。但论起气候来，西装实只适宜于欧洲，而不太适宜于我国。因为欧洲的气候是海洋性气候，而我国的气候是大陆气候。海洋气候是冬温夏凉，大陆气候则冬冷夏热。譬如，南京冬夏温度相差至摄氏温度表二十四度之多，北平冬夏的寒暑相差更甚。但是，欧洲西部和沿地中海诸国，冬夏冷热相差很少，罗马十八度，巴黎十六度，伦敦不过十四度。西装是应

---

* 1936 年 9 月 6～7 日。

欧洲的天气环境而产生的。所以冬不裘暑不葛，一年四季，伸缩极为有限。西装到了北美洲，实际已只适宜于西部太平洋沿岸，而不适宜于东部。行之于大陆气候的我国，夏季则汗流浃背，冬季则其寒彻骨。讲到舒适合时，远不及中国装。中装和西装尚有一点不同，即是西装是对襟，而且向例外衣虽有纽而不扣，中装除了马褂之外，统是斜襟，而且有纽必扣，这一点分别也是有气候的背景，凡是到过平津一带的人，就晓得华北冬天的西北风如何凛冽，吹来的风沙无孔不入，决非对襟而不纽扣的衣服所能抵抗得住的。就是衣服的洁净与龌龊，亦和气候有相当的关系。蒙古人衣服的两袖，虽油光四起，仍不洗涤，这是因为蒙古缺乏雨水的缘故。

人们的饮食受气候的影响也很大。我国南人食米，北人食麦，是最显著的一例。在关内人烟稠密，草莱多辟为田畴，农耕是最重要的职业，即使间或有畜牧牛羊的，亦不过当做一种副产品。牛羊之数既少，牛奶、羊奶就不被人所重视。但是到了蒙古，情形就大不相同了。因为蒙古雨量稀少，根本就不适于农耕，惟有草类尚能生长，可以作游牧之用。从周、秦、两汉以来，匈奴、突厥、回纥，以至于今日之蒙人，统依赖牛羊为生，乳酪遂成为日常的重要食品了。

一个民族的吃荤与吃素，亦和气候有关。以大概而论，热带之人食素，寒带之人食荤；潮湿地带人民食素，干燥地带人民食荤。在热带，果木蕃植，谷类丛生，而家畜如牛羊之类，反因蚊蚋众多，不易豢养。椰子、香蕉是热带土人最普遍的食品；在寒带，则五谷蔬菜不能滋生，但驯鹿可以生长于冰天雪地之中，其肉可以充饥肠，奶可以作饮料；两极附近富于鱼类，北冰洋中爱斯基摩人，全靠捕鱼和海豹来维持生活。寒带里面居民之所以吃荤，和热带里面人民之所以吃素，一样是受气候的限制。佛教徒以不杀生为戒，这在印度、日本和我国长江、黄河流域的和尚尚易办到。但到了海拔四千公尺，五谷蔬菜不能丰登的西藏高原上，问题就不同了。西藏的喇嘛，迫于环境，势非茹荤不可。去年，班禅到杭州、上海的时候，一般善男信女，见了班禅和他的随从大啖牛肉，引为奇谈。若是晓得了此中原因，就不至于大惊小怪了。（寒带和高原的人民之所以吃荤，尚有一原因即是天气寒冷，人身需要多量脂肪质来御寒，茹荤比较食蔬为相宜，所以，自然养成茹荤的习惯。）

住的问题和气候关系更为密切。住宅的第一目的，就是要蔽风雨。我国北方一带风沙大，北平一带屋顶上的瓦沟和屋檐的封固，要比南方紧密些。北平比较考究的房子，就有两重窗户。北方雨雪少，许多平民住宅，屋顶全是平的。这在多雨雪的地方，不但是引起屋漏，而且冬天大雪之后，可以把屋子压倒的。欧美各国，凡是多雪之地，屋顶统尖削作金字塔式，冰雪不至于堆积在屋上。日本西北部，冬季西北风来自日本海，所以雨雪霏霏，街道上积雪可以深至七八尺。大街上两旁人家的屋檐，伸出墙外至四五尺之多，使人行道不至于为雪所封蔽。我国自厦门以南，凡大城如香港、梧州等，街上的人行道上统造有走廊，一以避风雨，二以避炎热可畏的日光。

讲到日光，依照现代科学上的研究，于人生有无限的利益，不特可杀微菌，增健康，而且可以治疗软骨症、肺痨等等。欧美现代建筑的式样，很受这理论的影响，普通作鸟笼式，面面皆窗，使阳光随处可以射入。这类新式建筑，在国内也慢慢地盛行了。可是，在中国气候状况之下，这类建筑是很不合时宜的。因为西欧诸国，纬度已高，兼之气候温和，所以，一年中并无夏天。沿地中海各国和美国大部分，虽有夏季而并不长。欧洲英、德、法各国，大多数时间云雾蔽天。以英国而论，一年当中每天平均照到太阳光的时间，在牛津不过四个小时，爱丁堡只有三个小时。我国的纬度低，夏季长，黄河流域夏季已有三个月之久，到了长江下游就有五个月，到了华南增至八个月，而且每天照到太阳光的时间，要比英、法、德各国长很多。北平每天平均七小时有余，南京每天六小时不足。所以，英、法、德诸国患阳光太少，而我国大部尤其是在夏天患阳光太多。一到夏季，南京各处的新式洋房，便都搭上一个芦席棚，好像一个华服的妇人，外面罩上一件褴褛不堪的大衣，新式洋房墙上多开窗户，原是要想多收吸太阳光，但是，外面遮一层芦席棚，是不准阳光进去，既不经济，又不雅观。这种矛盾现象，就可以表示我国若干建筑家,还只晓得依样画葫芦,而不能自出心裁地来适应环境。实际以我国夏季之长,日光之强,三十年前所流行有走廊的洋房,还比现代鸟笼式的建筑更为适用。当然,从美术眼光看来,复古是不可能的。但适用而兼美观的式样,只要努力去设计,一定可成功的。欧西式的房子,尚有一点不适宜于我国,欧洲有冬无夏,为节省煤力、电力起见,所以住屋宜矮小,我们长江以南,夏长冬短,故房间宜高大而宽敞。

都市的设计,亦和气候有关。欧美纬度高,终年以西风为多,住宅宜设于城之西部,以避免工厂之煤烟及人烟稠密地点之恶浊空气。大城如伦敦、纽约,城之西部统是豪家的住宅,而东部则为工厂区域或贫民窟,我国在季风区域,终年之风多自东来,故行政区、住宅区应设在城之东面,这是主管都市设计的人应该注意的。

二、气候与文化

世界最古的文化,差不多统起源于干燥地带及大河流域,如尼罗河之有埃及,尤弗莱的斯河(今译为幼发拉底河。编者注)之有巴比伦,渭河流域之有周、秦,是最好的例子。寒带和热带从未产生过伟大独立的文化,居住热带的人民谋生太易,椰子香蕉可以不劳而获,因此一般居民无深谋远虑,到过南洋群岛的人们,统晓得爪哇人和马来人的偷闲爱懒,虽家徒四壁,亦嬉笑自若,倘有隔宿之粮,即高卧不起。非洲和美洲的黑人,亦有同样的风度。人类的文化,全靠民族各个分子孳生努力而产生的。热带里面之所以无文化,多半是因炎热潮湿的气候,可以使民族无进取精神的缘故。寒带情形与热带相反,热带谋生太易,寒带则谋生太难,在冰天雪地中,爱斯基摩人以渔猎为生,终年劳碌尚不能谋温饱,弄得朝不保夕,苟延残喘。管子所谓"仓廪实而后知礼节,衣食足而后知荣辱",则寒带里面之不能产生文化,亦是意料中事。

文化产生地带既非温带莫属,但为什么要在干燥半沙漠地方呢?要解答这个问题,我们要设想一个文化之出现,决非一朝一夕之事,必须经过相当时期。在文化酝酿时期,若有邻近的野蛮民族侵入,则一线光明即被熄灭。所以，世界古代文化的摇篮，统在和邻国隔绝的地方。尼罗河、尤弗莱的斯河、印度河的四周固然是沙漠，就是我国的渭河流域，西、北两方也是半沙漠地带，且南面有秦岭，东面有函谷关，所谓四塞之国，在这样的区域之内，才能孕育一个灿烂的文化。

从希腊的亚里士多德到法国的孟德斯鸠，这两千年中，已有许多哲学家相信，气候是能支配文化的一个要素。民国四年，美国的耶鲁大学教授亨丁顿著了一本书，叫《文化和气候》，他搜集了许多材料，证明文化和气候之关系，他这本书到如今已经第六版了，在通俗的科学书中，销路要算很广的。他的结论可总括如下：凡是现今文化发达的区域，如同欧洲之英、德、法、荷兰、瑞典诸国，意大利北部，美国东部和日本，统在良好的气候地带之内，而气候不良地区，尽属退化和野蛮民族居住。亨丁顿所谓理想气候的条件：第一，冬天的平均温度在摄氏表四度左右，夏天在十八度左右；第二，平均相对湿度为百分之七十；第三，一年当中风暴愈多愈妙，使天气常生变化。这种理想条件，在世界各处无一地能适合的，惟有英国和美国北部的气候和这条件尚相接近。我国长江、黄河流域和日本，夏季统嫌太热，风暴也不及欧美之多。亨丁顿以为风暴的多寡，尤其足以影响到文化程度的高低。他曾经用美国西峰陆军大学和亚纳波列海军大学学生的成绩，和美国东方几个大城中若干工厂中工人工作做测验，得到出于意料的结果。就是天朗气清，温度没有变动的时候，学生的考试和工人的出品都非常坏，到了狂风暴雨将临，温度骤降的时候，学生考试和工人出品，成绩统特别好。亨丁顿的测验并非限于短时间，统是根据四五年的成绩，所以决非偶然。到近来，亨丁顿的学说得到一个生理上的解答。据英国爱丁堡大学克拉谋（W·Cramer）医生的研究，空中气温若骤然下降，人身肾上和项下两腺受了刺激，就能多泄内分泌，使人立刻觉得奋发有为。但温度若持久不变，则腺失了刺激，内分泌减少，就会使人萎靡不振。个人既如此，民族亦何尝不然？经过一番风暴，即有一番寒暖晴雨的变迁，所以风暴多的地方，人身常受内分泌的刺激，使其振作精神，跃跃欲试。

三、气候与卫生

各种哺乳类中，皮毛要算人类最稀了，若使不穿衣服，人类很难得在温带和寒带中生活着。因此有人相信，人类之起源必在热带。自从人类发明了衣服以后，人为的环境可以抵抗气候，人类的足迹，遂遍于全世界。据卢伯纳（Rubner）医生的研究，人穿了衣服以后，无论外界多么寒冷，人的肉体仿佛在摄氏三十三度的空气中。惟其如此，才能日常保持三十六七度的体温。在气温比体温还要高的时候，人类身体上有一种机能，可以避免体温的增高。这机能就是人类身体上的汗腺。有多少哺乳类动物，如猫、狗和老鼠等，除了身体一小部分外，是没有汗腺的，因此，就不能抵抗很高的气温。一只老鼠在静止的空气中，气温若增加到摄氏三十八度，就会死的。人和马、猪等，身体上汗腺分布极广，气温高一些，立刻就出汗，使体温不至于过度的增高。出汗的功能，就是使汗汁蒸发，而使人感觉凉爽。人类有了衣服，再加上出汗的机能，在地面上各种气候状况之下，虽能对付得过去，但是，气温太高或是太低，或是变动太缓太骤，于人类的健康统有很大的影响。据民国二十一年、二十二年，在上海、南京、杭州、汉口、青岛五个城市的统计，一年中死亡人数最多在八月和九月，次之在三月和二月，而死亡人数最少是在十月、十一月和五月、六月。换句话讲，在我国中部，夏秋之交死人最多，冬春之交次之，而春秋却是死人最少的时候。

夏季和冬季之病症亦不同。夏季的流行症是霍乱、伤寒、疟疾和痢疾，冬季是肺炎、白喉和猩红热，夏季患的多是胃肠病，而冬季多是肺管病。为什么死人最多，夏季不在最热的七月而在八九月，冬季不在最冷的一月而在二三月呢？这多半因为人身的抵抗力，经过夏天的酷暑和冬天的最严寒以后，慢慢地减少了，而病菌遂得乘机潜入的缘故。据一九〇一年至一九一〇年间的调查，日本死亡人数，一年中以九月为最多，八月次之，而以六月为最少。可见，我国和日本气候差不多，一年中死亡人数的增减亦相仿。据同时期日本受孕的数目，则和死亡的数目却相反，以六月为最多，四五月为次之，而以八九月为最少。一年各月中，日本女子受孕数目，统超过人口的死亡的数目，惟有九月份死亡数目比较受孕数目还多。可见得假使日本单有夏天而无秋冬春各季，则日本的人口不但不能增加，而且会有减少的趋势。

美国东北部夏季不及我国和日本之酷暑，而冬季寒冷则过之。所以，二三月间死亡率比七八月间要高得很多，而五六两个月的死亡人数最少。美国夏季死亡人数之少，另外还有一个原因，即是各城市村邑，卫生设备好，夏季的流行症如霍乱、伤寒之类，几乎绝迹，这当然与气候无关的。可是，在同一个城邑，凡是冬季愈冷或是夏季愈热，则死亡人数愈多。以纽约城而论，八个最冷的三月，比较八个最温和的三月，温度要低三度半，而死亡率就增加百分之十。到夏天则相反，八个最热的七月，要比八个最风凉的七月要热一度半，而死亡率则增加百分之十四。可见死亡率和温度之关系，绝非偶然的了。

亨丁顿根据美国九百万病人的研究，知道在美国东方，病人最相宜的温度，是摄氏十八度，相对湿度是在百分之八十左右。温度增高至二十四度以上，即于病人有害。空气干燥，于病人卫生亦不相宜，尤以冬季为甚。即在印度乐克诺地方较孟买为干燥，而死亡率较大于孟买，即在印度同一地点，三、四、五各月干燥时期之死亡率，较之六、七、八各月潮湿时期之死亡率为大。以温度而言，则印度之春季与夏季同样暑热。中国一般人以为干燥的空气比潮湿的空气卫生，是错误的观念。

四、气候与其他生物之关系

人类因智能出众，已创造了许多方法以减少气候的种种限制，植物和其他动物，既无这种创造力，所以，它们所受气候的限制，比人类还要大。以植物而论，寒带和热带，高山和平原，沙漠和湿地，所生长的草木，种类完全不同。植物所需的四大要素，日光、温度、湿度和土壤，其中气候却占了三个。一枝树的叶子，厚薄多少与叶绿素之分布，统和日光强弱有关。高山上面有若干树木，侏曲伛偻，不能如平地上一样发育成为高大的乔木，就是因为山上紫外光线太强的缘故。单以眼睛能见得到的太阳光而论，红色光线和蓝色光线的作用就不同。据瑞典冷谭加（Lundegardh）教授的研究，红色光线使细胞生长，蓝色光线使细胞分裂。红色光线和蓝色光线的比例,晴天大于阴天,高原大于平原,沙漠大于海滨,热带大于寒带。因所需日光多少之不同,植物可分为阳性的和阴性的两大类。

温度对于植物的重要极为明显,空中的碳酸气是植物枝叶中纤维的来源,要植物生长茂盛,必须充分的能吸收碳酸气。大多数植物吸收碳酸气最相宜的温度,是在摄氏十五度至三十度之间。马铃薯、番茄最相宜的温度是摄氏二十度,豆科植物最相宜的温度是三十度。人类最需要的五谷,当平均温度低到摄氏表十度以下,就不能生长。椰子树不能生长于平均温度二十度以下的地方。从草木的分布,就可以看到温度影响之大。单以浙江省而论,温州以北无榕树,嘉湖以北无樟树。从京杭国道上,我们可以看出来从南京到溧阳很少竹子,一过宜兴满山遍野尽是竹林了。荔枝、龙眼只限于福建、两广,茶叶、橘子不过秦岭。热带的植物,大多数不能经霜,这种显明的例子,统可以表现温度如何严格地限制草木之分布。

雨泽对于草木五谷之重要,我们很可以从古代文人的诗句里看出来。如唐高适诗"圣代即今多雨露"即是一例。到如今,济南、北平旧式家庭的大门上,尚家家户户写着"天钱雨至,地宝云生"的门联。这种诗句、对联,是在华北干燥地方应有之现象。在非洲阿比西尼亚,每逢雨季初临的时候,还有盛大的敬神典礼。印度一年中收获的好坏,要看季风的强弱和所带雨量的多寡来断定。中国连年以来,总有几处地方闹着旱灾或水灾,雨量之于五谷的重要,可以不言而喻了。沙漠之所以不能生长植物,全是因为雨量稀少的关系。凡是一年中,雨量在 100 毫米以下,统是沙漠不毛之地。我国西北的酒泉、包头等地方,一年雨量在 100~200 毫米之间,可称半沙漠地带。

动物因为能移动,所以,比植物有选择气候的能力。但是动物和气候的关系,仍是极为密切。就我们所用的牲口而论,热带森林里用象,沙漠用骆驼,水田用水牛,温带用骡马,寒带用驯鹿和狗,这完全是为了适应环境。候鸟如燕子、黄莺、布谷,来去季候的迟早,完全要看天气的寒暖。两栖类青蛙以及蛇类在温带里,一到冬季就蛰处静伏,等春季开始便蠢蠢欲动,到了夏季又横行各处了。昆虫类种类繁多,生殖迅速,和气候的关系更容易看出。昆虫对于温度的高低、感觉的灵敏,从蚂蚁和蟋蟀就可知之。蚂蚁行动的快慢,和蟋蟀鸣声的缓急,视温度的高下而定。有人试验过不用温度表,单从蚂蚁、蟋蟀的动作,可以测量气温,精密程度可到华氏表一度。

一般农夫均以大雪为丰年之预兆,这多半是因为大雪之后,必继之以大冷,而很低的气温足以杀死蛰伏田中的害虫。但是,雪的本身,因为是一个不良导体,反足以保护地下热的发散,所以,有人以为大雪能杀害虫是不合理的。温度若很高,也可以致虫的死命。蝴蝶热至摄氏四十二度则死,蝗虫热至四十八度则死。有若干害虫如蝗虫和松毛虫,统繁殖于干燥的季候,因为土地干燥,则所下之蛋易于生长。然尚有其他昆虫类如蚊子,则天气潮湿反能繁殖。特殊的气候,如大雪、雨、雹,统可使动物受很大的影响。去年冬天,蒙古大雪,牛羊冻死成千累万。民国三年八月,泰山下雹,平地积至二三尺之厚,时在黄昏以后,把山上的鸟类几乎全数打死,数年之内,泰山上鸦雀无声。

高山的气候因空气稀薄,使动物血液中红血球特别增多。山上动物初下山的时候,要比山下同类动物来得骁勇。南美洲诸国有一个风俗,凡是跑马的时候,初从安第斯山下来的马不准加入,必得在山下住一个相当时期,始准比赛。山国居民,特别强悍,大抵亦是这个理由。

原刊于《广播周报》114期(1936年11月28日)

论欧战给于吾人之教训 *

　　浙江大学正式成立于民国十六年，迄今虽仅一十三载，但追溯到杭州求是书院之创立，则已有四十四年之历史。创立以来，学校虽饱经忧患，但困苦艰难，未有逾以本届毕业同学入学后四年中所经历者。自抗战军与本校由浙而赣，而桂，而黔，时将三载，路经一千六百公里。二十六年度毕业典礼尚在杭州举行，二十七年度在泰和，二十八年度在宜山，本年度则在遵义。但望最后胜利终属于我，下届毕业典礼又能回杭州举行。

　　在抗战以前，毕业同学每届毕业时，有失业之忧，但在抗建时期，各项建设，质量上都蓬勃地发展，处处都要大批的人才来参加，故最近一二年的毕业同学，都有供不应求之慨。这一方面可见在抗战时期，国家需要人才之切，从另一方面讲，诸君现在到社会去服务，责任的确特别的重大，需要格外努力。

　　所谓"大学"，《礼记·大学》篇第一节便说："大学之道，在明明德，在亲民，在止于至善。"朱子把"在亲民"定为"在新民"，汉学家颇有以为不妥者。因为古代的大学，本质虽是贵族的，但也容纳庶民的优秀子弟。这样，贵族的子弟和庶民的子弟共聚一堂，互相接触，使贵族的子弟对于庶民的生活，有亲切的了解，以为他们将来从政的一种准备。现在的大学，不分地域，不分贵贱，不论贫富，各种家庭的子弟都有，与"亲民"之义更合。

　　以前有人批评国内的大学为贵族化，因校舍院崇楼高阁，画栋雕

---

* 1940年8月16日。本文为作者在浙江大学第十三届毕业典礼上的演讲词。

梁,而内部设备又是十足洋化,学生过惯了舒服的学校生活,连自己家庭生活都过不惯,更不必说到"亲民"或深入民间的话。但今日的情形已大异,大学学生物质方面的享受,已远不如前了。本校素尚朴质,在杭州时,校舍本不佳,但现在更简陋万分。我们现在的享受,虽尚较一般的平民为优,但已渐渐地愈趋愈近了。同时,我们走了这许多地方,耳闻目睹,对于他们的生活,也渐渐地愈能深切地了解。所以我们一方面在颠沛流离,一方面却在更进一层地亲民。这本身便是一种很可宝贵的教育,在平时是不易获得的,深望诸君能本古人"先觉觉后觉"及"民溺我溺"之义,倍加努力。

本校一再播迁,诸君辛苦备尝,今日仍能行毕业典礼,原是一种很不容易的事。所谓毕业,实在说来,是学校课业已完成,而社会服务做事的经验却从此开始,故英文名毕业为 Commencement。清朝袁子才有两句诗:"世事洞明皆学问,人情练达即文章。"诸君此后当时时处处地利用时间,作进一步的研究,利用机会作进一层的观察,即待人接物之微,亦应虚心体会。这样,学识日丰,经验日富,将来便可临事不乱不惧。荀子说:"君子耻不能,不耻不见用",到彼时诸君如有很好的机会便可当大任,立大业,于国于民,能尽最大的贡献了。

其次,诸君应明利义之辨,要把抗建的大业看得透彻,切不可妄自菲薄。我们要知道,学土木工程的能造一条有价值公路或铁路,和亲上前线去杀敌的一样与国家有益,其他学教育的、经济、政治等等的,能忠勤于自己的事业,在抗战时期,与直接去制造飞机、大炮同样的重要。所以诸君此次毕业后,出外就业,第一该衡量事业的轻重缓急及自己的能力,切不可斤斤于待遇之厚薄及物质享受之有无。年青的人,目光应远大,要有英勇前进无畏的精神,处处应以国家社会为念。中国的前途,端在自力更生,依赖旁人,总不如靠自己。诸君服务社会,直接负起抗战建国的使命,耐劳苦,忠职守,循次顺序,不急不恼,自奋自勉。

这次欧洲大战,给于我们不少的教训。自从本年六月,德兵入巴黎,法国屈服以后,上次欧战中法国名将贝当毅然出来组织政府,收拾残局。有人问贝当这次法国失败的原因，他道：法国这次的败北，是由于兵士不足，军械不精，外援不来，而根本缺点，种因甚远，乃由一九一八年胜德以后，朝野上下，一致晏安奢淫，只顾取乐不愿吃苦所致。贝当的话，正是国人的当头棒喝。古人有言："忧劳兴国，逸豫亡国。"从艰劳困苦的环境中去磨炼，然后能成一个完善的人。在这个大转变的时候，务望诸君格外谨慎，格外努力，并祝前途无限，于人于己，都有极大的成功！

原刊于《国立浙江大学校刊》复刊第 56 期

宇宙与人生 *

"宇宙与人生"这一个题目,所包括的范围非常广泛。就宇宙方面说,宇宙的范畴,究竟有多大? 究竟有穷还是无穷? 就人生方面说,人生究竟怎样开始? 人生究竟怎样终结——灵魂究竟以什么为归宿? 都是很难解决的神秘的谜! 所以自古以来,努力于这问题的研究,颇不乏人。

讨论宇宙与人生的问题,可以从许多不同的观点立论:可以从宗教方面去看,可以从哲学方面去看,也可以从常识方面去看。但是,兄弟今天并不从这些方面出发,只是从科学的立场,来讨论宇宙与人生的关系,检讨近三百年来科学对于宇宙观与人生观的认识,有什么影响。

在科学昌明以前,人的地位往往认为是至高无上的。自古以来,中国即以天地人三方鼎足而立,除天与地,人便是一切的主宰。孟子主张"天时不如地利,地利不如人和",也是将天地人三者并立。泰西《圣经》里叙述上帝创造世界的故事,也是上帝在最后一天,方才造人,可见人是上帝最后最精彩的作品,是上帝创造世界这一出表演里的"压台好戏"。这些都可以证明,认定人为"万物之灵"的这一种观念,实属中外相同。

因为以人作为中心的关系,于是古代的国家,也都认为自己的国家,是在"天下之中央"。中国古代认为华夏神州之外便是东夷、西戎、南蛮、北狄,更外面的一环便是瀛海。古代希腊、罗马各国也同样认为

---

* 1943 年 12 月 11 日。本文为作者在遵义社会处通俗学术演讲会上的演讲词。

他们所处的地方是在世界的中央,所以将他们生活的陆地所包围的海,就名之曰地中海。后来交通畅达,知识日广,知道在自己的国家之外,世界上还有许多其他的国家,在地球之外,还有许多其他的星球,才更进一步,以地球作为宇宙的中心。这种天以地为中心,地以人为中心,而人的地位则为至高无上的传统观念,在历史上占有二千年的时间,曾经发生非常强大的支配力量,直到近三百年来科学日渐发达,才开始受到打击。

十六世纪的初叶,波兰天文学家哥白尼已经发现地球系环绕太阳旋转,但是这个推翻传统观念的学说,在他生前始终不敢发表。直到一五四三年,哥白尼本人去世,才将说明这学说的《天体的运行》一书,刊布问世,于是在哲学和人生观的思想方面,引起了非常重大的划时代的转变。嗣后,科学家伽利略、开普勒和牛顿又相继观察证明天体中各行星的活动,并非以地球为中心。伽利略于一六〇九年利用他那半径不过二三时的小望远镜,发现木星的周围也有四个和月亮相似的卫星绕着旋转,于是,哥白尼的学说得到有力的证实,确定了地球以太阳为中心理论。自亚里士多德以来,认为一切星球环绕地球旋转的观念,全盘推翻。当时宗教思想也明显地为之一变。牛顿以他的力学为基础,更证明地球不仅是环绕太阳旋转的星体,而且与之相似的行星还有好几个,地球只不过是体积较小一组当中之一,与它相似的是火星、金星和水星,而木星、土星、天王星和海王星的体积,都比地球的体积大过许多倍。俗话说"水涨船高",地球既然不是天体的中心而是太阳的附庸,人类心理上从此失去重心,人的地位也就随之一落千丈。所以天文学的进步,可说是科学给予人的地位的第一次打击。

自从达尔文继承拉马克进化论的学说,于一八五九年著《物种由来说》(今译为《物种起源》)。1859 年 11 月 24 日,《物种起源论》出版,首印 1 250 本,售价 15 先令,不久即告售罄。达尔文生前,《物种起源》共出过 6 个版本。1861 年的第 3 版特别添加了一段导言《关于最近针对〈物种起源论〉的意见的历史素描》。而 1869 年的第 5 版中,第一次出现了"适者生存"(survival of the fittest)的字句,这是由哲学家赫伯特·斯宾塞在 1864 年的《生物学原理》中首先提出的。1872 年，达尔文在《物种起源论》第 6 版中，首次使用了"进化"（evolution）一词，并特意增加了"对于自然选择学说的各种各样的异议"一章，收录了反对的观点。此版《物种起源论》正式更名为《物种起源》。中文版的《物种起源》最早是由马君武翻译的，其 1920 年的文言文译本，书名叫做《物种原始》，由中华书局出版。《天演论》是我国最早介绍进化论的读物。1898 年，由严复用文言文翻译出版。《天演论》译自赫胥黎介绍达尔文思想的《进化论与伦理学》，而非《物种起源》的原作。严复翻译此书，增加了许多注释与评论。《天演论》中，严复接受了斯宾塞"适者生存"口号，并且加上了"物竞天择，优胜劣败"这八个字。然而，事实上，赫胥黎坚定地维护生物达尔文主义、反对社会达尔文主义，并认为人类社会不同于自然界，不适用进化竞争的规则，严复在翻译时，故意把这些内容全部删去了。编者注）一书问世，虽然没有完全同意说猿猴直接是人类的祖先，却已经说明猿猴与人类血统非常接近，可以算是人类最为亲密的表亲，结果人的地位，便因此更加每况愈下。

达尔文认为物种之所以进化，乃由于变种作用。以马为例，当马群受到别种兽类袭击的时候，只有跑得最快的才可以生存，跑得较慢的便遭受淘汰，因为这种的竞争关系，于是马的脚趾，由五趾、四趾……渐渐演变减少成为单蹄，充分表现"用进废退"的现象。许多同样的变种作用的事实，在地质史上都一一可考。所以，拉马克所谓环境支配物种，所产生的后天因子——像铁匠特别发达的手臂——足以直接发生变种作用之说，虽然过甚其词，但物种受环境支配之现象，实在难以置辩。由此推论，可见人之所以为人，亦不过环境使然而已，人的地位有何可贵？所以生物学的进步，又使人的地位受到科学给予的第二次打击。这时人的地位，已经仅仅是比较其他动物略高一等而已。

科学给予人的第三次打击，是因心理学的发展。尤其十九世纪行为学派的心理学家，根据俄国生物学家帕甫罗夫（I. P. Pavlov）（今译为巴甫洛夫，1849—1936，苏联生理学家、心理学家、医师、高级神经活动学说的创始人，苏联科学院院士。巴甫洛夫曾任职于彼得堡军事医学院,将全部身心都投入到关于消化的研究,并以其在消化方面的杰出研究,于 1904 年荣获诺贝尔生理学和医学奖,成为世界上第一个获得诺贝尔奖的生理学家。编者注)著名的反应试验,以前认为"人是能思想的动物"这一点仅存的自尊观念,也被打倒。他们认为人和禽兽一样,没有思想,只有反应。

帕甫罗夫的制约反射试验大致是这样的:如果每次喂狗的时候同时按着电铃,那么经相当次数以后,虽然不喂食物,只要一按电铃,那条小狗也就立刻"垂涎三尺"。如果以前喂狗是按过电铃一分钟或三分钟以后,才给它食物,那么经过练习之后,按过电铃之后,也要到一分钟或三分钟之久,才开始分泌唾沫。这种现象,并未经过思想,只不过对于刺激单纯的反应而已。人的思想,和这种反应也并没有什么明显的区别。心理学家又说"思想就是言语"。小孩子固然在思索的时候,往往对着他的玩具自言自语,就是成人也不例外。成人在独自思索的时候,表面上似乎无声无息,但他喉部的肌肉仍然有所动作,可见所谓思想,也不过一种反应刺激的动作而已。所以在华德逊(美国心理学家。曾以条件反射为基础,创立了行为主义的心理学派。编者注)所领导的行为心理学派发达鼎盛的时候,人的地位,也同时降到无以复加的地步了。

不过对于这种的地位,受唯物论的影响而低落的趋势,自十九世纪以后的科学家,渐渐发生反响,由新近几位著名科学家对于宇宙和人生的观察,便可概见一斑。

例如,英国的天文学家冉斯(Sir James Hopwood Jeans),他认为,宇宙之外更有宇宙(与我国古代学者邹衍所谓九州之外,更有九州的说法相似)。银河系是我们这一个宇宙的范围,所包括的星体几十万万个。因为这些星体排列成和表一样的扁平球体,所以在地球上看去,成为一条带状的银河。太阳只是宇宙之一,其情形如此,其他宇宙之情形,大体也是如此。近来最大的望远镜,可以看到宇宙将近二百万个,据说不能看见的宇宙,还二十万万倍于已经看到的宇宙数目。将这些数字乘起来,银河系只是 2×10^{24} 个宇宙当中之一而已。我们常用"恒河沙数"一语来表示巨大的数字,恐怕在各宇宙当中,所有和太阳一般的恒星,还超过恒河里沙子的数目呢!

地球的产生,由于太阳与其他恒星接近,太阳受到较大吸力影响,分离出一部分物质来。恒星虽多,但因为空间太大,太阳和它们接近的机会,在所有恒星接近 10^{12} 次当中仅有两次。要这样由于恒星相遇而产生的地球,机会之少也就可以想见了。

地球上自有生命存在开始,迄今约 1 200 000 年,自有人类开始,迄今不过约 1 000 000 年。按比例计算,以地球上有生命存在到现在的时间,相当于 24 小时,则自有人类开始以来到现在的时间,仅能相当于一分钟。如果拿人类有文化开始的四五千年来比较,仅在 24 小时之内,占有三分之一秒的时间,根据这些数字来看,人的地位,实在无足轻重,简直不必计较了。

不过仅仅拿这些数字来估计人生的意义和价值,是否可靠,实在很有问题。因为科学家所观察的人生,是局部的,不是整全的;是抽象的,不是具体的。而且,上面这些数字的计算,虽然曾经科学家根据数学、物理的原理,仍然有不尽可信的地方。(一)科学家对于某一部分虽然"可量",但对于另一部分则往往不能量。例如山之大小,身材的高矮,是可量的,但没有方法决定究竟鼻子应该多高,才算是"美"!(二)科学家所见的现象,常指平均数字,譬如说:一平方时面积,所受空气压力为一四.七磅,并不是说在此一平方时之内,各空气分子所产生之压力,皆系相等。各个空气分子击撞此单位面积之力,仍有它的个别差异。所以,科学的计算,应用于分子、原子问题,常常技穷力竭。许多通用的定理、原则,超过某种限度以上,常常不能成立,结果科学家对于极大极小的问题,多属无法解决,只能限于平均数字。这就是说,科学在某一部分,某一观点,认为正确的事物,并不尽然可靠。

英国天文物理学家厄狄吞(A. S. Eddington。今译为爱丁顿,1882—1944。他是第一个用英语宣讲相对论的科学家,是相对论、宇宙论、恒星内部结构和恒星动力学等领域的先驱,也是科学新思想及其哲学意义的出色传播者。1923 年他出版了《相对论的数学理论》一书,被爱因斯坦称为用各种文字介绍相对论的著作中最好的一本书。编者注)认为声音是一种波动,光线也是一种波动。"红颜"是美的,菜色是不美的。在科学上看来,都不过是一种波动,仅仅波长有〇点七与〇点八$_\mu$化的变化而已。所以美与不美,主要关键是在人的知觉。当我们以手掌拍击桌子的时候,实际上手并没有接触桌子,只是手上原子所产生的正电或负电与桌子上原子所产生之正电或负电,有一度接触而已。所以,一个已经断臂的人,如果以电流刺激这一条断臂上的某一神经,他仍然可以获得以手拍击桌子的同样感觉。一个人在睡眠中失去知觉之后,他的美丽的太太,他的桌椅、手表……以及一切物品对他都不存在。这都是说宇宙万物,要在人的知觉当中,方始存在。

此外,许多其他科学家如拍兰克(Max Planck),也同样认为物质是思想的产物,爱因斯坦也认为,宗教的宇宙观比较唯物的宇宙观尤其重要。

就生物学家来说,他们倾向唯心的趋势也很明显。英国生物学家海登(Haldane)认为,生物与无生物的区别在于:(一)生物的各部分器官,不能像对付手表一样,任意拆散或者装合,生物有一种内在的力量,使其全身活动;(二)生物不仅仅是能够适应环境的力量。杜里舒(Hans Driesch)根据生物由单一细胞分裂生长而成个体时,不论分裂的方向如何,都能具有生命,因此,他认定在未分裂以前的单一细胞内,既已具备一种"生机",这种生机常是物质以外的力量。例如那种鲑鱼,它们是生活在海水里的,但它们的卵却只能在淡水里孵化。因此每隔四年,在美国加利福尼亚省的哥仑比河中,我们可以看到成千成万的鲑鱼,由海口向河的上源游去,瀑布和急滩的阻碍,也不能少减它们的努力。这种为种族生命的挣扎,更是生物仅有的现象,决不是物质的机械论所能解释的。

主张创造进化论的法国哲学家柏格森(Henri Bergson)和美国人类学家摩尔根(Lewis Henry Morgan),都相信生命中有超乎物质的灵魂存生。他们认为,科学家可能利用物质制造一个活着的细胞,但不能制造细胞里的生命,例如建筑工程师可以建造一所房子,但是住房子主人翁的生命(住在房子里的人)决不能建造,只能从外面进来。对于这种主张,我们很自然地将有下面两个疑问:第一,生命既不能制造,生命由何而来呢? 第二,如果细胞预备好了之后,是否就会有灵魂渗入其中,成为生命呢?

记得蔡子民先生曾经告诉过兄弟一则故事,谓在清代末年,山东有一位目不识丁的农民,死而复生,但是醒过来时他不再认识一切他生前所认识的亲友和什物,却能用流利的高丽语说话和书写。这件奇闻,经地方官层层转奏清朝朝廷移文朝鲜官吏,证明这死而复生的农民,实在是朝鲜某人灵魂依附而成的生命。关于这件事实的奏折,现在仍然可考,可见决非荒唐无稽之谈。同时,这种灵魂依附的现象,论理也并非绝不可能,例如,摆在桌上的一座收音机,在某种静止状态之下,它是专收中央电台的广播,但是在桌上猛拍几下,收音机受到强烈的震动,破坏了正常状态,它可能收取东京或南京等别一离奇的电台的广播。灵魂依附个体,生命渗进细胞的情形或者也是如此吧!

就是冉斯,他从物理学、天文学的观点出发,也相信超乎物质的"造化"存在。因为宇宙当中的熵(Entropy)是一个不变的常数,但物质丧失之后,是不能恢复的。那么太阳放射性物质的减少,岂不要招致一个世界末日的来临吗? ——这些现象,他认为都可以表示,最初必有"造化"或者"上帝"根据数学的原理,安排宇宙当中的一切。

兄弟今天的演讲,只不过说明近三百年来,科学的发展所给予人的地位的打击,并介绍新近科学家对于宇宙和人生的观察。至于宇宙和生命究竟是一元的还是多元的,究竟是唯物的还是唯心的,因为那是非常复杂的问题,不敢加以批评,也不拟加以讨论。

致苏步青等函 *

步青、坤珊、爱予、嘉锡先生转诸位同仁道鉴：

弟于本月十三日由纽约抵剑桥，获去年腊底惠书，借悉台端等教学不倦，研钻益精，俾浙大得以弦诵不辍，至为钦佩。惟沪杭一带物价日高，而薪俸菲薄，不足以维持生活，弟虽远在国外，无日不在怀念之中。虽前月政府曾有调整，但近顷美金波动，影响物价甚大，杯水车薪无济于事，且沪杭密迩，而生活程度亦相差不远，但公教人员待遇又相差甚巨。弟已函朱骝先（即朱家骅，1893—1963，字骝先、湘麟，浙江湖州人，中国教育界、学术界的泰斗，中国近代地质学的先驱。时任国民政府教育部部长。编者注）先生请其从速提出院会，将杭州待遇改成与京沪一律。

昨《纽约泰晤士报》载，政府拟将联总所交物资值二亿元者，改成食物衣料，售诸市场，借弥亏负。此事美方舆论颇不同情（附 Boston Chuotioi Sceovce Monitiv 今日社论一则）。弟个人之意，以为面粉、棉花等物资如为商人廉价购去，一年半载，即以倍数之价出售，得利者为商人，而最受剥削者为我公教人员。因农夫、工人，尚可抬高工资产品以相抵制，而公教人员之待遇，由政府定期增加不能随物价之指数也。如能依照家族人口多寡由政府定量分给，则公教人员家庭衣食二事或勉可维持。过去施行公粮各机关，容有滥报人口之事，但大学方面行之，尚无重大流弊。且江浙交通优于川黔，沿海应较内地为方便，故政府如能拨给联总物资，按月分给各大学教职员，对外定可得友邦之同

---

* 1947 年 2 月 20 日。

情,而对内则可以减少公教人员受奸商操纵之痛苦。弟即拟建议于部中,但恐不能见效,如荷台端等赞同,希联合北大、清华、中大、武大各校同人,商协鼓吹,使公布公粮能施行于各大学,庶几不致枵腹从公、捉襟见肘。愚见如此,不知兄等以为何如? 专此,顺颂

教安!

弟　竺可桢　顿首

三十六年二月二十日

原刊于《国立浙江大学校刊》复刊第 145 期

（1947 年 3 月 17 日）

第六辑　米子之情怀

钓鱼岛是中国领土 *

——致郭沫若

郭老：

昨日在《参考资料》11 月 4 日（下）第 43 页上，见到"日修机关报公然把尖阁岛（钓鱼岛）群岛说成是在冲绳县海区"的消息。按钓鱼岛在我们台湾东东北，东经 120°30′，北纬 25°40′，离基隆 160 公里左右，离日本冲绳岛那霸约 340 公里，离冲绳最西的久米岛也 240 公里。更重要的是，钓鱼岛在东海大陆棚上，国际惯例以海深 200 公尺以内为大陆棚，毗连国家有权可以在海底开采矿产。而钓鱼岛与冲绳之间却隔有 1 000～2 000 米深海，所以从深度和距离看来，钓鱼岛附近石油的开采权统应归在我国权力范围。但日本觊觎已非一日，并和美帝勾结派专门探勘队测黄海、东海地区石油储藏，因而深知钓鱼岛附近地区石油之丰富，世界罕有其比。所以，年来日本财阀跃跃欲试，以图开发这一地区，并屡在各报登消息以窥视我动静。我们忙于开发大陆的石油，无暇兼顾海上资源，但不能不为长远着想。以美国石油资源之丰富，目前已有 15％石油开自墨西哥湾海底。日本根本没有多少石油资源，而且钓鱼岛是我国领土，等于西沙、东沙是我领土。目前外交部可能因旁的国际关系，不便作正式声明。依照我国宪法第三十一条：全国人民代表大会常务委员会行使职权中第 12 项："决定同外国缔结的条约的批准和废除。"大陆棚采矿权之规定条例，我国虽不是签字国之一，但此时是否可由人大常委（会）作一严正声明，以为日后有必要时

---

* 1969 年 11 月 7 日。郭沫若时任全国人大常委会副委员长。

作为外交部正式抗议地步（"地步"意思为准备。编者注），同时也可警告台湾蒋帮勾结日美出卖国家权力的企图。因个人很不了解外交形势，可能所说办法是完全不切合实际的。因日本开发钓鱼岛计划披露报端已达五六次之多，偶有所见，聊当刍荛之献。

致以

最崇高的革命敬礼！

竺可桢

1969 年 11 月 7 日

附郭沫若复函

竺老：

七日信接到。您关心日本对于钓鱼岛的觊觎，我有同感。

我建议：您直接写信给总理，或由我转达亦可，但不要提人大常委和宪法的一节。如何处理，由领导上作妥当考虑。您以为如何？

为了您改写的方便，我将原信退还您，请您用后再掷给我。

祝健康！

郭沫若
一九六九·十一·十

钓鱼岛开发应归我所有*

——致周恩来

周总理:

昨日在《参考资料》11月4日(下)第43页上,见到"日修机关报公然把尖阁岛(钓鱼岛)群岛说成在冲绳县海区"的消息。按钓鱼岛在我们台湾东东北,东经120°30′,北纬25°40′,离基隆160公里左右,离日本冲绳岛那霸约340公里,离冲绳最西的久米岛也240公里。更重要的是钓鱼岛在东海大陆棚上,国际惯例以海深200公尺以内为大陆棚,毗连国家有权可以在海底开采矿产。而钓鱼岛与冲绳之间却隔有1 000~2 000米深海,所以从深度和距离看来,钓鱼岛附近石油开采权统应归我国范围。日本觊觎已非一日。日本内阁总理府于去年派东海大学新野宏和美帝伍兹霍尔海洋研究所埃米厘教授专门探勘队测黄海、东海地区石油储藏,因而深知钓鱼岛附近地区石油之丰富,世界罕有其比。据今年七月间《经济新闻》报道,日本未参加大陆棚条约,能否认为钓鱼岛大陆棚是日本权利尚有问题(见7月31日《参考资料》,下,第6页);到8月27日,《产经新闻》说钓鱼岛群岛在日"潜在主权范围内"(《参考资料》9月25日,上,13页);而到10月15日,《赤旗报》把钓鱼岛说成是冲绳县海区(11月4日《参考资料》,下,43页)。日本试图开发这一地区,屡登消息在窥视我动静。我们目前虽忙于开发大陆的石油,无暇顾海上资源,但不能不为长远着想。以美国石油资源之丰富,目前已有15%石油开自墨西哥湾海底。日本根本

---

* 本文是作者藏件。致周总理信是11月11日写,12日送给郭老。标题为编者所拟。

没有多少石油资源，不得不远到阿拉伯湾开发。钓鱼岛地区开发应归我所有，不论我是否参加1958年2～4月在日内瓦举行的海洋会议上通过的《大陆棚条约》。各国所出东海图上，钓鱼岛都是在我台湾毗连的大陆棚上，而与琉球的先岛群岛、冲绳群岛均隔有1 000～2 000公尺以上的深海，则是事实。

因个人昧于外交习惯和国际关系，只是从地理角度看这问题。似乎此时我们应作一消息，声明钓鱼岛地区石油开采权应属于我所有，以为日后有必要时作为外交部正式抗议地步，同时也可警告台湾蒋帮勾结日美出卖国家权力的企图。因个人很不了解外交形势，可能所说办法是完全不切合实际的。因日本开发钓鱼岛计划披露报端已达五六次之多，偶有所见，聊当刍荛之献。

　　致以
最崇高的革命敬礼！

竺可桢
1969 年 11 月 11 日